4. Sin embargo, no es sólo la acción renovadora de los hombres dotados de originalidad expresiva lo que contribuye a los cambios en los esquemas sobre los cuales se moldea la frase. Al fin y al cabo su influencia es intermitente y de sentido variable. Pero en las profundidades del lenguaje colectivo actúan leyes psicológicas e históricas que rigen permanentemente sus transformaciones a través del tiempo.

Los cambios sintácticos se propagan con extremada lentitud, mayor generalmente que la que observamos en la evolución de la pronunciación o del vocabulario [2]. Quizá contribuya a esta lentitud la mayor inconsciencia de los fenómenos sintácticos. En efecto: una palabra nueva o substituida se nota en seguida; una generación se da cuenta de sus diferencias de vocabulario con respecto a la generación anterior. Con alguna mayor dificultad son perceptibles también los cambios en la articulación de los sonidos, sobre todo en las épocas en que éstos se producen o se generalizan en número considerable, por ejemplo, en España desde mediados del siglo xv a fines del xvi, en que se fija en lo esencial el sistema fonético moderno [3]. Por el contrario, las transformaciones en la estructura de la frase (con excepción del cultismo literario y de los modismos) no se perciben más que a muy largo plazo, y sólo se propagan después de un forcejeo de varias generaciones con los esquemas tradicionales. Se producen además una por una, y con aparente independencia unas de otras. Únicamente parece aventajarlas en lentitud, a causa de su carácter más inconsciente todavía, la evolución de las curvas de entonación y el soporte rítmico del idioma [4].

5. El empleo de la preposición *a* con complementos directos de persona nos ofrece un ejemplo de la larga gestación y propagación

2 Véase E. BOURCIEZ, *Eléments de Linguistique romane*, § 31.

3 Los cambios de pronunciación de una generación a otra fueron estudiados de un modo penetrante por ROUSSELOT, *Les modifications phonétiques dans le patois d'une famille de Cellefrouin*, París, 1892.

4 Sobre la persistencia de la entonación, véanse las curiosas observaciones de T. NAVARRO TOMÁS, *El acento castellano* (Discurso de ingreso en la Academia Española. Madrid, 1925). V. también mis *Observaciones sobre el ritmo en la prosa*, en la revista *Madrid* (1938).

determinados, tiene carácter sintético [1], y está naturalmente, más desarrollado en el adulto. Sintética es también la relación que establecemos entre unas palabras y otras por medio de partículas y desinencias.

3.   La estructura general de la frase que pronunciamos se acomoda a patrones o moldes ideales, esquemas expresivos, fórmulas de organización que hemos aprendido desde niños y que aplicamos por analogía a las frases, oraciones y períodos que necesitamos formar. El hábito se encargará de fijar tales esquemas en la conciencia.

Todo idioma, en un momento determinado de su historia, posee un repertorio más o menos extenso, pero siempre limitado, de fórmulas estructurales que no agotan la vasta complejidad de nuestra vida interior. Expresarse en una lengua cualquiera supone, por consiguiente, usar de unos andadores fáciles con los cuales marchará cómodamente el pensamiento; pero al mismo tiempo quedamos limitados al empleo de las formas expresivas que acepte como válidas la comunidad parlante de que formamos parte. El artista de la palabra, al poner en tensión todos los recursos de que es capaz su idioma, consigue crear nuevas formas de lenguaje que pueden ser admitidas o eliminadas por su grupo social, o por algunos de sus sectores. El hombre vulgar, carente de originalidad expresiva, se atiene a las fórmulas elaboradas en su comunidad lingüística y tiende a perpetuarlas. El cultivismo sintáctico de nuestros escritores del Renacimiento, al tratar de adaptar a la lengua vulgar la estructura de la frase latina, con sus transposiciones y sus ablativos absolutos, obligó a la Sintaxis castellana a contorsiones atrevidísimas de las cuales salió notablemente enriquecida. Muchas de sus novedades fueron eliminadas; algunas se incorporaron a la lengua literaria, y por la presión constante de ésta han pasado en parte a la lengua hablada, ni más ni menos que el cultismo léxico de la misma época.

1   Sobre los valores lógicos del lenguaje, véase HUSSERL, *Investigaciones lógicas* (Publ. de la «Revista de Occidente», Madrid, 4 vols.). La moderna estilística considera insuficientes los métodos lógicos y psicológicos, y se orienta hacia el estudio del lenguaje en sí mismo como energía artística creadora. Véase K. VOSSLER, *Filosofía del lenguaje*, trad. de A. A[lonso] y R. L[ida], Madrid, 1940. Para la bibliografía e historia de los trabajos estadísticos, v. H. HATZFELD, *La investigación estilística en las lenguas románicas*, en *Introducción a la estilística romance*, publícala por el Instituto de Filología de la Universidad de Buenos Aires, 1932.

cipio más medio de expresión que la sucesión; su procedimiento es enumerativo; el orden de las palabras sucesivas lo determinará el interés del momento. Con la aparición de las primeras flexiones suele coincidir el empleo de la conjunción *y*; más tarde comienza *porque*, y sólo en una frase de gran desarrollo se presentan las conjunciones finales, condicionales y consecutivas.

Estas observaciones sobre el proceso formativo del lenguaje individual, que más adelante ampliaremos oportunamente, tienden sólo a señalar la importancia metódica del estudio del habla infantil para la comprensión de ciertos fenómenos lingüísticos, y especialmente los sintácticos, a causa de la lentitud de su desarrollo en el habla del niño y del adolescente. La palabra-frase perdura en el lenguaje del adulto (interjecciones, vocativos, oraciones incompletas) con toda su fuerza expresiva; perduran asimismo la simple yuxtaposición de elementos, la anteposición de palabras más interesantes, y, en general, todas las etapas por que ha pasado la formación del lenguaje personal conviven en la madurez de la vida con las formas más complejas de expresión. Muchas personas de escasa cultura no pasan de determinadas fases de su desarrollo lingüístico; y el empleo de los recursos sintácticos del idioma clasifica socialmente al individuo tanto como la pronunciación y el vocabulario.

2. En el acto de hablar advertimos un doble proceso de análisis y síntesis. Una representación, un estado afectivo, un juicio, aparecen en nuestra conciencia sintéticamente, con sus elementos indiferenciados: expresarlos supone diferenciarlos, analizarlos, distinguirlos entre sí. Hablar es, en primer término, analizar. Pero una vez distinguidos unos de otros los elementos de un complejo de conciencia, es menester escoger los que sean más adecuados a nuestras intenciones expresivas. En una descripción, por ejemplo, no decimos todas las imágenes que tenemos presentes simultáneamente en la conciencia, sino sólo aquellas que consideramos acomodadas al fin que nos proponemos. De igual manera la narración no es una enumeración de todos los hechos sucesivos, sino una selección de los que deseamos destacar. Este trabajo de selección artística, proyectado hacia fines

INTRODUCCIÓN

1. Aprendemos el lenguaje desde niños por imitación de las personas que nos rodean. Dentro del lento proceso adquisitivo del sistema de hábitos expresivos que constituye nuestro idioma, los fenómenos sintácticos se caracterizan por la mayor lentitud de su desarrollo en la conciencia individual. En condiciones normales, después de una etapa de balbuceos, el niño consigue relativamente pronto articular las palabras que va necesitando para sus relaciones con los demás; y no es menester que aprenda muchas para adiestrarse en todas las articulaciones fonéticas de su lengua nativa. Desde este momento el aprendizaje del léxico, que con velocidad decreciente durará hasta la vejez, no es más que adición de elementos, repetición y formación de asociaciones. La flexión es ya una relación sintáctica entre voces mentalmente contiguas; procede por analogía y entre los niños de nuestra lengua comienza con la distinción del número, y de las formas verbales del imperativo y el presente; sigue luego el pretérito perfecto, reducido al participio como forma general del pasado, el futuro simple y las diferencias de género. La flexión pronominal y las restantes formas verbales (especialmente las condicionales y las subjuntivas) son mucho más tardías.

Las primeras palabras del niño tienen carácter sintético; son expresión de vivencias indiferenciadas en sus elementos; equivalen a frases, oraciones y períodos. A medida que aprende a diferenciar elementos más o menos complejos del contenido de sus vivencias y a traducir los resultados de su análisis incipiente en dos o más palabras sucesivas, aparecen los primeros sintagmas del lenguaje infantil. La relación entre las palabras mentalmente conexas no conoce al prin-

© *Publicaciones y Ediciones Spes, S. A., 1948*
Depósito legal, B. 1292 - 1960

IMPRESO EN ESPAÑA
Printed in Spain

GRÁFICAS MARINA, S. A. - Paseo de Carlos I, 149 - BARCELONA - 13

SAMUEL GILI Y GAYA

CURSO SUPERIOR
DE
SINTAXIS ESPAÑOLA

SÉPTIMA EDICIÓN

PUBLICACIONES Y EDICIONES SPES, S. A.

Paseo de Carlos I, 149

BARCELONA-13

1960

de los fenómenos sintácticos Se inicia en la época preliteraria por confusión con el dativo, considerando a la persona como interesada en la acción; se encuentra con gran frecuencia en los textos primitivos (*Veré a la mugier*, CID, 229), sin ser todavía obligatorio; progresa cada vez más hasta hacerse general en la lengua moderna, pero con numerosas vacilaciones motivadas por la mayor o menor determinación de la persona *(busco al criado*, frente a *busco un criado)*, o al grado de personificación que se atribuye al complemento directo *(temes la muerte*, junto a *temes a la Muerte)*. La preposición facilita la distinción entre sujeto y complemento, aunque se altere el orden de colocación *(María vio a tu hermano* o *A tu hermano vio María)*, y de aquí se pasó a usarla con complementos directos de cosa siempre que puedan confundirse con el sujeto de la oración *(El entusiasmo venció la dificultad* o *El entusiasmo venció a la dificultad)* [5]. Pero antes de que se hubiese podido llegar a normas fijas, la analogía propagó el empleo de *a* en complementos de nombres geográficos *(he visto a Cádiz)*, aunque no con la regularidad que supone la ACADEMIA [6]. La evolución dura todavía en nuestros días, sufriendo constantemente interferencias analógicas que explican los casos particulares. No es raro, por ejemplo, hallar complementos directos de cosa construidos con la preposición *a* cuando no recogen toda la actividad del verbo, sino una parte. En un periódico reciente leemos lo que sigue: *Nuestros cazas derribaron dos aviones enemigos y averiaron a otros tres.* La idea general del acto del combate se bifurca en aviones derribados y aviones averiados, tomando así la apariencia de un doble complemento, aunque gramaticalmente dependa cada uno de un verbo distinto. Entre los dos complementos, el más afectado por la acción (los *derribados*) se mira como acusativo y va sin preposición; el menos afectado (los *averiados*) se parece más al dativo y lleva la preposición *a*. El fenómeno a que nos referimos marcha paralelamente al uso del pronombre *le* como acusativo, y se entrecruza constantemente con él (§ 175). Se trata aquí de una interferencia analógica *divergente*.

En plena competencia se halla hoy también el *se* de pasiva refleja

5 R. LENZ, *La oración y sus partes*, §§ 31 y 58.
6 *Gramática de la lengua española*, p. II, cap. XVI.

(se venden botellas) con su propia significación impersonal activa *(se vende botellas)*, según veremos en el capítulo correspondiente (§§ 104 y 105).

6. Los ejemplos anteriores muestran interferencias que perturban un fenómeno y complican su desarrollo ulterior. Pero a veces la concurrencia de dos o más fenómenos sintácticos nacidos con fines expresivos diferentes, viene a reforzar una evolución determinada. Por ejemplo, cuando tratamos de explicarnos la repugnancia creciente del español al uso de la construcción pasiva, hallamos como una de sus causas la competencia con la pasiva refleja, reforzada con el carácter perfectivo o imperfectivo de los verbos con que pudiera emplearse la pasiva por medio de la perífrasis *ser + participio.* En efecto, nadie emplea en español la pasiva con el presente e imperfecto de verbos perfectivos: *El fusil es disparado por mí; la puerta era abierta por el portero* (a no ser que queramos presentar la acción como reiterada), son construcciones desusadas en la lengua moderna. En cambio no hay inconveniente en usar la pasiva en los mismos tiempos cuando se trata de verbos imperfectivos, de larga duración, por ejemplo: *Juan es querido por todos; la noticia era conocida en la ciudad* (v. cap. IX). El carácter imperfecto, de acción inacabada, que corresponde a uno y otro tiempo, entra en conflicto con la acción momentánea de los verbos perfectivos, y el resultado es la eliminación de la pasiva y el empleo preferente de la activa en estas circunstancias. Por otra parte, la diferenciación progresiva de los verbos *ser* y *estar,* imperfectivo el primero y perfectivo el segundo, hace incompatible el sentido durativo de *ser* con la acción momentánea expresada por los participios de verbos perfectivos *(es disparado el fusil, era abierta la puerta),* lo cual contribuye a hacer imposible la pasiva en numerosísimos casos. Por ello van ganando terreno la construcción activa y la pasiva refleja, a expensas de la pasiva con *ser.* Para llegar a este resultado en la lengua moderna, han concurrido tres fenómenos sintácticos surgidos en zonas distintas del idioma, a saber: formación de la pasiva refleja, sentimiento de la acción perfectiva e imperfectiva y valor atributivo de *ser* y *estar*. Se trata, pues, de un cruce sintáctico, de una interferencia de fenómenos *concurrentes*.

La relación de semejanza entre dos o más expresiones determina buena parte de los cambios sintácticos. Pero la influencia asimilatoria de la analogía está unida en la vida del idioma a otra tendencia opuesta, de carácter disimilador, a la cual designan los filólogos con el nombre de *diferenciación*. El espíritu necesita a menudo distinguir matices de significación para los cuales el idioma no ha elaborado fórmulas especiales de estructura. En este caso hay que extraer dichos matices de algunas de las formas expresivas existentes, y esta variación de sentido acarrea con frecuencia diferencias gramaticales. Así, por ejemplo, de significado de obligación presente *(cantar he)* formaron las lenguas romances el nuevo futuro *(cantaré)* ; pero como la expresión obligativa perifrástica seguía siendo necesaria, nuestro idioma hubo de crear para ella la fórmula diferenciadora *he de cantar*. La historia de las frases conjuntivas ofrece multitud de procesos diferenciadores semejantes; y en general, la diferenciación es, al lado de la analogía, un factor esencial de las transformaciones sintácticas.

La ley del menor esfuerzo, la necesidad de ser comprendido, la analogía, la diferenciación, la tendencia analítica de las lenguas modernas y las interferencias de fenómenos, presiden la evolución sintáctica del idioma, una de cuyas fases es el momento presente, que ha de ser científicamente considerado como un conjunto de elaboraciones tradicionales y de gérmenes de transformaciones futuras. Esta fase actual tiene coherencia interna ; constituye un sistema expresivo válido en sí mismo, y que puede ser estudiado sincrónicamente sin atender a los cambios históricos que lo han determinado.

Las relaciones internas de cualquier sintagma no se expresan sólo por los medios constructivos que en rigor corresponden a la etimología de la palabra Sintaxis (= *coordinatio*), sino también por medios fonológicos, léxicos y morfológicos que hacen confusos los límites entre las partes tradicionales de la Gramática. El problema de delimitarlas y señalar el contenido preciso de cada una de ellas fue acometido por J. Ries en su estudio *Was ist Syntax?* (2.ª ed., Praga, 1927) y ha recibido entre los filólogos soluciones más o menos satisfactorias. Aun reconociendo la importancia indudable de tales investigaciones, no queremos apartarnos de nuestro propósito descriptivo de nuestra lengua moderna, desde el punto de vista laxo que tradicionalmente se ha llamado sintáctico, y aceptamos de antemano que se nos achaque de vez en cuando el pisar terrenos que acaso serían más propios de otros terrenos de la Lingüística.

No aspiramos a ofrecer al lector un tratado de Sintaxis histórica, ni menos psicológica, de la lengua española moderna. Nuestro libro se propone describir lo más cuidadosamente posible el estado de la lengua actual y ordenarlo con fines didácticos. Pero como la descripción de los hechos sintácticos carecería a menudo de sentido sin buscarles su fundamento psicológico e histórico hasta donde lo podamos alcanzar, nos serviremos de explicaciones de este carácter en la medida en que sean indispensables para comprender los fenómenos sintácticos que estudiamos.

Bien sabemos que antes de que pueda ordenarse sistemáticamente la Sintaxis española sería indispensable contar con gran número de trabajos monográficos que ahonden en la interpretación de la lengua hablada y estudien particularmente autores, épocas y estilos. Nuestra bibliografía sobre estas cuestiones es todavía muy escasa [7]. Por ello nos damos cuenta de las grandes deficiencias de nuestro libro, tanto en sus puntos de vista de conjunto, como en la interpretación y exposición de cada uno de los problemas que en él tratamos. Pocas novedades encontrará el lector versado en estas materias: hemos aprovechado los materiales que estaban a nuestro alcance, y alguna

---

[7] Además de los estudios especiales que se irán citando en los capítulos de este libro, el lector encontrará amplia información general en las siguientes obras. R. MENÉNDEZ PIDAL, *Cantar del Mío Cid, Texto, gramática y vocabulario*; H. KENISTON, *The Syntax of Castilian prose. The sixteenth century*, Chicago, 1937; CH. E. KANY, *American-Spanish Syntax*, Chicago, 1945; SALVADOR FERNÁNDEZ, *Gramática española*, Madrid, ed. «Revista de Occidente», I, 1951, libro de interés excepcional, que deseamos ver pronto continuado; el lector debe acudir a él para ahondar en las materias tratadas en nuestros capítulos XV, XVI y XVII.

que otra vez ensayamos alguna explicación original en el contenido o en la exposición, sin apartarnos demasiado del plan y distribución de materias habituales en los tratados de Sintaxis.

Dividimos el libro en las tres partes siguientes:

I.—La oración simple.

II.—Uso de las partes de la oración.

III.—La oración compuesta.

PRIMERA PARTE

LA ORACIÓN SIMPLE

CAPÍTULO I

ORACIÓN GRAMATICAL

7. El significado de las palabras y su valor funcional sólo adquieren plenitud de vida dentro del conjunto de que forman parte. Los conjuntos expresivos, llamados tradicionalmente *oraciones,* son las verdaderas unidades lingüísticas. Por eso tiene profundo sentido la antigua denominación de *partes de la oración,* aplicada a las distintas clases de palabras. Es de suma importancia, por lo tanto, tratar de delimitar el concepto de oración, mirándolo desde los puntos de vista psicológico, lógico y gramatical.

8. Punto de vista psicológico. En la INTRODUCCIÓN hemos descrito sumariamente el acto de hablar como un doble proceso de análisis y síntesis. El que habla — decíamos — selecciona entre los contenidos de conciencia que ha logrado diferenciar, aquellos que desea comunicar a los demás. Al conjunto de estos elementos así seleccionados llamaremos — según la denominación de VOSSLER [8] — *lo mentado.* La coincidencia entre lo mentado y su expresión verbal puede verse perturbada por varias causas que no interesan, por ahora, a nuestro propósito. Pero aun en el caso de ajuste perfecto entre uno y otra, el acto del lenguaje no termina hasta que el que habla es comprendido por el que escucha. El oyente, partiendo de la

8 VOSSLER, traducción y notas de A. ALONSO y R. LIDA, *Introducción a la Estilística romance.* Buenos Aires, 1932.

2

expresión verbal que percibe, trata de evocar lo mentado por su interlocutor. Puede haber también desajuste entre *lo evocado* y la expresión verbal percibida; pero aunque no se produzca ninguna de tales perturbaciones, lo evocado no es nunca idéntico a lo mentado. Es la respuesta subjetiva que se produce en la conciencia del oyente, semejante, pero no igual en su contenido psíquico; como sería distinto lo evocado por cada uno de los oyentes, si éstos fueran varios. La coincidencia entre lo mentado y lo evocado no pasa de ser una semejanza suficiente para que los interlocutores se entiendan.

La expresión lingüística sugiere, evoca; raras veces define los contornos de lo mentado. De aquí resulta que una expresión lógica o gramaticalmente incompleta basta a menudo para la comprensión; o dicho de otro modo, con la expresión verbal de una parte de lo mentado suscitamos una evocación suficiente. Viceversa: la evocación incompleta de una expresión puede bastar para entenderla.

El análisis lógico de la expresión verbal echa de menos, en estos casos, elementos que faltan en sus esquemas previos y habla de omisión del sujeto o del predicado, de palabras implícitas o sobrentendidas, de fragmentos y equivalentes de oración (interjecciones, elipsis, etc.); pero en realidad nada falta a tales expresiones para ser completas ante la intención del que habla y la comprensión del que escucha. El ajuste o desajuste a las leyes del juicio, o a los patrones gramaticales en uso, nada importan al punto de vista psicológico. La unidad psíquica llamada *oración* debe de basarse en leyes propias distintas, aunque no contradictorias, de las de la Lógica y la Gramática.

9.   Un discurso se divide intencionalmente en partes bien diferenciadas para el espíritu del que habla. La intencionalidad de esta división es su carácter esencial. Esta fragmentación mental del discurso en unidades psíquicas intencionales, a las que llamaremos desde ahora *oraciones psíquicas,* tiene su expresión fonética, comprensible siempre para el oyente, en la curva melódica del lenguaje.

Todas las sílabas se pronuncian con un tono o altura musical cuyo soporte más importante son las vocales. El tono depende — como es sabido — de la frecuencia de las vibraciones sonoras. La curva melódica que describen los diferentes tonos de las sílabas sucesivas recibe el nombre de *entonación*. La unidad de entonación es el *grupo fónico*, o sea el conjunto de sílabas comprendidas entre dos pausas de la articulación. Una pausa, cualquiera que sea su naturaleza, señala el final del grupo fónico. A veces, sin embargo, los grupos fónicos no van separados por pausas en sentido estricto, sino por otros recursos fonéticos que marquen la división, por ejemplo un cambio brusco de la altura musical, un retardo de la articulación o una clara depresión de la intensidad.

Lo más característico de la entonación de un grupo fónico es su inflexión final, que puede ser ascendente o descendente. Es decir, sus últimas sílabas pueden marcar un ascenso en la altura de la voz, o ser las más graves del grupo [9]. Ejemplo del primer grupo sería la oración interrogativa *¿Ha llegado tu padre?*; del segundo, la enunciativa: *Estamos satisfechos de su comportamiento*. Cuando una oración enunciativa es larga, su curva de entonación puede dividirse en dos o más grupos fónicos, que serán todos ascendentes menos el último, por ejemplo: *Por la tarde vuelve de nuevo a pasear el caballero por las callejas toledanas*. Esta oración se divide, a voluntad del que la profiere, en dos grupos (después de *caballero*) o en tres (después de *tarde* y después de *caballero*). El primero o los dos primeros, en su caso, son de tipo ascendente; el último, descendente.

La causa de que los grupos fónicos terminen con inflexión ascendente o descendente está íntimamente ligada al fenómeno psíquico de la atención. Si la expresión se siente como completa, la atención se afloja y la voz desciende (sentimiento dominante de distensión). Si para la conciencia del que habla la expresión es incompleta, la atención permanece tensa y la voz sube o permanece estacionaria. Nótese que al decir expresión completa no nos referimos al aspecto

9 Véanse más pormenores en el capítulo que dedica a la entonación T. NAVARRO TOMÁS en su *Manual de pronunciación española*, y más especialmente el *Manual de entonación española*, New York, 1944. Las observaciones fonéticas que siguen en este capítulo se refieren exclusivamente a nuestra lengua. Aunque las leyes psicológicas que rigen la entonación tienen carácter universal, la forma de la curva y sus circunstancias varían en los distintos idiomas. Sobre el valor sintáctico de la entonación, v. CH. BALLY, *Intonation et syntaxe* (Cahiers F. de Saussure, I, 1942, págs. 33 y sigs.); WARTBURG, *Problemas y métodos de la Lingüística*, trad. de Dámaso Alonso y Emilio Lorenzo, Madrid, 1951, págs. 152 y sigs.

gramatical o lógico, sino exclusivamente al psicológico, según la intención del que habla, que sabe lo que dice y lo que va a decir. Un lector que no conozca previamente el texto que va leyendo, vacila con frecuencia en las inflexiones finales de grupo.

En esta marcha de la atención tensa o distendida, cuya expresión es el sencillo movimiento de la curva melódica, radica la división del lenguaje en oraciones. Una inflexión descendente, final de grupo fónico, marca el término de una oración psíquica. El descenso corriente en nuestra lengua recorre aproximadamente un intervalo de quinta en las oraciones enunciativas que no estén muy matizadas de afectividad. En las exclamaciones suele ser de una octava. Las interrogativas se sienten como expresiones incompletas, y tienen por lo común inflexión ascendente, completada por la inflexión descendente de la respuesta.

Según esto, todos los grupos fónicos ascendentes que preceden a uno descendente, forman con él una unidad sintáctica, una oración. Se hallan entre sí relacionados por la unidad de atención que los preside. A veces la entonación queda sin ascenso ni descenso al terminar el grupo fónico; otras veces se produce, por motivos especiales, un descenso menor del habitual en el idioma, al cual ha dado Navarro Tomás el expresivo nombre de *semicadencia*. En ambos casos la expresión se siente como inacabada. Sólo cuando la curva melódica baja el intervalo acostumbrado en la comunidad lingüística *(cadencia)*, percibimos la oración como terminada. Prescindimos aquí de las entonaciones dialectales (Vasconia, Aragón) que ofrecen a menudo inflexiones ascendentes finales de oración, y también de los casos particulares de énfasis oratorio, en los cuales pueden tener lugar finales agudos ante pausa sintáctica; porque dentro de cada comunidad dialectal, o de cada estilo, la entonación se mueve con coherencia interna, y da a entender siempre, con cualquier artificio que sea, el final de las oraciones psíquicas.

Queda así bien delimitada psicológicamente la oración: sabemos dónde empieza y dónde acaba.

Toda oración es, pues, una unidad de atención por parte del hablante. Estas unidades de atención reveladas por la curva melódica, son también unidades de sentido, con las cuales declaramos, deseamos, preguntamos o mandamos algo. Bühler y otros definen, por ello, la oración como la menor unidad del habla con sentido completo en sí misma.

10. Ahora bien; todas las palabras y frases contenidas en una oración están sujetas a la unidad de atención y de sentido que las domina. Esta unidad no se expresa sólo en la entonación general, sino que es también interna. Los componentes de la oración guardan entre sí relaciones lógicas y estéticas, que tienen su expresión verbal: 1.º en el orden de colocación de las palabras, frases y oraciones (si se trata de una oración compuesta); 2.º en la concordancia y relaciones de las palabras variables; 3.º en el empleo de las preposiciones, conjunciones y voces enfáticas, y 4.º en los acentos de intensidad.

Más allá de los límites de una oración psíquica, tal como ha quedado delimitada, no existen ya estos medios expresivos de relación interna. No existe concordancia, ni actúan la relación preposicional ni el enlace conjuntivo.

Sin embargo, las oraciones psíquicas guardan entre sí una relación de continuidad representativa, lógica o afectiva, es decir, un enlace psíquico de orden superior, que puede tener también expresión lingüística en la colocación de unas oraciones con respecto a otras, en el uso de algunas — muy pocas — conjunciones o frases conjuntivas, en la repetición u oposición de ciertos sintagmas, morfemas, semantemas o sonidos, en la duración relativa de las pausas y en otros recursos estilísticos que más adelante trataremos de sistematizar.

11. Definición lógica. El concepto lógico de oración es más restringido que su definición psicológica. En Lógica se llama oración (o proposición) a la expresión verbal de un juicio. El juicio es la relación entre dos conceptos: sujeto y predicado.

En toda oración decimos algo de alguna persona o cosa, la cual se llama el *sujeto* de la oración. Así, en las oraciones: *los árboles florecen; trabajaba sin descanso el labrador; pasea Luisa a todas horas por los alrededores de la ciudad; el libro de mi padre estuvo*

sobre la mesa. Los árboles, el labrador, Luisa, el libro de mi padre,
son personas o cosas de las cuales decimos algo, y por lo tanto son
el *sujeto* de la oración de que forman parte.

En las oraciones que nos han servido de ejemplo vemos que,
además del sujeto, hay otras palabras; con ellas enunciamos todo
lo que queremos decir del sujeto: *florecen*; *trabajaba sin descanso*;
pasea a todas horas por los alrededores de la ciudad; *estuvo sobre
la mesa*. Todas las palabras que nos sirven para expresar lo que decimos del sujeto forman el *predicado*.

Es evidente que entre los contenidos psíquicos del lenguaje, las
relaciones lógicas ocupan en el adulto un lugar preferente. Las leyes
del juicio han determinado y determinan gran parte de la estructura de la oración gramatical. Por esto no es de extrañar que la interpretación analítica de los hechos sintácticos se haya basado casi exclusivamente hasta nuestros días en la trabazón lógica con que los
elementos componentes de la oración se articulan en torno al sujeto
y al predicado. Todo lo que por exceso o por defecto no entraba en
la explicación lógica, quedaba eliminado como licencia, figura, trans-
gresión gramatical, y se estudiaba como un capítulo aparte con el
nombre de *Sintaxis figurada*.

A pesar de que la Psicología y la Estilística han abierto nuevos
horizontes a la interpretación tradicional de los hechos lingüísticos,
asomando a la Gramática a campos distintos de lo estrictamente lógico, la definición y los caracteres lógicos de la oración responden
a una realidad, aunque no sean la realidad entera. Por eso siguen
sirviendo como fundamento, aunque no exclusivo, al análisis sintáctico.

12. Definición gramatical. Desde el punto de vista formal, que
es el que compete al gramático, no es difícil establecer unidades
sintácticas con las cuales podamos ver claro en los fenómenos lingüísticos. La unidad sintáctica es, para nosotros, un verbo en forma
personal.

Sabido es que son personales todas las formas del verbo atri-
buidas a una de las seis personas gramaticales (tres de singular y
tres del plural); por lo tanto, todas las de los modos indicativo,

imperativo y subjuntivo [10]. El infinitivo, el gerundio y el participio no son formas personales; por esto no constituyen oración por sí solos.

Todos los elementos, palabras, frases u oraciones enteras, que se relacionen de modo inmediato o mediato con un verbo en forma personal, forman con él una oración.

Claro es que esta definición es un convencionalismo que adoptamos para entendernos en la interpretación de los hechos lingüísticos. Es sabido que en las oraciones atributivas la unión del sujeto con el predicado se produce a menudo sin verbo copulativo. Por otra parte, las formas no personales del verbo pueden considerarse como núcleos de oraciones dependientes, y así lo hacen muchas gramáticas.

13. Un verbo en forma personal lleva consigo, en español, una relación entre dos conceptos explícitos: sujeto y predicado. Las formas *digo, saliste, vendrá, hemos cantado, decíais, habrán salido*, corresponden a los sujetos *yo, tú, él (ella, ello, usted), nosotros (-as), vosotros (-as), ellos (ellas, ustedes)*, los cuales pueden ser ampliados o determinados por medio de otras palabras. No ocurre lo mismo en francés ni en inglés, donde por causas históricas que no importan a nuestro propósito se ha hecho obligatoria la anteposición del pronombre sujeto, remediando así el oscurecimiento fonético o la pérdida total de las desinencias personales. Con razón dice la ACADEMIA (§ 202) que el predicado verbal «contiene en sí al sujeto, sea determinado o indeterminado, y equivale por sí solo a una oración completa».

Mantiene la lengua española el carácter sintético que tenían las formas latinas en lo referente a la presencia en ellas de los dos elementos de juicio [11]. Por ello, aunque las Gramáticas registran cuida-

10 En el capítulo XII explicaremos los motivos que tenemos para no considerar el potencial como un modo, según hace la ACADEMIA. Los tiempos potenciales pertenecen al modo indicativo.

11 Sin embargo, la tendencia analítica de las lenguas modernas se manifiesta, aunque escasamente, en este aspecto de la lengua española. En doce formas verbales se confunden la 1.ª y la 3.ª personas del singular, a causa de haberse perdido la -*t* de la desinencia latina de 3.ª persona. Esta ha sido la razón principal de que la determinación del sujeto fuera de la forma verbal sea en español algo más frecuente que en latín, pero muchísimo menos que en otras lenguas.

dosamente los casos de *omisión del sujeto*, parece más adecuado y más breve ocuparse de las circunstancias en que el idioma, sintiendo como insuficiente la expresión del sujeto contenido en la forma verbal, necesita determinarlo más. Éstas son dos:

a) Cuando se quiere hacer resaltar la participación del sujeto en la acción, como insistiendo cn que es aquél y no otro. Este empleo enfático, que ya era frecuente en latín, aparece preferentemente con los pronombres de primera y segunda persona. Ejemplos: *yo lo he dicho; tú lo sabías; vosotros sois culpables; nosotros venceremos.* La insistencia en el sujeto puede determinar la repetición de pronombre *(yo, yo lo diré)* o el empleo de palabras de refuerzo como *mismo, propio,* que añaden matices especiales: *ella misma hablará; el propio interesado debe firmar.* Probablemente este sentido intensivo ha contribuido al afianzamiento, desde comienzos de la Edad Moderna, de los plurales exclusivos *nos + otros, vos + otros,* en substitución de *nos* y *vos* nominativos (§ 173).

b) Cuando pueda haber ambigüedad: *ya decía yo (él, ella, usted); Luis y Rosa se encontraron en la calle, él dijo que estaba esperando desde las ocho,* donde si no empleásemos el sujeto no se sabría quién *dijo.* Por esto es necesaria la determinación especial del sujeto en las terceras personas, si por el contexto no resulta suficientemente determinado, ya que las terceras personas pueden ser muchas.

Fuera de estos casos, el empleo del sujeto unido a la forma verbal comunica al estilo español extraordinaria pesadez.

14. Insistiendo ahora en la definición de oración gramatical que vamos examinando, y una vez establecida la presencia explícita del sujeto en la forma verbal, sólo nos falta hacernos cargo de dos objeciones posibles. La primera se refiere a los casos de omisión de la cópula, que dejan la oración sin verbo expreso. Los verbos no copulativos no pueden omitirse más que en circunstancias muy especiales. Esta cuestión será tratada en el capítulo IV.

La otra objeción podría surgir de las oraciones coordinadas, las cuales no tienen un verbo en forma personal, sino dos o más, sin que uno de ellos domine gramaticalmente el conjunto, como en las subordinadas. Por consiguiente habría que considerar cada uno de los verbos coordinados como una oración independiente, contrariando la realidad psíquica, o rechazar nuestra definición gramatical que considera como oración un verbo en forma personal y los elementos mediata o inmediatamente relacionados con él.

Hay que tener en cuenta, sin embargo, que las oraciones coordinadas constituyen una unidad psíquica, que la entonación revela. Pero aun sin salirnos del punto de vista gramatical, la diferencia entre coordinación y subordinación es apenas perceptible en la historia del idioma y en la realidad expresiva. Siempre entre dos o más oraciones coordinadas hay una que preside psíquicamente a las demás, y por consiguiente las subordina, aun tratándose de las simplemente copulativas, como tendremos ocasión de examinar más adelante. Por otra parte, aun considerándolas independientes no quedaría invalidada la determinación gramatical de la oración, que hemos tratado de exponer, ya que no habría inconveniente en estimar cada verbo como una oración enlazada con otra u otras sin predominio gramatical, aunque sí psíquico, de ninguna de ellas.

Observemos, finalmente, que los conceptos psicológico, lógico y gramatical de la oración, tal como han sido establecidos en este capítulo, se suman sin oponerse entre sí y se completan mutuamente. La unidad intencional centra la oración y la limita. La oración se organiza internamente con arreglo a valores psíquicos, entre ellos, y preferentemente, las leyes lógicas del juicio; y, por último, la expresión gramatical se articula en torno al verbo.

Puede ocurrir que la oración psíquica contenga una o varias oraciones gramaticales. En el primer caso la oración es *simple;* en el segundo *compuesta.* Puede ocurrir también que en una oración psíquica no haya ningún verbo en forma personal, es decir, no haya ninguna oración gramatical; pero no por ello dejará de ser una expresión completa en sí misma, constitutiva de una unidad sintáctica perfecta.

CAPÍTULO II

CONCORDANCIA

15. La unidad intencional que delimita fonéticamente a la oración se revela también por las conexiones formales que guardan entre sí las palabras que forman parte de ella. Uno de los medios gramaticales de relación interna es la *concordancia,* o sea la igualdad de género y número entre substantivo y adjetivo, y la igualdad de número y persona entre un verbo y su sujeto.

Con la pérdida de la declinación latina se han simplificado notablemente las leyes de la concordancia en las lenguas románicas, las cuales quedan limitadas al ajuste entre las categorías gramaticales de género, número y persona. En español, además, por el hecho de estar contenido el sujeto en la desinencia verbal, la concordancia del verbo y sujeto rige únicamente para los casos de determinación y desarrollo del sujeto fuera del verbo que lo contiene.

Con ser tan sencillas las reglas de la concordancia, nuestras gramáticas registran numerosas anomalías en la lengua hablada y literaria [12], y al tratar de reducirlas a normas fijas suelen incurrir en un casuismo embrolladísimo de escaso valor científico. Para tratar

---

12 Los autores que tratan con más amplitud esta cuestión son VICENTE SALVÁ, *Gramática de la lengua castellana* (París, Garnier, 9.ª ed. págs. 100-109), y A. BELLO, *Gram.,* §§ 814-855.

de ver claro en esta materia es menester fijarse en que hay unas leyes gramaticales que rigen la concordancia de un modo constante; pero estas leyes gramaticales son expresión de relaciones psíquicas a las cuales tratan de ajustarse. La relación entre un verbo y su sujeto, o entre el substantivo y los adjetivos que lo califican o determinan, supone por parte del que habla un análisis del sujeto y del substantivo en cada caso. Este análisis que se produce en el pensamiento, análisis de lo *mentado,* trata de expresarse gramaticalmente; pero la expresión gramatical de la concordancia puede no coincidir con la concordancia mentada, y el desajuste entre una y otra puede obedecer a deficiencias y vacilaciones en el análisis interno, o a deficiencias y vacilaciones en la expresión, motivadas por falta de atención o por impericia del que habla. A veces se trata de discordancias deliberadas para conseguir determinados efectos estilísticos. Lo normal es, sin embargo, el ajuste entre la concordancia mentada y la gramaticalmente expresada. El desajuste entre ambas es esporádico y sólo se hace visible cuando aparece alguna discordancia gramatical que lo descubra, o un contraste entre lo expresado y su expresión.

Vamos a exponer ahora las leyes de la concordancia gramatical y a clasificar las discordancias que pueden producirse esporádicamente en cada caso. Siguiendo a BELLO distribuiremos la materia en dos apartados: 1.º Cuando el verbo se refiere a un solo sujeto y el adjetivo a un solo substantivo; 2.º Cuando el verbo se refiere a varios sujetos y el adjetivo a varios substantivos.

16. 1.ª REGLA GENERAL. Cuando el verbo se refiere a un solo sujeto, concuerda con él en número y persona; y cuando el adjetivo se refiere a un solo substantivo, concuerda con él en género y en número. Ejemplos: *El niño durmió largo rato; Los niños durmieron largo rato; El caballo blanco ha pasado por aquí; Los caballos blancos están atados en esta cuadra.*

17. Casos esporádicos. Pueden clasificarse en tres grupos: *a)* Cuando hay discrepancia entre el sexo de las personas y el género gramatical de los tratamientos o del substantivo con que se las designa; *b*) Concordancia de los colectivos; *c*) Discordancia deliberada con fines estilísticos.

18. a) Sexo y género gramatical. Los títulos y tratamientos como *usted, señoría, excelencia, eminencia, alteza, majestad,* etc., van concertados con adjetivo masculino o femenino según el sexo de la persona a que se aplican: *Usted es muy bondadoso o bondadosa; Su Ilustrísima está muy satisfecho; Su Majestad Católica está informado del caso y resuelto a hacer justicia; Su Santidad se muestra deseoso de recibiros.* Ha habido históricamente algunas vacilaciones a este respecto; pero la concordancia según el sexo es casi general.

Cuando una persona aparece ocasionalmente designada con un substantivo de género distinto al de su sexo, los adjetivos pueden concordar con éste, p. ej.: *Bien sea venido la flor y la nata de los caballeros andantes* (*Quijote,* II, 31); *¿Veis esa repugnante criatura: chato, pelón, sin dientes, estevado?* (L. F. MORATÍN). La aposición y las denominaciones familiares, cariñosas o irónicas, del tipo *vida mía, corazón, luz de mis ojos,* etc., no impiden la concordancia con el sexo de la persona a quien se aplican.

19. b) Colectivos. Los colectivos como *gente, muchedumbre, número, multitud, infinidad, pueblo, vecindario,* etc., a causa de la idea de pluralidad que encierran, cuando están en singular pueden concertar con un adjetivo o verbo en plural, por ejemplo: *la gente, a una señal convenida de sus jefes, se amotinaron.* El espíritu vacila a menudo entre la concordancia gramatical y la del sentido: por esto abundan los ejemplos de ambas en los textos literarios de todas las épocas. Pero hay circunstancias que favorecen a una u otra. La indeterminación o heterogeneidad de los individuos que entran en la denominación colectiva favorece la idea de pluralidad, y por tanto la concordancia de sentido *(gente, multitud, pueblo).* Por el contrario, la homogeneidad o determinación de los componentes fortalece el carácter unitario del colectivo y la concordancia gramatical. Así, resultaría chocante decir: *El enjambre con la humareda se dispersan,* o *Habiendo llegado el regimiento a deshora, no se les pudo propor-*

cionar alojamiento, porque los colectivos *enjambre* y *regimiento* se componen de individuos muy determinados y homogéneos. Por la misma razón sería muy extraña la concordancia: *El rebaño, con la sequía y falta de pastos, perecían.* Pruébese en cambio a sustituir los colectivos de estos tres ejemplos por *gente, muchedumbre,* etc., y la concordancia en plural parecerá más admisible.

20. En los ejemplos del párrafo anterior la determinación o indeterminación con que se sienten los componentes de un colectivo la da el significado de éste. Pero un colectivo puede hallarse determinado por las palabras añadidas que concreten su significación. El mayor o menor grado de esta determinación decide la posibilidad de la concordancia de sentido. Así ocurre que cuando el colectivo va modificado por la preposición *de* seguida por las personas o cosas de que consta el conjunto, designadas en plural, cabe la concordancia en plural o singular: *Guardaban* (o *guardaba*) *el paso una multitud de hombres armados; Un tropel de visitantes se ha reunido* (o *se han reunido*) *a la puerta del despacho.* Los substantivos *mitad, tercio, parte, resto* y otros semejantes, aplicados a un conjunto de individuos pueden concertar en singular o en plural: *La mitad de los náufragos se salvaron* (o *se salvó*); *Agolpóse el populacho: parte venían* (o *venía*) *sin armas, parte armados* (o *armado*) *de puñales.* En todos estos casos la pluralidad viene sugerida por el plural que sigue a la preposición *de,* o por el significado de fracción de un colectivo que traen consigo las palabras *parte, mitad, resto,* etc., y por ello la posibilidad de la concordancia en plural resulta aumentada. Si, por el contrario, acompañan al colectivo adjetivos o frases complementarias que refuercen su singularidad gramatical, la concordancia en plural es difícil o imposible, por ejemplo: *El vecindario, conmovido por sus elocuentes palabras, aplaudió con entusiasmo; Aquel grupo, entre todos los estudiantes, se había distinguido especialmente.* Sería extremadamente violento emplear los verbos en plural: en el primer ejemplo porque el participio *conmovido* insiste en la idea del singular; en el segundo, a causa de la presencia determinativa de *aquel* y *entre todos.*

21. Favorece la concordancia en plural de los colectivos singulares, la distancia a que se encuentran del verbo o adjetivo con que
deben concordar. Cuando las palabras interpuestas son muchas, la
posibilidad de concordancia en plural aumenta. Si son pocas, o si los
dos elementos concertados se suceden inmediatamente, la concordancia gramatical se impone por la proximidad. Por esto nota BELLO
con razón (§ 818) que no sería permitido decir: *El pueblo amotina-
dos; La gente huyeron;* y por el contrario se diría bien: *Amotinóse
la gente, pero a la primera descarga de la tropa huyeron despavo-
ridos.* Creemos, sin embargo, que se equivoca BELLO cuando inter-
preta estos hechos diciendo que es necesario que el adjetivo o verbo
no forme una misma oración con el colectivo para que tenga lugar
la concordancia en plural. Acabamos de ver numerosos ejemplos de
concordancia de sentido en oraciones independientes. Se trata simplemente de que el alejamiento produce en el que habla olvido o debilitamiento de la claridad de la forma grmatical empleada en el
primer elemento, en tanto que permanece claro su sentido. A continuación veremos otros casos de la influencia que la atención debilitada ejerce en la concordancia. Es natural, por otra parte, que si
los elementos relacionados se hallan en oraciones distintas, crezcan
las probabilidades de descentramiento de la atención; pero esta circunstancia, según hemos visto, no es indispensable.

22. Las oraciones atributivas en que figura un sujeto o un atributo colectivo pueden llevar con alguna frecuencia el verbo en plural, si el otro elemento (atributo o sujeto) es plural, por ejemplo:
*Esta gente parecen generales; la soledad inmensa que aflige al alma
son setecientas leguas de arena y cielo, silencio y calma* (ZORRILLA,
Álbum de un loco); *todos los encamisados eran gente medrosa* (*Quijote,* I, 19); *La demás chusma del bergantín son moros y turcos*
(*Quijote,* II, 63). Los pronombres neutros, en su significación colectiva, pueden ofrecer las mismas concordancias: *Esto son habladu-
rías; Aquello eran tortas y pan pintado; Lo demás son cuentos.* En el
anterior ejemplo de ZORRILLA el verbo va concertado con el atributo sin que el sujeto sea colectivo; se trata sencillamente de un atributo
plural que atrae al verbo. Ejemplos semejantes: *Trabajos y miseria*

es la herencia del hombre (o *son*); *comidas y paseo son su aspira-*
ción (o *es*). El plural y el singular colectivo tienen entre sí límites
inciertos, y por consiguiente la causa de estas concordancias hay que
buscarla en la naturaleza misma de las oraciones atributivas. Para
aclarar el problema debemos fijarnos en que son comúnmente substantivos, o voces substantivas, el sujeto y el atributo [13]. En segundo
lugar, observemos que todas las oraciones en que esta concordancia
ocurre son *reversibles*, es decir, que el sujeto y el atributo pueden
cambiar sus papeles respectivos sin que el sentido se altere. En estas
condiciones, el elemento preponderante para el interés del que habla
puede atraer al verbo copulativo.

En las oraciones atributivas no influye, por consiguiente, la mayor o menor separación entre el sujeto y el verbo, para que éste se
incline a concertar con él o con el atributo. Con ello tenemos una
prueba más del escaso papel que desempeña la cópula, como veremos
en el capítulo IV. Algunos de los ejemplos anteriores no se refieren
a un solo sujeto sino a varios, y con ello entramos en la segunda
regla general, que expondremos después.

23. c) **Discordancia deliberada.** A veces nos dirigimos a un
sujeto singular con el verbo en plural para obtener un efecto estilístico deliberado, bien sea para participar amablemente en la actividad
o estado de nuestro interlocutor, bien con intención irónica. Preguntamos a un enfermo: *¿Cómo estamos? ¿Qué tal vamos?* Se manifiesta sorpresa o ironía ante una persona o cosa singular que no nos
afecta, diciendo *¿ésas tenemos?*. He aquí un ejemplo tomado de una
comedia de S. y J. Alvarez Quintero (*Doña Clarines*, acto I):
«Una mañana, de sobremesa, dije yo esta frase que se puede esculpir:
No hay un solo hombre que tenga corazón. Y tú saltaste como si te
hubiera picado una avispa: *¡Hay de todo! ¿Hola? ¿Hay de todo?*,
pensé yo entre mí. *¿Conque opinamos que hay de todo?*»

En ciertas ocasiones se intenta con ello disminuir la responsa-

---

13 Algunas veces se oyen en el lenguaje familiar estas concordancias con atributo adjetivo, por ejemplo: *Esta familia están locos; Aquella gente son muy altos.*
Se trata de colectivos muy marcados. Pero en estos casos, rarísimos en la lengua literaria, es de notar la facilidad con que el verbo atributivo es atraído.

bilidad diluyéndola en una pluralidad ficticia. Se dice, por ejemplo: *Lo hemos estropeado,* no habiendo más culpable que uno mismo. ESPINEL en su *Marcos de Obregón,* hablando de un médico desacertado en el tratamiento de un enfermo, dice: «... y con decir que habíamos errado la cura — como si yo también la hubiera errado —, me dejó y se partió de mí confuso y corrido» (Parte I, Desc. IV).

La misma discordancia tiene lugar con el llamado plural *de modestia,* que hace hablar a un autor u orador de sí mismo en primera persona del plural *(creemos, pensamos);* o con el plural *mayestático,* derivado de las fórmulas de tratamiento, de las cuales hablaremos al estudiar los pronombres personales. Los demostrativos neutros aplicados a personas para significar menosprecio *(¡mira eso!),* ofrecen un contraste deliberado entre lo expresado y su expresión.

24. **2.ª** REGLA GENERAL. Cuando el verbo se refiere a varios sujetos debe ir en plural. Si concurren personas verbales diferentes, la segunda es preferida a la tercera, y la primera a todas.

Cuando el adjetivo se refiere a varios substantivos, va en plural. Si los substantivos son de diferente género, predomina el masculino.

Ejemplos, *Juan, tú y yo viajaremos juntos; Ella y él venían muy cansados.*

25. Casos esporádicos. Establecemos las agrupaciones siguientes: a) Pluralidad gramatical y sentido colectivo; b) Posición del verbo respecto a los sujetos; c) Posición del adjetivo respecto a los substantivos.

26. a) **Pluralidad gramatical y sentido colectivo.** De igual manera que un colectivo puede ser analizado en sus elementos componentes, varios substantivos asociados pueden considerarse como un todo y concertar en singular: *La entrada y salida de vapores ha sido aplazada; El alza y baja de la Bolsa demuestra gran inquietud.* En ambos casos podríamos poner también el verbo en plural. Si disociamos los substantivos anteponiendo a cada uno de ellos el artículo o un demostrativo, la concordancia en plural es casi siempre obliga-

3

toria: *La entrada y la salida de vapores han sido aplazadas; El alza y la baja de la Bolsa demuestran gran inquietud.*

27. Los infinitivos, en su calidad de substantivos, pueden reunirse como sujetos de un verbo en singular, sobre todo si van sin artículo, o si un solo artículo se antepone al primero de ellos: *Comer, beber, pasear y no hacer nada, le arruinó en poco tiempo (o le arruinaron); Todo lo que dices, Cipión, entiendo; y el decirlo tú y entenderlo yo me causa nueva admiración y maravilla* (CERVANTES, *Coloquio*). Si se antepone el artículo a cada infinitivo, se rompe la unidad de conjunto y la concordancia en plural predomina: *El comer, el beber, el pasear y el no hacer nada, le arruinaron en poco tiempo.* Lo mismo ocurre cuando la idea expresada por un infinitivo se contrapone a la de otro u otros: *holgazanear y aprender son incompatibles.*

28. Dos o más demostrativos neutros son equivalentes, para la concordancia, a uno solo en singular: *Todo esto y algo más motivó mi zozobra; Esto y lo que se temía de la tropa precipitó la resolución del gobierno.* Observa BELLO que si con el neutro se junta un masculino o femenino, es admisible la concordancia en plural: *Lo escaso de la población y la general desidia produce* (o *producen*) *la miseria del pueblo.* La diferencia de géneros, subrayada por los distintos artículos o demostrativos, favorece aquí la disociación de los sujetos.

29. b) **Posición del verbo respecto a los sujetos.** Si el verbo va detrás de los sujetos, la pluralidad es tan visible y próxima que es muy raro que se ponga en singular. En cambio, cuando el verbo precede a varios sujetos aumentan las posibilidades de que concierte, no con todos, sino con sólo el primero: *Le vendrá el señorío y la gracia como de molde* (CERVANTES); *Causaron* (o *causó*) *a todos admiración la hora, la soledad, la voz y la destreza del que cantaba.* Con el verbo detrás, se ha producido ya un análisis de los sujetos que intervienen en la acción, el cual impone la pluralidad del verbo, salvo casos muy excepcionales. Por el contrario, el verbo delante puede

colocarse en singular o plural, y en el análisis que sigue el espíritu procede por suma de sujetos singulares. Todo depende, pues, de si la totalidad de la representación ha estado presente en el momento de proferir el verbo, o de si los sujetos han ido apareciendo en la mente del que habla después de enunciado el verbo. Por esta causa las anomalías gramaticales en la concordancia son más frecuentes en la lengua hablada que en el lenguaje literario.

Cuando el verbo va entre varios sujetos, concierta con el sujeto más próximo: *La causa de Dios nos lleva, y la de nuestro rey, a conquistar regiones no conocidas* (SOLÍS). Se trata también de un análisis del sujeto, hecho o completado después de proferido el verbo.

Los varios sujetos de un verbo, en los ejemplos estudiados hasta ahora, van simplemente yuxtapuestos o enlazados por medio de la conjunción *y*. Es decir, se trata de *elementos análogos* (v. § 201) que desempeñan en la oración el mismo papel. Ahora bien, la coordinación de elementos análogos dentro de una oración simple puede ser sentida e interpretada, bien como una elipsis de varias oraciones, bien como un todo unitario. En el primer caso, cada elemento tiende a imponer al verbo su singularidad; en el segundo, los sujetos se traban unitariamente, y su pluralidad apretada determina la pluralidad del verbo.

A las mismas normas se somete la concordancia del verbo con varios sujetos enlazados por la conjunción *ni*, aunque BELLO (835) y la ACADEMIA (332) tratan de ella como caso aparte. En efecto, si el verbo sigue a los sujetos, concierta con ellos en plural: *Ni la amistad, ni las dádivas, ni las promesas pudieron vencerle*. Si el verbo precede, puede concertar con todos en plural, o sólo con el más próximo: *No me agradaba* (o *agradaban*) *ni el lugar, ni la hora, ni los concurrentes*.

Con la disyuntiva *o*, la concordancia puede expresar un matiz de estilo que depende de cómo se siente la disyunción: *Le atraía la hermosura de la moza, o la amenidad del lugar*, recalca la diferencia entre los dos atractivos, se hace visible la exclusión de uno de los dos términos disyuntivos. *Le atraían la hermosura de la moza o la amenidad del lugar*, debilita, en cambio, la fuerza disyuntiva de la conjunción, hace indiferente que sea uno u otro el motivo de la atracción. La lengua hablada suele marcar la diferencia con ligero ascenso de entonación en la palabra *moza*, seguida de ligera pausa, en el primer caso; en el segundo, pronunciándolo en un solo grupo fónico. En la lengua escrita puede haber coma. Lo mismo puede extenderse a los demás medios usuales de expresión disyuntiva. Añadimos aún que tales variaciones de concordancia no están influidas por la posición del verbo, como ocurre con las conjunciones copulativas.

30. c) **Posición del adjetivo respecto a los substantivos.** Cuando el adjetivo va detrás de dos o más substantivos, concierta con ellos en plural: *Claridad y erudición admirables.* Es la concordancia más general, y la recomiendan los gramáticos como la más correcta.

Sin embargo, aparecen esporádicamente casos con el adjetivo en singular. Para explicárselos es menester tener en cuenta la intervención de dos factores posibles. El primero es la intención de no calificar con el adjetivo más que el substantivo más cercano, por ejemplo: *Audacia y valor indomable,* frente a *indomables.* El segundo depende del grado de cohesión con que se piensen los substantivos. *Lengua y literatura españolas,* supone los dos substantivos en su aislamiento; en tanto que *Lengua y literatura española,* los piensa en su conjunto unitario, que permite calificarlo en singular.

Si el adjetivo precede a los substantivos, concierta generalmente con el más próximo: *El público lo recibió con entusiasta admiración y aplauso; Me asombraba su tranquila osadía y desparpajo.* Actúa aquí el análisis de la representación después de proferido el adjetivo, y la intención, siempre dudosa para el lector u oyente, de extender más o menos la significación del adjetivo, y la de agrupar o disociar a los substantivos. Con ello se explican algunos casos sueltos, contrarios a la regla que precede.

La cuestión se complica con el distinto valor con que es sentido en español el adjetivo antepuesto o pospuesto al substantivo. Como veremos en su lugar correspondiente, el adjetivo antepuesto, por su carácter subjetivo tiende a limitar su alcance al substantivo que inmediatamente le sigue, y con ello la concordancia, puesto que se

trata de una matización emotiva indiferenciada, que se puede pro-
pagar a todos los substantivos sin necesidad de expresarla gramaticalmente. El adjetivo pospuesto, objetivamente descriptivo, ha de
tender por lo general a señalar su extensión múltiple por medio
de la concordancia en plural.

Quedan todavía sin tratar las leyes de la concordancia en la
reproducción pronominal y en algunos casos particulares. Pero como
ello nos obligaría a anticipar conceptos que han de ser expuestos ex-
tensamente en capítulos sucesivos, dejamos para entonces su estudio.

CAPÍTULO III

CLASIFICACIÓN DE LAS ORACIONES SIMPLES

31. Cuando la oración tiene un sujeto y un predicado se llama *simple*. Si contiene más de un sujeto y más de un predicado se llama *compuesta* [14]. Así, por ejemplo, *El niño dormía en su cuna,* es una oración simple; *La madre creyó que el niño dormía en su cuna,* es una oración compuesta. La oración simple contiene un solo juicio, mientras que la compuesta es la combinación de dos o más. La oración compuesta es, pues, un complejo de oraciones simples, lógica y psíquicamente relacionadas (v. § 14).

32. Las diferentes formas de expresión de las oraciones simples pueden depender: 1.º) de la calidad psicológica del juicio, es decir, de la actitud del que habla; y 2.º) de la naturaleza del predicado y del sujeto. A ambos criterios atenderemos para clasificarlas del modo siguiente:

Según la calidad psicológica del juicio	exclamativas de posibilidad dubitativas interrogativas afirmativas negativas optativas exhortativas

14 La Academia Española considera también como compuestas a las que contienen más de un sujeto o más de un predicado, por ejemplo: *Pedro y Juan llegaron; César llegó, vio y venció.*

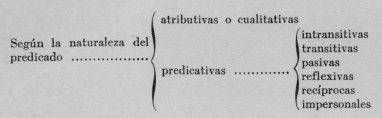

Según la naturaleza del predicado .... {
atributivas o cualitativas

predicativas .... {
intransitivas
transitivas
pasivas
reflexivas
recíprocas
impersonales
}

El criterio que informa la primera de estas dos clasificaciones es aplicable tanto a la oración simple como a la compuesta, puesto que la actitud del que habla se proyecta igualmente en ambas. Así pues, todas las oraciones pueden ser exclamativas, de posibilidad, interrogativas, etc.; pero las modificaciones formales que la calidad psicológica del juicio puede producir en la oración simple, no coinciden a menudo con las que produce en la compuesta, y por esto trataremos separadamente de unas y otras.

CALIDAD PSICOLÓGICA DEL JUICIO

33. Psicológicamente considerado, el juicio no es sólo un proceso formal del entendimiento, sino producto de todas las actividades del espíritu. No atenderemos, pues, a las condiciones lógicas del juicio, sino a su naturaleza psíquica; y ésta sólo nos interesa en cuanto produce diferencias expresivas entre unos juicios y otros. Así por ejemplo, la separación lógica entre los juicios problemáticos y los dubitativos es perfectamente clara; pero la actitud psíquica ante uno y otro tiende a confundir sus límites, y el lenguaje ofrece consecuentemente amplias zonas de indiferenciación entre las oraciones *dubitativas* y las de *posibilidad,* como luego veremos.

34. Oraciones exclamativas. La calidad subjetiva de mayores consecuencias en el lenguaje es la producida por los sentimientos. La expresión de emociones no necesita comúnmente diferenciar sus elementos; tiene carácter total y está muy cerca de la palabra-frase del niño y del primitivo. Una interjección, una blasfemia, una palabra cariñosa o entusiástica, no contienen más ni menos que la expresión de la emoción particular que las motiva. Es inútil empeñarse en ver en ellas una oración elíptica, una condensación de elementos del juicio que no ha estado nunca en la mente del que las profiere.

La *oración exclamativa* ofrece los siguientes rasgos fonéticos: 1.°) Refuerzo de la articulación de los sonidos, si se trata de sentimientos dominantes de tensión, placer, excitación; o relajamiento de la misma, cuando predominan los sentimientos distensivos. 2.°) Aumento de intensidad y de cantidad en las sílabas fuertes o sentidas como más expresivas. 3.° Desarrollo de la entonación por encima o por debajo del tono medio de la voz del que habla, de manera que el oyente percibe que no es su entonación habitual. 4.°) Amplio descenso de la inflexión final de la curva de entonación. 5.°) Modificación del *tempo* medio, acelerando o retardando. Todos estos caracteres pueden acentuarse más o menos según los casos, con predominio de unos sobre otros. Si el lenguaje es *egocéntrico* (no preocupado por hacerse entender de los demás) pueden debilitarse y aun desaparecer algunos de estos caracteres fonéticos, por ejemplo la entonación en el cuchicheo del soliloquio. Si el lenguaje es *social*, como ocurre de ordinario, todos estos recursos entran en juego con la intención de que el oyente se aperciba de que hablamos en forma desacostumbrada. El arte de la declamación, donde la dicción se objetiva en cierto modo, y es objeto de autocrítica, saca partido consciente de estos resortes expresivos para producir efectos determinados.

Pueden distinguirse grados dentro del carácter sintético de la oración exclamativa. Primero, los gritos inarticulados o las interjecciones llamadas propias *(¡Ah!; ¡Oh!; ¡Ay!; ¡Uy!; ¡Hola!)* que tienen validez social dentro de un grupo lingüístico; palabras de todas clases habilitadas como interjecciones *(¡Bravo!; ¡Ánimo!; ¡Diablo!; ¡Ya!*, etc.), o los vocativos, dirigidos ya con plena intención a una persona o grupo. El segundo grado se presentará en las frases exclamativas producidas por un comienzo de análisis de la emoción en dos o más palabras, v. gr.: *¡por Dios!; ¡pero hombre!; ¡hermosa noche!; ¡qué asco!; ¡pobre de mí!* En último término encontraremos ya el análisis más desarrollado que da a la expresión afectiva la estructura de una oración enunciativa, de la cual no se distingue ya más que por los recursos fonéticos arriba indicados: *¡No sabía qué*

hacer! ¡La hora se acerca! [15]. A medida que la emotividad va perdiendo su predominio, nos hallamos ya en el terreno de las enunciativas.

Por analogía con las interrogativas, toman con frecuencia pronombres interrogativos y adverbios relativos, desposeídos de sentido
interrogativo y acentuados fuertemente. Encabezan la oración y sólo
desempeñan un papel enfático, p. ej.: *¡Qué bonito!, ¡Cuánto me ale-
gro!, ¡Cuán desdichado soy!, ¡Cómo me fastidia!* Únicamente *que,
cuánto, cuán* y *cómo* son aptos para este uso exclamativo. No lo admiten los demás interrogativos. La forma apocopada *cuán* no se usa
más que con sentido exclamativo y en lenguaje literario. La lengua
hablada emplea *qué* en su lugar. Compárense las expresiones:
¡Cuán felices eran! y *¡Qué felices eran!* En los clásicos aparece alguna
que otra vez *cuál* en oraciones exclamativas.

Dentro de las exclamativas se hallan también las oraciones de
mandato o *exhortativas.* Pero éstas son al mismo tiempo una forma
o aspecto particular de las oraciones optativas, de las cuales nos
ocuparemos más adelante.

En rigor, las exclamativas no constituyen una clase especial de
oraciones, sino que el matiz emocional puede teñir en mayor o menor
grado a toda expresión humana y determinar en una oración, de
cualquier grupo que sea, modificaciones fonéticas y estructurales.

35. Oraciones de posibilidad y dubitativas. Las gramáticas suelen discrepar en cuanto a la distinción entre unas y otras.

Mientras la ACADEMIA las reúne todas con las afirmativas y
negativas en el grupo de las *aseverativas,* otros autores distinguen
además la expresión de la probabilidad como un matiz de la posibilidad que tiene caracteres propios [16]. No tiene importancia la clasificación en sí misma, a condición de que los fenómenos se expliquen

15 El último resto de afectividad puede marcarlo la anteposición de palabras
más matizadas de ella: *¡Bonita casa es esta!,* junto a *Esta casa es bonita.* También la
entonación y la intensidad pueden hacer resaltar una palabra determinada, como en
una especie de subrayado fonético.

16 V. ACADEMIA ESPAÑOLA, *Gram.* §§ 304, 309 y 310, y RAFAEL SECO, *Manual de
Gramática española,* II, págs. 86 y sigs.

bien [17]. Pero la misma divergencia indica ya la amplia zona de indiferenciación psíquica que existe entre los juicios que expresan posibilidad, probabilidad y duda.

Cuando el que habla estima que su juicio corresponde a una realidad, formula su pensamiento con una oración afirmativa o negativa con el verbo en indicativo. Si, por el contrario, cree que el juicio es sólo mental, sin atreverse a considerarlo coincidente con una realidad objetiva, lo expresa como posible, probable y dudoso, mediante los recursos gramaticales que vamos a exponer. Nos hallamos, por consiguiente, en el terreno de los juicios *problemáticos* de la Lógica, pero insistimos en que no se trata de su valor lógico, sino de la actitud subjetiva ante ellos [18].

La posibilidad y la probabilidad en el pasado o en el futuro se expresan por medio del futuro hipotético, p. ej.: *Serían las siete* (probablemente *eran*); *Viviríais muy felices en aquella casa* (probablemente o posiblemente *vivisteis* o *viviréis*); *Tendría gracia esta ocurrencia* (supongo que la *tendrá*). La significación de posibilidad referida al pasado se ha desarrollado modernamente, y es más frecuente en la lengua hablada que en la escrita *(Te entusiasmarías mucho)*, y sólo el sentido general de la conversación puede determinar si se trata de pretérito o futuro. Si la probabilidad se enuncia en pasado perfecto, empleamos el antefuturo hipotético o el pluscuamperfecto de subjuntivo, p. ej.: *Nunca me lo habría figurado* (o *me lo hubiera*); *Cualquiera lo habría* (o *lo hubiera*) *tomado a mal*.

La probabilidad en el presente y en el pasado se expresan también con los futuros simple y compuesto de indicativo, p. ej.: *Serán las 10* (probablemente *son*); *Cara más hipócrita no la habrás visto en tu vida* (probablemente *no la has visto*).

17 LENZ (*La oración y sus partes*) no establece con respecto a la actitud subjetiva más que tres grupos: exclamativas, declarativas e interrogativas. Dentro de las declarativas sólo señala las afirmativas y las negativas. Creemos que los matices de posibilidad y de duda tienen en español cualidades suficientemente distintas para separarlos de las oraciones afirmativas y negativas desde los puntos de vista psíquico y gramatical, aunque lógicamente no tengan importancia estos matices.

18 Trataremos de este asunto con más amplitud a propósito de la teoría del modo subjuntivo. Nótese que ahora nos ocupamos sólo de oraciones simples.

Para más pormenores véanse los capítulos destinados a tratar de los tiempos del verbo.

Naturalmente nos valemos también de medios léxicos, como son el uso del verbo *poder,* de los adverbios *probablemente, posiblemente,* etc., o de la locución *deber + de + infinitivo,* p. ej.: *Esto podía ser cierto*; *Posiblemente volverá*; *Juan debe de estar en casa* (supongo que *está*). Véase el capítulo VIII.

Con los verbos *poder, deber* y algunos más, las formas verbales en *-ra* y en *-ría* pueden sustituirse entre sí, p. ej.: *Los muebles podrían ser mejores* (o *pudieran*); *A estas horas debería* (o *debiera*) *de haber salido el tren* (supongo que *debía haber salido*). Esta sustitución en oraciones independientes fue mucho más extensa en la lengua clásica, pero en la actualidad se limita a corto número de verbos. Expresiones como *la noticia me alegrara mucho,* por *me alegraría,* se sienten hoy como afectado arcaísmo.

La oración dubitativa siempre se enuncia con adverbios de duda *(acaso, tal vez, quizás)* seguidos de subjuntivo, p. ej.: *acaso vuelva tu padre; tal vez fuese verdad tu sospecha; quizás haya enviado un recado.* El verbo puede estar también en indicativo: en los ejemplos anteriores podemos decir *vuelve, era* o *fue, ha enviado,* respectivamente. El empleo del subjuntivo aumenta el sentido dubitativo de la oración, mientras que con el indicativo es una duda atenuada que tiende a la afirmación o a la negación. Nótese la fina diferencia expresiva entre *tal vez conoces a este hombre* y *tal vez conozcas a este hombre.* Véase a este respecto lo que decimos más adelante sobre el subjuntivo en las subordinadas dubitativas (cap. X).

Con adverbios de duda se confunden los matices de duda, posibilidad y probabilidad. En estos casos la sustitución entre las formas *-ra* y *-ría* tiene pleno uso en la lengua moderna, extendiéndose la sustitución hasta la forma en *-se,* por ejemplo: *tal vez sería verdad la noticia* (o *fuera, fuese*); *Acaso le conocerías (conocieras, conocieses) en Madrid; quizás temerías el peligro (temieras, temieses).* Si quitamos los adverbios en estos ejemplos, se pierde el sentido dubitativo; pasan a ser oraciones de posibilidad, y la sustitución no puede tener lugar.

36. Oraciones interrogativas. En vez de expresar nuestra duda formulando oraciones dubitativas como las que acabamos de describir, podemos dirigirnos a uno o varios oyentes con ánimo de que su respuesta pueda resolverla. Nacen así las oraciones interrogativas, caracterizadas fonéticamente por la inflexión final ascendente de su curva de entonación, dando a conocer así que la oración no completa el pensamiento y esperamos que la respuesta lo complete.

Distinguen las gramáticas dos grupos de oraciones interrogativas: *generales* o *dubitativas* y *parciales* o *determinativas*.

37. Cuando preguntamos sobre todo el contenido de la oración, es decir, sobre la verdad o falsedad del juicio, la pregunta es *general*. Así, por ejemplo: *¿ha llegado tu padre?, ¿conocéis a ese señor tan distinguido?* Nuestra pregunta se dirige a saber si es cierta la relación entre sujeto y predicado. La respuesta esperada es *sí* o *no*; aunque puede llevar refuerzos, que suelen consistir en la repetición del verbo o en algún medio que recalque la afirmación o la negativa. Ejemplos: — *¿Ha llegado tu padre?* — *No ha llegado todavía;* — *¿Conocéis a ese señor tan distinguido?* — *Demasiado;* — *¿Recibieron ustedes aquella visita?* — *Ni ganas.*

El verbo ocupa generalmente el primer lugar de la oración, lo cual prueba que el interés del que habla recae sobre él. Puede anteponerse el sujeto, como en: *¿Tu abuelo ha envejecido mucho?*, pero en estos casos se nota en la lengua moderna una tendencia a desgajar el sujeto dejándolo en cierto modo fuera de la pregunta. Por ejemplo en: *¿El criado ha traído la carta?*, con el sujeto antepuesto, es frecuente que la entonación interrogativa recaiga sólo sobre el predicado, como si dijésemos: *El criado ¿ha traído la carta?* Se trata de un comienzo de geminación fonética de la oración en dos grupos fónicos, que demuestra un cierto aislamiento sintáctico del sujeto antes de la pregunta propiamente dicha. Si el sujeto lleva muchos determinativos, y por consiguiente es largo, su separación es clara, tanto en la pronunciación como en la escritura, p. ej.: *Las personas más cultas de la ciudad ¿podrán soportar tanta chabacanería?* Si el predicado ocupa el primer lugar diremos: *¿Podrán soportar tanta chabacanería / las personas más cultas de la ciudad?* Se dividirá la oración del mismo modo en dos grupos fónicos, pero la entonación interrogativa, comenzada en el verbo, alcanza hasta el final de la oración. Cuando el sujeto antepuesto se enuncia en pocas sílabas, su separación de la pregunta puede producirse o no, según el interés del momento, pero es indudable que la tendencia existe. La pregunta *¿los estudiantes estaban contentos?* así escrita, puede pronunciarse también de estas dos maneras: *¿Los estudiantes, estaban contentos?*; *los estudiantes ¿estaban contentos?*, con análisis cada vez mayor de los elementos contenidos en la pregunta.

Si se quiere anteponer alguno de los complementos de la oración, necesitamos por lo general reproducirlo junto al verbo por medio de un pronombre. Por ejemplo las oraciones *¿Conocéis a ese señor tan distinguido? ¿Recibieron ustedes aquella visita?*, con el complemento antepuesto serían respectivamente: *¿A ese señor tan distinguido, lo conocéis? ¿Aquella visita, la recibieron ustedes?*; o mejor quizás: *A ese señor tan distinguido, ¿lo conocéis? Aquella visita, ¿la recibieron ustedes?* La separación individualizadora del complemento es más clara y general que la del sujeto.

Aunque la colocación del verbo en el primer lugar de la oración interrogativa no es en español tan general como en otras lenguas modernas, es indudable que da a la oración el carácter sintético que corresponde a la pregunta general. A medida que el interés hacia el sujeto u otros elementos distintos del verbo nos lleve a anteponerlos, nos acercamos a la oración interrogativa *parcial* o *determinativa*.

38. En las interrogativas parciales la duda no recae sobre el predicado mismo de la oración, sino sobre el sujeto o sus cualidades, o sobre cualquiera de los demás elementos de la oración. Preguntamos entonces por lo que nos falta, por medio de pronombres o adverbios interrogativos, colocados necesariamente al comienzo de la oración. Al decir, por ejemplo, *¿Quién ha venido?*, sé que ha venido alguien, pero ignoro el sujeto de la oración. Los pronombres y adverbios interrogativos son los siguientes: *qué, quién, cuál, cuánto, dónde, cuándo* y *cómo*. En los clásicos se encuentran ejemplos del empleo interrogativo de *cúyo*: *¿Cúya es esta espada?* (TIRSO).

Los interrogativos mencionados llevan consigo el acento más perceptible de la oración en que figuran. Son el centro de un grupo de intensidad fonética, que demuestra la condensación del interés en ellos. Entre las variadas curvas de entonación de la pregunta parcial que se describen en el «Manual de pronunciación española» de NAVARRO TOMÁS, interesa fijarse en la inflexión final descendente, por su carácter conminatorio, casi imperativo, que acerca las oraciones interrogativas a las exhortativas. Una pregunta como *¿dónde está mi libro?* puede ser proferida, bien con final ascendente — forma general de la entonación interrogativa—, bien con descenso muy marcado en sus últimas sílabas. En este caso nos hallamos en el punto de transición entre la pregunta y el mandato: *¿dónde está mi libro? ¿con quién hablo?* y otras frases parecidas, significan así pronunciadas algo parecido a *dígamelo ahora mismo, necesito saberlo,* etc., con carácter perentorio y poco amable.

Las oraciones dubitativas y de posibilidad, anteriormente estudiadas, pueden formularse como interrogativas, acentuándose así su condición de juicio psíquicamente sentido como posible o dudoso. De este modo nacen oraciones de tipo intermedio, como las siguientes: *¿Serían las siete?, ¿Te gustaría volver?, ¿Tendría veinte años? ¿Podía ser cierto?, ¿Debe de hablar claro?, ¿Acaso le conocías?* Todas ellas pueden llevar palabras que refuercen la pregunta, v. gr.: *no, si, ¿verdad?, ¿eh?* Ejemplos: *¿No podríamos pasar?, ¿Si estaré yo equivocado?, ¿Sería bonito, verdad?, Quizás le conozcas, ¿eh?, Ya sabrías la noticia, ¿no?* El empleo de *no* al principio o al fin de la oración suele indicar que se espera respuesta afirmativa: *¿No sería mejor macharse? Estaría loco, ¿no?*

39. Oraciones afirmativas y negativas. Con ellas enunciamos la conformidad o disconformidad objetiva del sujeto con el predicado. Corresponden a los juicios *asertorios* de la Lógica y, como tales, se expresan gramaticalmente con el verbo en modo indicativo. Las afirmativas no tienen forma especial.

La negación se expresa de ordinario con el adverbio *no* seguido del predicado: *Este árbol no dará fruto.* Es frecuente en español

intercalar otras palabras, y aun oraciones enteras, entre la negación
y el verbo, p. ej.: *No te lo diré; No todos los reunidos estaban conformes; No porque él se oponga abandonaremos nuestro propósito.*
Hay en esto gran libertad de construcción, a condición de que el
adverbio esté claramente atribuido al predicado. Por ello cuando
figuran en la oración palabras o frases a las que lógicamente pueda
aplicárseles la negación, es necesario que ésta se una inmediatamente
al elemento negado. Compárese, por ejemplo, la diferencia de sentido
entre *tu hermano no puede volver* y *tu hermano puede no volver, no
deseaba entrar* y *deseaba no entrar,* y otros casos semejantes que
traen las gramáticas [19] con infinitivos. El carácter verbal del infinitivo
hace que pueda ser modificado por el adverbio *no* en circunstancias
parecidas a los ejemplos citados.

En español antiguo podían acompañar a la negación locuciones
o palabras que, sin ser negativas en sí mismas, reforzaban la negación, como *jamás (ya más), nadie* (antiguo *nadi,* persona nacida),
nada (cosa *nada,* o nacida). Así pues, frases como *no volveré jamás,
no veo a nadie, no tengo nada,* significaban, respectivamente, *no volveré ya más, no veo «persona» nacida, no tengo «cosa» nacida.* La frecuencia en el empleo de estas palabras en oraciones negativas les hizo
adquirir sentido negativo por sí mismas, aunque no vayan acompañadas de *no,* p. ej.: *Jamás volveré; A nadie veo; Nada tengo* [20]. Las voces
originariamente negativas *nunca* y *ninguno* [21] conservaron su significación. De este modo resulta que los adverbios *jamás, nunca,* y los
pronombres indefinidos *nadie, nada, ninguno,* pueden sustituir a *no,*
o bien acompañarle en la oración como refuerzo de su sentido negativo: *No lo diré jamás; No conocían a nadie; No veo ningún cami-*

19 BELLO, *Gramática castellana, 1132.* ACADEMIA, 304 I. En las lenguas romances
la negación va incorporada al verbo. Son imposibles en castellano construcciones como
el inglés *He eats no meat,* o el alemán *Er isst kein Fleisch* (literal: *El come no carne),*
sino que hay que decir: *El no come carne* (V. LENZ § 177).

20 Compárese con los negativos franceses, *rien, personne,* y los catalanes *res,
cap, gens.* En catalán moderno pueden usarse solos o unidos a *no: res* o *no res, cap*
o *no cap, gens* o *no gens.* Véase E. L. LLORENS, *La negación en español antiguo,*
Madrid, 1929.

21 El pronombre *ninguno* puede ser adjetivo *(no tengo ningún amigo)* o substantivo *(no ha venido ninguno).*

no [22] etc. Y aun pueden acumularse tres y hasta cuatro palabras negativas en una sola oración, p. ej.: *No escribe nunca a nadie; No ha dado jamás nada a nadie.*

Por un proceso análogo han tomado modernamente significado negativo, bien por sí solas, bien como refuerzo de la negación, algunas locuciones como *en mi vida, en la vida, en todo el día* o *la noche, en absoluto.* Ejemplos: *En mi vida le he visto* o *No le he visto en mi vida; En todo el día he podido encontrarte* o *No he podido encontrarte en todo el día; No lo sé en absoluto.*

Cuando en la oración figuran dos o más voces negativas, es necesario que una de ellas, por lo menos, preceda al verbo. Cumplida esta condición, las demás negaciones se distribuyen libremente, v. gr.: *Nunca decía nada interesante; Nadie me ayudó nunca en nada.* Si una de las palabras negativas es *no*, ésta debe ir sola delante del verbo y las demás detrás: *No lo digas a nadie.*

Como refuerzo de la negación se emplean desde antiguo substantivos que significan cosas de poco valor, como *bledo, comino, pepino, ochavo, miaja (migaja): No vale un comino; No me importa un bledo; Non lo precio un figo* (Berceo).

Notan los gramáticos, por todo lo que antecede, que dos negaciones no afirman en castellano. La única excepción a esta regla la constituye el complemento de una oración negativa precedido de la preposición *sin*, la cual neutraliza la negación: *Habló no sin dificultad* o *No sin dificultad habló* (es decir, con dificultad). Lo mismo ocurre con los adverbios de negación que modifican a adjetivos con prefijos sentidos como negativos o privativos, como *des-, in-, a-: una casa no deshabitada, una fama no intachable, un niño no anormal.* Obsérvese, sin embargo, que en todos estos casos se trata de un eufemismo, o se rebaja, sin negarlo por completo, el sentido negativo. Así por ejemplo, *una casa no deshabitada* puede significar que tiene muy pocos habitantes, a no ser que la expresión sea irónica. Este matiz de neutralización parcial de la negación resalta más todavía en la expresión *no... del todo (no del todo deshabitada, no intachable del*

---

22 En las locuciones *por siempre jamás* o *para siempre jamás* reaparece el sentido negativo de *jamás*, v. gr.: *Te lo agradeceré por siempre jamás*, es una oración afirmativa reforzada en su significación.

4

todo). Compárense los delicados matices que envuelven las expresiones *hablaba no sin azoramiento* o *no del todo sin azoramiento*, ambas atenuativas de la negación, pero mucho más la segunda.

40. Oraciones optativas y exhortativas. Las oraciones que expresan deseo se caracterizan por llevar el verbo en subjuntivo: *¡Ojalá llueva!; Sea enhorabuena.* Expresan juicios que no tienen realidad objetiva y cuya realización deseamos. Por esto se llaman *optativas* las oraciones de esta clase. La ACADEMIA las llama *desiderativas*, y agrega que su forma de expresión es el presente o pretérito imperfecto de subjuntivo; pero con la diferencia — dice — de que con el presente enunciamos un deseo que consideramos realizable, y con el imperfecto manifestamos un deseo cuya realización tenemos por imposible. Su punto de vista es quizás aceptable en cuanto a los ejemplos que aduce (§ 312), pero no en otros. En primer lugar se emplean también el perfecto y el pluscuamperfecto de subjuntivo en oraciones independientes desiderativas, por ejemplo: *¡Ojalá haya llegado! ¡Así lo hubieras oído!,* etc. Además, no es la cualidad de realizable o irrealizable lo que hace que se exprese el deseo en presente o imperfecto, sino la significación temporal que corresponde a unas u otras formas verbales: *¡Ojalá lloviese mañana!* no expresa un deseo considerado como irrealizable. Lo que ocurre es que el imperfecto de subjuntivo se emplea modernamente con valor de pasado o de futuro, mientras que el presente tiene significado temporal presente o futuro (véase cap. XIII). Ahora bien; en oraciones simples el deseo del que habla es siempre presente, en tanto que lo deseado puede ser objetivamente un hecho pasado, presente o venidero. El punto de mira es siempre el presente del que habla. Es natural que si deseamos una acción pasada, es porque no la sabemos cumplida. De aquí el sentido de deseo irrealizable que encuentra la ACADEMIA a muchas oraciones optativas con el verbo en imperfecto. Si el deseo se refiere al presente, tiene ya un tiempo propio. Y, finalmente, si el deseo de ahora se refiere al futuro, podemos servirnos del presente o del imperfecto: *¡Ojalá llueva mañana!, ¡Ojalá lloviera o lloviese mañana!* La diferencia entre uno y otro tiempo consiste en que *lloviera,* *lloviese*, se sienten como formas más hipotéticas que las del presente, pero en ningún modo irrealizables.

41. Del deseo se pasa fácilmente al ruego y al mandato, expresados por medio de oraciones llamadas *exhortativas;* y del mismo modo que pasamos imperceptiblemente de uno a otro matiz psicológico, no podemos señalar línea divisoria entre las oraciones optativas y las exhortativas. Contribuye además a hacer borrosos los límites, el hecho de que el imperativo español no tiene más formas propias que las de las segundas personas. Todas las demás son del subjuntivo. Por consiguiente, en gran número de casos el sentido que parezca predominante nos guiará para incluir la oración de que se trate en uno u otro grupo.

El uso del imperativo ha sufrido, además, otra restricción: no puede emplearse en las exhortativas negativas. Para expresar la prohibición no se dice *no ven*, sino *no vengas; no volved*, sino *no volváis; jamás entrad*, sino *jamás entréis;* es decir, el subjuntivo reemplaza al imperativo [23].

También el infinitivo se usa como imperativo, especialmente en la lengua hablada: *entrar, mirar, salir*, sustituyen a veces a *entrad, mirad, salid;* lo mismo ocurre en la prohibición, como: *no fastidiar,* por *no fastidiéis,* o acompañando al infinitivo la preposición *a,* v. gr.: *¡a cenar!, ¡a callar!* Este empleo del infinitivo se halla atestiguado en latín y en textos medievales de numerosos países románicos [24]. En español moderno el infinitivo reemplaza preferentemente a la segunda persona del plural, quizás por su carácter menos concreto que la segunda del singular, y por consiguiente más acorde con la significación del infinitivo. Puede estar favorecido también por la igualdad de acentuación entre ambas formas, cosa que no ocurre con la de singular. Cabe pensar, además, que el carácter relajado de la *d* en la distensión silábica (*¡callad!*) neutraliza sus rasgos fonológicos hasta el punto de confundirse con la *r* fricativa y relajada del

23 Véanse algunos ejemplos antiguos de imperativo con negación, en la nota 95 de R. J. Cuervo a la *Gram.* de Bello.

24 Véase A. C. Juret, *Système de la Syntaxe latine*, París 1933, p. 15; Meyer Lübke, *Introducción a la lingüística románica*, trad. de A. Castro, Madrid 1926, § 225.

infinitivo (*¡callar!*). Pero, aunque este empleo es frecuentísimo en la conversación, aparece pocas veces en la lengua escrita.

En oraciones exhortativas se emplea también el futuro de mandato (v. cap. XII), p. ej.: *No matarás; Le dirás que me conteste en seguida.*

Tanto las exhortativas como las optativas tienen a menudo carácter exclamativo, a causa de la emotividad marcada que pueden expresar. De aquí la gran semejanza fonética que presentan en la curva de entonación y en el papel del acento de intensidad. Por esto se escriben muchas veces con signo de admiración (¡ !). Su naturaleza exclamativa se revela también en ser expresiones sintéticas, con verbo en imperativo: (*¡Decid!, ¡Ven!*), o sin verbo (*¡Aquí!, ¡A las siete!, ¡Ojalá!, ¡Amén!*), como palabras interjectivas que encierran por sí solas todo el sentido imperativo u optativo. Estas palabras pueden figurar, según hemos visto en ejemplos anteriores, como refuerzo de la expresión. Las voces *así* y *si* que por sí solas no tendrían sentido desiderativo, figuran también en oraciones de esta clase, p. ej.: *¡Así reviente!, ¡Si fuese verdad tu promesa!*

Los verbos de voluntad, como *querer, desear, rogar, suplicar, mandar, prohibir*, usados en futuro hipotético o en los imperfectos de indicativo y subjuntivo (sólo la forma en *-ra*), atenúan a veces su sentido optativo y expresan modestia, timidez, cortesía. Nótese la diferencia entre *quiero salir* y *querría, quería o quisiera salir* (véase capítulo XIII); *deseo dinero* y *desearía o deseaba dinero*. La entonación define en cada caso el matiz peculiar de la frase.

Con mucha frecuencia llevan estas oraciones antepuesto el *que* anunciativo por analogía con las subordinadas optativas, o indicando quizás una subordinación a un deseo mental: *¡que entre!; ¡que se vaya!; que sea enhorabuena; ¡que no se repita!; ¡que tengan ustedes buen viaje!*

CAPÍTULO IV

ORACIONES ATRIBUTIVAS

42. Toda oración se compone de *sujeto* y *predicado*. La persona
o cosa de la cual decimos algo es el *sujeto* de la oración; todo lo que
decimos del sujeto es el *predicado*. Puede ocurrir que el predicado
sea una cualidad del sujeto, v. gr.: *la casa es alta, mi amigo está
enfermo*, o que exprese una acción del mismo, p. ej.: *la fruta madu-
raba, han traído una carta para ti*. En el primer caso la oración se
llama *atributiva* o *cualitativa*; en el segundo caso, se llama *predicativa*.

En la oración atributiva el predicado es *nominal*, es decir, se
expresa esencialmente con un nombre, adjetivo o substantivo. En las
predicativas, el predicado es *verbal*, se expresa por un verbo.

Las oraciones atributivas expresan cualidades del sujeto, le atri-
buyen conceptos adjetivos, los cuales pueden designarse por medio
de un adjetivo propiamente dicho *(Pedro es alto)*, de un substantivo
o conjunto de cualidades *(Pedro es médico)*, de una frase adjetiva
cualquiera *(Pedro es de Madrid; Pedro es el que sabes)*, de un adverbio adjetivado *(Pedro es así)*, de un pronombre *(Pedro es aquél)*
y, en general, por palabras o frases de valor nominal.

La simple predicación de una cualidad constituye una oración atributiva: *¡Hermoso día!; ¡qué linda!; mañana fiesta; ¿tú aquí?* Por consiguiente no es necesario el verbo, y muchas lenguas no lo emplean.

Los verbos *ser* y *estar*, que emplea nuestro idioma en esta clase de oraciones, se llaman *copulativos* porque su misión en ellas se reduce a servir de nexo entre el sujeto y el predicado sin que añadan nada al significado de la oración. Su empleo ha ido extendiéndose históricamente por asimilación de las oraciones atributivas a las predicativas, y porque permiten la expresión temporal: *Juan era, es, fue, será sabio.* Sin embargo, en español moderno prescindimos muchas veces del verbo copulativo, especialmente cuando no interesa señalar el tiempo. Los numerosos casos que registran las gramáticas pueden reducirse a los dos siguientes: 1.º En refranes y proverbios, por expresar juicios permanentes e intemporales. *El mejor camino, el recto; cual el tiempo, tal el tiento.* 2.º En oraciones interrogativas y exclamativas fuertemente matizadas de afectividad, en las cuales los sentimientos dominantes de irritación, asombro, alegría, etc., se sobreponen a toda idea de tiempo: *¡qué tonto!, ¿tú, amigo suyo?, ¡qué bien!, ¿quién mejor que él para eso?*

43. «Ser» y «estar» como verbos no copulativos.   No siempre son copulativos los verbos de que ahora tratamos. A veces *ser* recobra su significado primitivo de *existir, tener lugar, suceder,* v. gr.: *Eso será si yo quiero; Los pocos sabios que en el mundo han sido* (Fr. L. de León); *Tal señora no es en el mundo* (*Quijote,* II, 32). El ejemplo usual que citan las gramáticas: *Aquí es la almoneda,* mantiene uso frecuente en la lengua moderna, v. gr.: *Por lo tanto, luego que ustedes hayan comido, alargaré mi paseo hasta allá. No es muy lejos* (P. Galdós, *Gloria,* p. I, cap. XXXII). Cabría interpretarlo, bien como un caso del sentido primitivo del verbo *ser,* o, quizás mejor, como supervivencia de la época en que *ser* se empleaba para indicar situación local en competencia con *estar.* Es del mismo tipo que la expresión corriente *mañana seré contigo.*

El verbo *estar* mantiene a veces su significación originaria, no copulativa, de presencia o permanencia: *No está* (v. cap. VI).

Además, se emplean ocasionalmente otros verbos y frases verbales con valor copulativo, tales como *parecer, venir, ser tenido por, ser llamado,* etc. Por ejemplo: *el río venía desbordado*; *parece un general; es tenido por sabio.* En tales casos, aunque el verbo tiene el papel de enlace entre el sujeto y la cualidad, y por consiguiente las oraciones son atributivas, añade algún matiz especial de significación que hace que no podamos mirar estos verbos como enteramente vacíos.

44. Diferencias entre los copulativos «ser» y «estar». La finísima diferencia en el empleo de uno y otro verbo es una de las cualidades más destacadas de la lengua española. Expresa un matiz de las oraciones atributivas, difícil de percibir con precisión para los extranjeros cuya lengua no conoce más que un solo verbo copulativo. Las gramáticas más autorizadas se limitan a decir que *ser* atribuye cualidades consideradas como permanentes, en tanto que *estar* las considera como transitorias o accidentales. La explicación no es equivocada, pero es insuficiente, porque no siendo claramente perceptibles los límites entre lo permanente y lo transitorio, deja la interpretación de cada caso a la apreciación subjetiva, infalible desde dentro de la sensibilidad lingüística española, pero oscura y vacilante desde fuera de ella. Sirve para los casos más claros (*ser guapa* y *estar guapa*); es algo forzada para distinguir entre *ser alto* y *estar alto* aplicado a un joven; y es absolutamente contradictoria cuando tratamos de darnos cuenta de por qué ciertas cualidades tan permanentes como las representadas por los adjetivos *vivo* y *muerto* se atribuyan precisamente con *estar* y no con *ser*.

HANSSEN [25] dio un paso importante hacia la comprensión clara del problema al señalar el carácter imperfectivo de las frases con *ser* y el perfectivo de las construidas con *estar*. Aunque más adelante hemos de tratar con extensión de la diferencia, tan fecunda en la

---

25 F. HANSSEN, *Gramática histórica de la lengua castellana*, Halle a. S., 1913, § 470.

Sintaxis verbal, entre los conceptos de perfectivo e imperfectivo, anticiparemos ahora lo necesario para la cuestión de que tratamos.

45.   Se llaman *perfectivas* las acciones de duración limitada, que necesitan llegar a su término, a su final, a su perfección. Cada una de las acciones designadas por los verbos *saltar, disparar, besar,* no se concibe más que en su perfección o acabamiento. Si la acción no termina, no podemos decir que se produce. En cambio, *querer, saber, conocer,* son de duración ilimitada, inacabada, imperfecta: pueden producirse sin llegar a su término temporal; son pues, *imperfectivas.* No se dispara un fusil, si no se acaba de disparar; no se salta, si no se acaba de saltar; la continuación de tales actos supone su repetición o reiteración en una serie de actos iguales y perfectos (acabados) cada uno de por sí. Por el contrario, *querer* o *saber* son acciones continuas que no necesitan llegar a un término fijo para decir que se producen.

No debe creerse por ello que desde ahora podemos clasificar todos los verbos en perfectivos e imperfectivos. La apreciación de la perfección o imperfección de un acto depende en cada caso de condiciones objetivas, pero también del interés que el que habla ponga en el término de la acción. *Escribir* en general, es acción imperfectiva, pero *escribir una carta* es perfectiva. La reiteración ininterrumpida de un hecho perfectivo, como *saltar,* puede tomar aspecto imperfectivo cuando aludimos al salto continuo del agua en una catarata. No se trata, por consiguiente, de duración mayor o menor, sino de que la atención se proyecte hacia el final del acto, o lo considere sólo en su transcurso.

46.   La explicación de HANSSEN aclara el fondo perfectivo o imperfectivo que hallamos en las oraciones con *estar* y *ser* respectivamente, pero necesita mayor desarrollo y precisión, porque la oración atributiva no expresa acciones, sino cualidades del sujeto, y por lo tanto lo perfectivo e imperfectivo de *estar* y *ser* no pueden tener sentido idéntico al que tienen en los predicados verbales.

Una cualidad puede ser mirada desde dos puntos de vista: o podemos enunciarla en sí misma y atribuirla a un sujeto, sin atender al origen o procedencia de la cualidad, o podemos considerarla como el resultado de una acción, transformación o cambio, que sabemos o suponemos que ha tenido, o tiene o tendrá lugar: una lámpara *encendida* o *apagada* se relaciona con los actos de encenderla o apagarla. En el primer caso la cualidad nos interesa sólo en su duración o permanencia, es imperfectiva: *este jarro es blanco*. En el segundo la percibimos como resultante de alguna transformación consumada o perfecta: *este jarro está roto;* la transformación puede ser real, como en el ejemplo anterior, o simplemente supuesta sin que se haya producido: *este jarro está intacto* (porque ha cruzado por nuestra mente la posibilidad de algún percance). Para los extranjeros puede servir de guía la siguiente norma: Usamos en español *estar* cuando pensamos que la cualidad es resultado de un *devenir*, un *werden* o un *become*, real o supuesto. Basta con que, al enunciar una cualidad, haya en nuestro pensamiento una leve suposición de que ha podido ser causada por una acción o cambio, por algún *devenir*, para que empleemos el verbo *estar*. Ejemplos de cambio real o supuesto en el pasado: *está roto, intacto, maduro, hermoso, muerto*. En el presente: *está cayendo, lloviendo, entrando*. En el futuro: *está por ver, por barrer, sin venir, para entrar. Ser alegre, triste, melancólico, risueño*, se refiere al carácter de una persona: con *estar* significarían una alteración que *deviene*. Con los participios de verbos perfectivos es más frecuente *estar*, porque se sienten más próximos a la acción verbal que los produce: *estar herido, fastidiado, cansado, escrito*. Con *ser*, los participios de verbos imperfectivos toman sentido pasivo (v. cap. XIV): *ser querido, aborrecido, estimado*. La pasiva con *ser* no se usa con participios de verbos perfectivos, en ciertas circunstancias, como veremos en su lugar correspondiente.

Ahora bien: para saber si se ha producido o no la acción o cambio, nos valemos generalmente de la experiencia. Veo que un niño ha crecido y digo que *está alto;* pruebo el café y digo que *está frío*. Es decir, empleamos *estar* en los juicios que dependen inmediatamente de nuestra experiencia. Para decir que *la nieve es fría* no necesito hacer la prueba; es un juicio general que formulo independientemente de mi experiencia inmediata; pero para decir que *aquella nieve está fría* necesito tocarla ahora. A las personas de lengua inglesa puede servirles la siguiente regla: Cuando los verbos *to feel* o *to look* pueden sustituir a *to be*, debe emplearse *estar* en español. Ejemplos: *Este traje está (looks) sucio, limpio, arrugado*, etc. El café *está (feels) dulce, caliente*, etc. La experiencia realizada introduce sentido perfectivo a la cualidad que enunciamos. Ejemplos: *lo toqué y vi que estaba vivo (looking)*; *la fruta estaba sabrosa (feeling)*; *la sala estaba brillantísima (looking)*. Los juicios no relacionados con nuestra experiencia inmediata se expresan con *ser: el agua es transparente* en general, pero el agua de este lago puede *estar* transparente o turbia.

47. No sólo distinguimos acciones perfectivas e imperfectivas, sino que dentro de ellas las diferentes formas de la conjugación expresan también uno u otro aspecto de la acción verbal. Hay tiempos del verbo que designan el hecho como acabado (perfecto) y otros que lo designan como inacabado (imperfecto) para el interés del que habla [26]. La imperfección propia de los predicados con *ser* puede hallarse en conflicto con la perfección del tiempo y neutralizarse más o menos. Es decir, que en los tiempos imperfectos lo imperfectivo de *ser* se refuerza; en los perfectos, se debilita. Así resulta que en *es, era, será, sea, fuera* o *fuese elegante*, se siente plenamente la diferencia con *está, estaba, estará, esté, estuviera* o *estuviese elegante*. Pero toda persona de lengua española siente de un modo más o menos confuso que una frase como *Esta señora ha sido elegante en otro tiempo*, presenta muy atenuado el matiz que la separa de *Esta señora ha estado elegante en otro tiempo*. Entre *La reunión fue muy lucida* y *La reunión estuvo muy lucida* apenas si notamos diferencia. Compárense, apelando al sentido lingüístico espontáneo, las siguientes oraciones: *Es posible que el tiempo haya sido lluvioso en aquellas latitudes* y *Es posible que el tiempo haya estado lluvioso...*; *Quizás hubieses sido más afortunado en otra profesión* y *Quizás hubieses estado más afortunado...* Con esto no queremos decir que las diferencias desaparezcan del todo, pero es visible que se debilitan considerable-

26 Véase cap. XI.

mente. El grado en que este debilitamiento se produce depende del significado del adjetivo y de circunstancias particulares de cada expresión. En todo caso, la existencia misma de esta zona borrosa confirma el carácter imperfectivo de las oraciones con *ser* copulativo.

Esta relación recíproca entre el *aspecto* de la acción verbal de *ser* y *estar* y la cualidad perfecta o imperfecta de los tiempos en que se hallan puede verse muy bien con un participio pasivo, por ejemplo *estudiado:* Decimos que un asunto *está estudiado,* cuando *ha sido estudiado;* que *estaba estudiado,* cuando *había sido estudiado; que estará estudiado* cuando *habrá sido* o *haya sido estudiado.* Es decir, que los tiempos imperfectos del perfectivo *estar* se corresponden con los perfectos del imperfectivo *ser.*

Así resulta que en la pasiva con *ser,* la acción verbal que el participio expresa se reduce en el tiempo en que se halla el verbo auxiliar: *El jefe es, fue, será respetado.* Con *estar,* la acción se da como terminada y cumplida antes del tiempo que indica el verbo auxiliar: cuando una avería *ha sido reparada* (antepresente), decimos que *está reparada* (presente); *cuando habrá* o *haya sido reparada* (antefuturo), decimos que *estará reparada* (futuro); es decir, *estar reparada* es el resultado de *haber sido reparada.* Esta correspondencia demuestra con toda claridad el carácter imperfectivo de *ser* y el perfectivo de *estar,* y hace ver a este último como resultado de *un llegar a ser (devenir, werden, become).* Véanse además los capítulos IX y XIV.

48. Cuando el atributo es substantivo, pronombre, adjetivo determinativo o infinitivo, empleamos necesariamente *ser: Este es Luis; Mi amigo es abogado; Aquel libro era mío; Mi intención fue otra; Los sentidos corporales son cinco; Las dificultades serían muchas; Eso es mentir.*

Estar ha heredado del latín *stare* (estar de pie, mantenerse) su sentido local de situación o posición, material o figurada: *Madrid está en el centro de España; Estamos en casa; El termómetro está a diez grados; Los valores ferroviarios están muy bajos; Estaba de pie, sentado, arrodillado,* etc. Este uso originario se ha ido consolidando cada vez más, aunque en textos antiguos se hallan ejemplos de *ser* para expresar situación, como en las demás lenguas romances.

Finalmente, algunos adjetivos, muy pocos en número, cambian de significado según se atribuyan con *ser* o con *estar*:

> *Ser bueno* (de carácter) ....   *estar bueno* (sano)
> »   *malo*   id.   ....   id. *malo* (enfermo)
> »   *vivo* (rápido, inteligente) ......   id. *vivo* (gozar de vida,
>   vivir)
> »   *listo* (inteligente, agudo) ......   id. *listo* (preparado,
>   dispuesto)
> »   *fresco* (despreocupado, cínico)   id. *fresco* (con ironía:
>   en situación
>   difícil)[27].

27 Ambas acepciones son figuradas. En su sentido propio de *frío*, puede construirse con *ser* y *estar* como los demás adjetivos.

CAPÍTULO V

ORACIONES PREDICATIVAS

49. Cuando la oración no anuncia una cualidad del sujeto, sino
que expresa un fenómeno, una transformación en la que el sujeto
participa, recibe el nombre de predicativa. En esta clase de oraciones la palabra esencial del predicado es el verbo; por esto se dice
que el predicado es *verbal,* en tanto que en las atributivas el predicado es *nominal.*

La presencia del verbo es, por lo tanto, indispensable para que
haya oración. El verbo tiene que estar en forma personal, como ya
hemos dicho en el capítulo I. En una elocución habrá, pues, tantas
oraciones simples cuantos sean los verbos que contenga en forma
personal.

El verbo de una oración predicativa puede bastar por sí solo
para expresar todo lo que queremos decir del sujeto, o puede llevar
palabras que completen la predicación. En el primer caso, el verbo
es de *predicación completa;* no hay en el predicado más palabra
que él, p. ej.: *El niño duerme; El perro huyó; Escribiré; Estudia.*
En el segundo caso, acompañan al verbo otras palabras que, por

completar todo lo que deseamos decir del sujeto, se llaman *complementos*; el verbo es entonces de *predicación incompleta*. Ejemplos: *El niño duerme en la cuna; El perro huyó por aquella calle; Escribiré una carta a mi padre; Estudia la lección*. Desempeñan el papel de complementos todos los elementos que se hallan en el predicado fuera del verbo.

A veces los complementos son objetivamente indispensables para el sentido del verbo. Si decimos, por ejemplo, que *la niña ha dado*, hace falta decir algo más para comprender la oración (*un juguete, una limosna*). Ordinariamente, sin embargo, la presencia o ausencia de complementos depende de necesidades subjetivas de la expresión. Sólo algunos verbos exigen casi siempre complemento por necesidad de su propia significación. Por lo general, al hablar de la predicación completa nos referimos a cada caso concreto, y no a la naturaleza misma del verbo en cuestión, según hemos visto en los ejemplos del párrafo anterior, donde un mismo verbo puede llevar complementos o carecer de ellos.

50. Los complementos del verbo. Atendiendo a su función sintáctica, los complementos determinan la acción verbal, y pueden ser de tres clases: *directos, indirectos* y *circunstanciales*. En latín se expresaban los distintos complementos por medio de desinencias especiales de acusativo (directo), dativo (indirecto) y ablativo (circunstancial); pero, como el español perdió la declinación latina, el valor funcional de cada uno de los complementos hay que deducirlo del sentido de la oración, de la colocación de los elementos que la componen y, sobre todo, del uso de las preposiciones que han venido a sustituir a los casos latinos.

51. En el *complemento directo* recae inmediatamente la acción verbal. Expresa la cosa hecha por el verbo. En la oración *El perro comió la carne*, *la carne* es la cosa comida, y por lo tanto el complemento directo de *comió*. En *escribiré una carta a tu padre*, el complemento directo será *una carta*, porque es la cosa escrita. En la oración *En la calle vimos a tu hermana*, el complemento directo es *tu hermana*, por ser la cosa vista. En la enseñanza elemental puede usarse el artificio de poner el verbo en participio precedido del neutro *lo*, y la respuesta que se obtenga será el complemento directo. Basta, pues, preguntar en los ejemplos anteriores por *lo comido, lo escrito, lo visto* y así en cualquier oración puede reconocerse el complemento directo.

Observemos que en el ejemplo *En la calle vimos a tu hermana*, el complemento directo, *tu hermana*, lleva la preposición *a*. No podemos decir en castellano *vimos tu hermana*, sino *vimos a tu hermana*. Esto ocurre siempre que el complemento directo es persona o cosa personificada; por ejemplo: *He saludado al médico*; *Don Quijote amaba a Rocinante*; a no ser que se trate de persona completamente indeterminada, como en *busco un criado, vimos un niño en el jardín*.

También suele emplearse la preposición *a* con los pronombres *alguien, nadie, quien*, y con *uno, otro, todo, ninguno* y *cualquiera*, cuando se refieren a personas: *no he visto a nadie; conozco a alguien en la ciudad; no quiere a ninguno*. Desde antiguo es frecuente usarla también con nombres de países o ciudades que no llevan artículo: *he visto a Cádiz; dejamos a Valencia*, pero *conozco el Escorial; veremos el Perú*. CUERVO y la ACADEMIA censuraron la supresión de la preposición *a* en las frases como *dejé Valencia*; pero es evidente que existe a este respecto gran vacilación, tanto en la lengua corriente como en los escritores: *Hemos visitado Barcelona; veremos Buenos Aires*, y otras expresiones parecidas, se oyen y escriben a menudo.

Si el complemento es de cosa, no lleva preposición: *Escribí un artículo; Llévate el plato; Compraremos este libro*.

En los nombres colectivos hay vacilación: *conozco a esa familia*. Cuando la acción que denota el verbo se ejerce sobre los individuos, predomina el empleo de la preposición: *adular al vulgo, conmover a la gente*. Los nombres abstractos personificados la llevan o no, según el grado de personificación: *temer la muerte* y *temer a la Muerte*.

También se emplea la preposición, aun tratándose de acusativos que designan cosas, cuando hay que evitar ambigüedad: *tripas llevan pies, que no pies a tripas*. De esta ambigüedad posible trataremos en el capítulo siguiente. En la INTRODUCCIÓN hemos hablado de que este fenómeno sigue en plena evolución sin que hayan llegado a consolidarse en su totalidad estados históricamente alcanzados, y hemos citado algún caso en que el complemento, por recibir sólo parcialmente la acción, toma la apariencia de dativo y lleva la preposición *a*. (Véase 158.)

52. El *complemento indirecto* expresa la persona o cosa que recibe daño o provecho de la acción del verbo, o el fin a que dicha acción se dirige: Ejemplos: *Envié un regalo a Pedro; Traía este encargo para ella; Pondremos un toldo al carro; Compraría para el niño algunas golosinas.* Los complementos directos de estas oraciones son *un regalo, este encargo, un toldo, algunas golosinas;* y los indirectos son *Pedro, ella, el carro, el niño.* Los complementos indirectos se designaban en latín por el dativo; en español llevan siempre las preposiciones *a* o *para*, como puede observarse en los ejemplos anteriores (v. cap. XVIII).

53. *Complementos circunstanciales* son los que expresan el lugar, modo, tiempo, medio, causa o instrumento de la acción verbal. Ejemplos: *Desde mi casa veo la torre de la iglesia; Cumpliré de buena gana el encargo de usted; En aquellos años no se había inventado el ferrocarril; escribiré con la pluma nueva.* En estas oraciones los complementos circunstanciales son respectivamente: *desde mi casa* (lugar); *de buena gana* (modo); *en aquellos años* (tiempo); *con la pluma nueva* (instrumento). En latín se expresaban en ablativo, y en castellano suelen llevar alguna de las preposiciones *con, de, desde, en, hacia, hasta, por, sin, sobre, tras,* etc., y algunas veces *a* y *para* con significación muy distinta de la que les corresponde en el acusativo y dativo (v. cap. XV).

54. Oraciones transitivas e intransitivas. Hemos visto que hay oraciones cuyo verbo es de predicación completa, dice todo lo que queremos decir del sujeto: *Fulano murió; El alumno ha estudiado.* En estos casos el verbo carece de complementos de cualquier clase que sean. Otras veces falta el complemento directo, aunque puede llevar otros, por ejemplo: *Fulano murió en el hospital* (circunstancial); *El alumno ha estudiado con gran aprovechamiento para conseguir buenas notas* (circunstancial e indirecto). Aquí el verbo ya no es de predicación completa, puesto que lleva complementos que lo determinan, pero falta el complemento acusativo.

Las oraciones cuyo verbo no lleva complemento directo se llaman *intransitivas*, aunque le acompañen otros complementos. Si tienen complemento acusativo o directo, reciben el nombre de *transitivas*. En los ejemplos del párrafo anterior todas las oraciones son *intransitivas*. Poniéndoles un complemento directo pasarán a ser transitivas: *Fulano murió una muerte gloriosa; El alumno ha estudiado la lección*.

Fácilmente se comprende que el significado de algunos verbos impide, o dificulta por lo menos, que puedan tener un objeto directo. Verbos como *morir, vivir, quedar, dormir*, etc., se prestan mal a que haya una cosa *muerta, vivida, quedada, dormida*, distinta del sujeto. Pero a veces se puede extraer de la propia significación del verbo un complemento acusativo. En el párrafo anterior hemos dicho *Fulano murió una muerte gloriosa*, como podemos decir *Dormir un sueño tranquilo* o *Vivir una vida miserable*. Hay siempre en ello cierta tautología que a veces, sin embargo, tiene valor expresivo. Tales verbos son intransitivos por naturaleza.

Por el contrario, otros verbos se inclinan, por naturaleza también, a llevar un complemento acusativo, como *dar, dejar, entregar, abandonar, mostrar*, los cuales difícilmente pueden prescindir de enunciar la cosa *dada, dejada, entregada, abandonada, mostrada*, para que la oración tenga sentido. Sin embargo, un recadero al terminar su trabajo dice que *ha entregado*, o podemos decir que un ciclista *ha abandonado* a la primera carrera. Lo más general es que la significación de los verbos no dificulte que puedan usarse como transitivos o intransitivos.

55. Entre las oraciones intransitivas los gramáticos forman un grupo aparte, bastante numeroso, al que llaman *oraciones del verbo de estado*. Estos verbos, habitualmente intransitivos, denotan hechos no relacionados con ningún objeto directo, sino que expresan en el sujeto una situación más o menos fija: *Mi amigo está en casa todas las mañanas* (v. cap. III); *Sus padres viven en la Habana; Queda-*

5

mos muy satisfechos; Llegaron hambrientos; Este niño crece ra-
quítico.

En estas oraciones la actividad del sujeto está considerablemente
aminorada, hasta el punto de que no produce la acción, sino que la
acción se produce en él, o en él se manifiesta. Están, por consiguiente,
en el límite entre las oraciones *activas* (sujeto agente) de que hemos
tratado hasta ahora, y las *pasivas* (sujeto paciente). Por otra parte,
cuando llevan algún adjetivo concertado con el sujeto (como en los
tres últimos ejemplos) se hallan en el límite entre las *atributivas*
(expresión de una cualidad del sujeto) y las *predicativas* (expresión
de un acontecer). Si decimos que *llegaron hambrientos,* es indudable
que *hambrientos* califica al sujeto; pero es igualmente claro que
modifica a la vez adverbialmente al verbo *llegaron.* Por lo tanto estas
oraciones presentan una gradación psicológica de finos matices expresivos, imposible de ser incluida sin residuo en ninguna de las clases
de oraciones que las gramáticas señalan.

56. Oraciones pasivas. Cuando el interés principal del que habla está en el objeto de la acción y no en el sujeto, suele expresarse
el juicio por medio de oraciones pasivas. Éstas constan esencialmente
de sujeto paciente y verbo en la voz pasiva. Pueden llevar también
expresado el agente o productor de la acción, acompañado de las
preposiciones *por* o *de*[28]. Siguiendo la tradición de la Gramática
latina, este tercer elemento se llama *ablativo agente.* Las oraciones
que lo contienen se llaman *primeras de pasiva;* las que lo callan
reciben el nombre de *segundas de pasiva.* Ejemplos: *La noticia fue
divulgada por la radio; Juan es respetado por todos; El cuadro será
admirado por los visitantes de la exposición* (primeras); *Esta noticia
es ya muy conocida; Juan era respetado en su pueblo; El actor ha
sido aplaudidísimo* (segundas). Estas últimas suponen que la importancia del ablativo agente ha desaparecido para los interlocutores.

El empleo de las oraciones pasivas es poco frecuente en español
y está sujeto a algunas restricciones que a lo largo de la historia del

28 En el cap. XVIII trataremos de la preferencia por una u otra de estas
preposiciones en las oraciones pasivas.

idioma han actuado para que ordinariamente se prefiera la construcción activa. De ello nos ocuparemos al tratar de la voz pasiva en el capítulo IX.

57. Aumenta en cambio el uso de las oraciones **pasivas reflejas**. con *se* y el verbo en activa. *La paz fue firmada por los embajadores* equivale a *Se firmó la paz por los embajadores;* la construcción activa *La radio ha divulgado estas noticias,* tiene en pasiva las expresiones *Estas noticias han sido divulgadas por la radio* o *Se han divulgado estas noticias por la radio.* Si desaparece el interés hacia el sujeto agente diremos: *Se firmó la paz* y *Se han divulgado estas noticias.* En este último caso nos hallamos en los límites que separan las oraciones pasivas reflejas de las impersonales.

58. **Oraciones reflexivas y recíprocas.** Así como en las anteriormente estudiadas el sujeto es agente (activas) o paciente (pasivas), las reflexivas y recíprocas tienen de común el ser el sujeto a la vez agente y paciente. Se expresan unas y otras con el verbo en activa acompañadas de las formas átonas de los pronombres personales: *me, te, se* (singular y plural de tercera persona), *nos* y *os.*

En las oraciones *reflexivas* la acción del sujeto recae sobre él mismo, o se refleja en él. Es decir, que el sujeto es a la vez complemento de la acción verbal que ejecuta. En la oración *Yo me lavo,* el pronombre *me* es el complemento directo del verbo *lavo;* en *Yo me lavo las manos,* el complemento directo es *las manos,* y *me* es complemento indirecto o dativo. Las oraciones reflexivas suelen llamarse *directas* o *indirectas* según que el nombre represente en ellas el acusativo o el dativo respectivamente. *Luisa se ha peinado; Tú te vistes,* son reflexivas directas. *Luisa se ha puesto un sombrero nuevo; Tú te tiñes el pelo,* son indirectas.

Estos ejemplos representan el tipo reflexivo puro o primario, porque la acción vuelve de un modo u otro sobre el sujeto que la realiza. Pero ocurre que a menudo el sujeto no es propiamente agente, sino que interviene o influye sólo en la acción que otro realiza; *Tú te haces un traje; Me construí una casa,* indican únicamente que el sujeto ordena, dirige o costea la acción sin que él la ejecute por sí

mismo. De un modo análogo la reflexión del acto puede atenuarse
de modo que los pronombres no sean ya complemento directo o indirecto, sino que indiquen vagamente una participación o interés en
la acción producida. Las gradaciones son muchas, desde el llamado
dativo ético o *de interés (Ella se tomó el café)*, hasta las expresiones
con verbos intransitivos, que algunos llamaron *pseudorreflejas* por
sentirse ya muy distantes del significado reflexivo: *Me voy; Te estás
en casa; El pájaro se ha muerto; Me salí del despacho.* En estos
ejemplos el leve matiz de percepción o participación, que el pronombre indica, es suficiente para distinguir el valor expresivo de
estas oraciones de las activas o de estado que se obtendrían supri-
miendo el pronombre: *Voy; estás en casa; el pájaro ha muerto;
salí del despacho.* Son muy usuales, principalmente en la lengua hablada, aunque algunas de ellas se critiquen tachándolas de excesivamente vulgares.

En ciertos casos se llega a tal distancia del sentido reflexivo,
que para dar a entender que el agua sale de la bañera o la lluvia
atraviesa un tejado, decimos que *la bañera se sale* o *el tejado se llueve.*
Algunos verbos como *arrepentirse, atreverse, quejarse* y *jactarse*, han
llegado a no tener más modo de expresión que el reflexivo.

Las acciones reflexivas tienen en su forma y significado muchos puntos de contacto con las de pasiva refleja y con las impersonales. En la historia del idioma y en el uso moderno ofrecen algunas
interferencias y confusiones de las cuales trataremos en su lugar
correspondiente (61 y cap. IX).

59. En las oraciones *recíprocas,* dos o más sujetos ejecutan la
acción y a la vez la reciben mutuamente. Son una modalidad de las
reflexivas, de las cuales no se distinguen por la forma, sino por el
sentido. Sólo pueden tener lugar con verbos transitivos, porque con
los intransitivos no puede producirse reciprocidad. En *el niño y la
niña se quejaban* tenemos dos acciones distintas; pero en *el niño y
la niña se pelearon* la acción es recíproca. Para hacer claro el significado recíproco usamos a menudo palabras o frases que eviten toda
ambigüedad, como *uno a otro, mutuamente, recíprocamente, entre sí:*

José y Eduardo se alaban uno a otro; Padre e hijo se irritaron mutua-
mente. A veces el empleo de tales palabras o locuciones es meramente
enfático: *Marido y mujer se amaban mucho entre sí.*

60. Oraciones impersonales. En los verbos que expresan fenómenos naturales, como *llover, nevar, tronar, relampaguear, granizar,*
amanecer, anochecer, etc., es muy difícil personificar un sujeto agente
distinto de la acción misma. Son los verbos *unipersonales* naturales,
que sólo se conjugan en tercera persona de singular.

En la representación mental de estas acciones, el sujeto está
incluido en la acción misma, *la lluvia, la nieve, el trueno,* etc., de
modo que llevan un sujeto interno inseparable de ella, de igual manera que los verbos de estado pueden extraer un acusativo interno
de su propia significación. Las oraciones *Vivíamos una vida feliz* y
Llovía una lluvia helada, son ejemplos de representación psicológica
en que el complemento directo y el sujeto, respectivamente, han sido
diferenciados gramaticalmente del verbo que los lleva en sí. No es
necesario ni frecuente este pleonasmo, y por ello se enuncian los
fenómenos naturales mencionados sin desgajar de ellos el sujeto que
contienen. Cuando quiere atribuirse la acción a otro sujeto, como
causante o productor del fenómeno, hay que designarlo expresamente:
Amanecerá Dios y medraremos; Júpiter tronaba en el espacio. Aun
en estos casos el sujeto está en tercera persona, puesto que tales acciones no pueden atribuirse a la primera o segunda más que muy excepcionalmente.

Cuando están empleados en acepción figurada, pierden estos
verbos su sentido impersonal: *Su boca llovía injurias; Amanecí feliz*
y atardecí desdichado; Anochecimos cerca del pueblo.

Aparte de estas oraciones impersonales naturales, todos los verbos, transitivos o intransitivos, pueden usarse impersonalmente, bien
por desconocerse el sujeto, bien por callarse intencionadamente, o
bien por carecer de todo interés para los interlocutores: *Llaman a*
la puerta (sujeto desconocido); *Me han regalado un reloj* (sujeto
callado intencionadamente); *No me han dejado pasar* (sujeto sin
interés). El verbo va en tercera persona del plural, aunque el que

habla sepa que el sujeto es una sola persona: *Le han dado un palo en la cabeza.* El carácter indeterminado del sujeto se ve bien en oraciones como las siguientes: *Cuentan pormenores alarmantes de lo ocurrido; Lo tienen por tonto; Este año recogerán mucho.*

61. Forman grupo especial las oraciones impersonales con *se,* emparentadas histórica y psicológicamente con las de pasiva refleja. En toda oración segunda de pasiva, de cualquier clase que sea, se calla el agente o productor de la acción cuando pierde su interés para el que habla. *La paz fue aceptada por los plenipotenciarios* o *La paz se aceptó por los plenipotenciarios,* se convierten en *La paz fue aceptada* o *La paz se aceptó* (segundas) en cuanto no importa el ablativo agente. En *La paz se aceptó* (pasiva refleja), si el sujeto pasivo estuviese en plural diríamos *Las paces se aceptaron.* La oración es impersonal en el sentido de que no hay determinación del sujeto agente; pero seguimos sintiéndola como pasiva, equivalente a *Las paces fueron aceptadas.*

Cuando el sujeto era persona nacía ambigüedad: *Se ayudan los estudiantes* lo mismo podía significar acción recíproca, que pasiva *(los estudiantes son ayudados).* Desde el siglo xv comienza a fijarse en este caso la práctica de poner el verbo en singular acompañando al sujeto pasivo con la preposición *a (se ayuda a los estudiantes),* con lo cual se distingue netamente de la recíproca. Pero entonces, inmovilizado el verbo en singular y acompañando *los estudiantes* con la preposición *a,* quedaron convertidas en oraciones activas de sujeto indeterminado *(se)* con el verbo en tercera persona del singular *(ayuda)* y un complemento acusativo de persona con la preposición *a (a los estudiantes).* Esta construcción, consolidada ya en el idioma con sujetos personales, tiende a propagarse con toda clase de sujetos. Claro está que sin preposición cuando se trata de cosas. La vacilación presente entre *se venden botellas* y *se vende botellas, se alquilan habitaciones* y *se alquila habitaciones,* tan discutidas por los gramáticos, depende de que prevalezca la idea de que las *botellas son vendidas* (impersonal pasiva) concertando el verbo con su sujeto pasivo, o de que un sujeto indeterminado (impersonal activa) *vende botellas.* La construcción pasiva es la tradicional, y predomina en la lengua literaria; la impersonal activa se abre camino principalmente en el lenguaje corriente, sin que esto quiera decir que falten ejemplos de uno y otro uso en ambos dominios del idioma. Hay además preferencias locales en favor de una u otra construcción en diferentes zonas geográficas de la lengua española [29].

En singular no hay signo gramatical que exprese cuál es la representación o intención dominante; pero es evidente que en *se ha divulgado la noticia* cabe pensar que alguien *la ha divulgado* (impersonal activa), o que *ha sido divulgada* (impersonal pasiva). Parece que la anteposición del elemento intencionalmente dominante contribuye a sugerir el pensamiento que informa la oración. Compárese el efecto estilístico de *se ha divulgado la noticia* con el de *la noticia se ha divulgado.* Otras palabras del contexto pueden fijarlo con seguridad, por ejemplo: *con mala intención* insiste en el divulgador (impersonal activa); *con gran rapidez* hace pensar en una cualidad de la noticia (pasiva). Se trata, pues, de un fenómeno lingüístico que está actualmente en evolución, invisible en singular; pero en plural, la concordancia o no concordancia con el verbo nos dice si se ha sentido como sujeto pasivo o como complemento directo respectivamente.

De esta manera el pronombre *se,* partiendo de su valor reflexivo originario, ha llegado a ser representante de un sujeto impersonal equivalente al antiguo castellano *ome,* que se perdió muy pronto (francés *on,* alemán *man*). En este cambio de función y significado ha pasado por la etapa de signo de pasiva, y desde ella hasta *se dice, se supone, se canta, se trata de,* etc.

Con los verbos reflexivos no puede usarse el *se* impersonal ni el pasivo. Se sustituye entonces por el indefinido *uno, una,* solución análoga a la del empleo de *one,* que adopta el inglés en casos parecidos: *Se acostumbra uno a todo; uno se atrevería a hacer lo mismo; se despeina una con ese viento.* Obsérvese que la variación del género

---

29 Creemos, con Lenz, que hay que rechazar la hipótesis de la Academia, y de otras gramáticas, de que se trate de un galicismo en que incurren los traductores de *on.* El hecho tiene demasiadas raíces en la historia del español para no pensar que es una evolución espontánea de nuestro idioma, lo cual no quiere decir que no se cometan faltas en la interpretación y traducción del *on* francés; pero ellas no han podido determinar un fenómeno tan extenso.

del indefinido *uno, una,* depende del sexo de la persona que habla,
lo cual indica cierta participación en el sujeto impersonal y, por
consiguiente, una ligera determinación. No es obligatoria, sin embargo, la forma femenina. Una mujer puede decir *se conmueve uno
con esas escenas.*

62.   Los verbos *haber, hacer* y *ser,* en su uso impersonal, adoptan construcciones de tipo impersonal, como las de los verbos que
expresan fenómenos de la naturaleza. Ejemplos: *hubo fiestas, hace
calor, es temprano,* donde las palabras *fiestas, calor, temprano,* son
complemento directo o atributo de los verbos respectivos. El sujeto
queda indeterminado, algo como *la gente tuvo fiestas, la estación
o el tiempo hace calor, el momento a que me refiero es temprano.*
El empleo de la forma *ha* del verbo *haber* para indicar transcurso de
tiempo es exclusivamente literario: *mucho tiempo ha.* La forma
corriente del presente de indicativo unipersonal es *hay,* p. ej.: *hay
buenas noticias.*

Haber y *hacer* tienen entre sus varias acepciones la de indicar
vagamente existencia o presencia, análoga a la que corresponde a los
verbos *ser* y *estar: No hay nadie; Hace mucho frío.* Esta significación
indeterminada explica que en buena parte de las provincias de Levante y en algunos países hispanoamericanos (Chile) se interpreten
como verbos substantivos, y se diga *hubieron fiestas, habían muchos
soldados, hicieron grandes heladas,* concertando el verbo con su complemento plural, porque no es sentido como complemento sino como
sujeto. Este uso no pasa de ser local, como ya hemos dicho, y no
tiene cabida en la lengua literaria [30].

30 La tradición creada por la adaptación de la Gramática latina a la lengua
española ha hecho figurar en nuestras gramáticas como oraciones impersonales las que
contienen verbos como *convenir, importar, avergonzar,* etc. (latín *decet, oportet,
pudet* y otros impersonales parecidos). La Academia, en su última edición (§ 284 *b*),
no considera ya como impersonales tales oraciones. Únicamente algunas expresiones
raras, como *Me pesa de haberos ofendido,* conservan una construcción unipersonal de
tipo impersonal. El verbo, en esta oración, se construye con el pronombre en dativo
y un complemento de causa con *de* (v. R. SECO, *Gram.* II, pág. 90; y Academia § 284 *f*).
M. BASSOLS DE CLIMENT, *Origen de la construcción impersonal del verbo «habere»*
(en *Revista de Estudios clásicos* de la Universidad de Cuyo, Mendoza, III, 1948, pá-
ginas 215 y sigs.), propone una interesante explicación histórica que convendrá tener
en cuenta para la investigación de los verbos impersonales en las lenguas modernas.

63. Complementos del sujeto.   Del mismo modo que el predicado puede ir determinado y completado por los complementos, también el sujeto puede llevar palabras complementarias. Si decimos *el perro comió la carne*, el sujeto no tiene adherido ningún concepto que nos dé más indicaciones sobre él. Si digo *el perro del hortelano comió la carne*, las palabras *del hortelano* constituyen un complemento del sujeto, al cual puedo añadir otros: *el perro hambriento del hortelano*...; y así cuantos elementos completen el concepto escueto de *el perro* serán complementos del sujeto [31].

64. Complementos de los complementos.   Tanto los complementos del sujeto como los del verbo pueden tener a su vez complementos propios. Si decimos, por ejemplo, *el perro del hortelano vecino comió la carne preparada para mi cena*, la palabra *vecino* es complementaria del complemento *del hortelano*; y *preparada para mi cena* es un complemento del acusativo *carne*. Así la oración, partiendo de sus elementos esenciales (sujeto y predicado), con sus complementos respectivos y los complementos de éstos, puede llegar a hacerse muy compleja. Muy raras veces se ofrecerá en la práctica una oración con todos esos elementos, pero cualquier desarrollo posible cabe dentro del siguiente esquema.

65.   Esquema general de la oración posible.

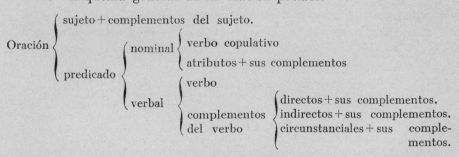

---

31   En los verbos de estado e intransitivos es frecuente que un complemento afecte a la vez al sujeto y al verbo. En la oración *los justos mueren tranquilos*, el adjetivo *tranquilos* es complemento del sujeto y concierta con él, pero modifica también adverbialmente al verbo como si dijera que mueren *con tranquilidad o tranquilamente*. Esta doble función ha motivado que algunos gramáticos apliquen a tales complementos el nombre de *complementos predicativos*. La denominación es expresiva, pero sujeta

Como veremos más adelante, este esquema es también válido para las oraciones compuestas subordinadas, en las cuales la oración subordinada funciona como elemento componente de la principal, y su función dentro de ella corresponde siempre a alguno de los miembros de nuestra clasificación.

a interpretaciones equivocadas. No la mantenemos en el texto para no embrollar innecesariamente la terminología, puesto que tales casos no son frecuentes. Basta darse cuenta, en cada caso concreto, de la duplicidad de funciones. Por otra parte, son borrosos los matices que separan estas oraciones de las atributivas, como ya hemos dicho en el lugar correspondiente (§ 55).

CAPÍTULO VI

ORDEN DE COLOCACIÓN DE LOS ELEMENTOS ORACIONALES

66. La relación interna entre el sujeto, el verbo y los diferentes complementos de uno y otro, se expresa por medio de la concordancia de las palabras variables y del empleo de partículas y pronombres. La posición relativa de cada uno de los elementos constitutivos de la oración contribuye también a determinar su valor funcional. No pocos casos de ambigüedad se deben a construcciones que, por chocar con los esquemas sintácticos habituales en el idioma, resultan poco claras para el que lee o escucha.

Pero no es la exigencia lógica de claridad lo que determina únicamente el orden constructivo en la producción del lenguaje. Intervienen en ello factores expresivos ajenos a las leyes del juicio lógico, ligados a la atención más o menos tensa hacia determinados elementos oracionales, a la voluntad de destacar unos y atenuar otros, a la intensificación y calidad afectiva de algunos y, finalmente, a necesidades o hábitos rítmicos que dejan sentir su influencia de un modo constante dentro de una comunidad lingüística, y de un modo variable según la situación y el estilo personal del que habla o escribe.

A propósito del empleo de cada una de las partes de la oración, trataremos en los capítulos siguientes de fijar el valor expresivo que resulta de su colocación en la frase. Aquí vamos a centrar el problema alrededor del verbo, como núcleo de la oración, a fin de inducir algunas leyes generales sobre su posición respecto al sujeto y a los complementos.

67. Debemos considerar en primer lugar la oración fonéticamente unitaria, es decir, no dividida interiormente en grupos fónicos, p. ej.: *traigo un encargo para ti.* Después estudiaremos la oración fragmentada en dos o más grupos fónicos por pausas, ya sean expresivas, ya meramente respiratorias: *Grandes bandadas de pájaros emigrantes | anunciaban la proximidad de la primavera.* La división puede ser bipartita, como en el ejemplo anterior, tripartita, etc., etc. Se produce unas veces por la extensión de la oración, que impide pronunciarla en un solo grupo fónico; otras, por la intención de hacer resaltar algún elemento oracional mediante una pausa, con la consiguiente alteración melódica. Como esta intención depende del que habla, es posible que no coincidan en hacer pausa varias personas que profieren la misma oración, o que no sean iguales los lugares por donde la oración se divide. Ya veremos después cuándo y por dónde es posible esta fragmentación. Anticipemos, por de pronto, que cuando tiene lugar, los grupos separados (dos, tres o más) adquieren una cierta individualidad o autonomía de construcción, dentro del conjunto en que se originan.

68. Oraciones de tendencia unitaria. Cuando una oración es breve, tiende a pronunciarse en un solo grupo fónico, a no ser que circunstancias especiales de expresión hagan desgajarse de ella enfáticamente algún elemento sintáctico. Por ejemplo: *Tu amigo ha dicho la verdad*, que ordinariamente se pronunciará sin interrupción, puede adoptar las formas: *Tu amigo... ha dicho la verdad; Tu amigo... ¡ha dicho la verdad!; Tu amigo ha dicho... la verdad.* Se separa en ella el sujeto o el complemento directo para darle el realce que necesita [32]. Fuera de estos motivos particulares, que actúan por igual en las oraciones breves y en las extensas, una oración breve tiende a ser unitaria.

Comenzaremos por estudiar la construcción de algunas oraciones enumerativas formadas por tres elementos sintácticos. Las combinaciones posibles para cada una de ellas son las siguientes:

Sujeto, verbo y complemento directo

Mi padre compró una casa.
*Mi padre una casa compró.
Compró mi padre una casa.
Compró una casa mi padre.
Una casa compró mi padre.
*Una casa mi padre compró.

Sujeto, verbo y complemento circunstancial

Juan vendrá a las siete.
*Juan a las siete vendrá.
Vendrá Juan a las siete.
Vendrá a las siete Juan.
A las siete vendrá Juan.
*A las siete Juan vendrá.

Verbo con dos complementos

Una carta traigo para ti.
*Una carta para ti traigo.
Traigo una carta para ti.
Traigo para ti una carta.
Para ti traigo una carta.
*Para ti una carta traigo.

Apelando al sentido espontáneo del idioma, es fácil observar que, si bien todas estas combinaciones son posibles y correctas en

---

32 En el cap. II nos hemos referido a algunos rasgos de la construcción en las oraciones exclamativas e interrogativas. Aquí nos ocupamos sólo de las enunciativas; pero, como ya quedó dicho, no es posible señalar línea divisoria entre unas y otras. Los matices intermedios son numerosos, y a veces no se distinguen por caracteres sintácticos.

español moderno, las que hemos señalado con asterisco son totalmente
inusitadas en la conversación y raras en la prosa literaria. Su empleo
da al estilo una marcada afectación pedantesca. Se usan algo más en
poesía, especialmente en la de la época clásica y en la del siglo xix.
Todas ellas llevan el verbo al final, que fue precisamente la colocación preferida por los escritores latinos *(Caesar Gallos vicit)*, a cuya
imitación muchos prosistas del Renacimiento la emplearon artificiosamente. Claro está que esto constituye un carácter estilístico en los
autores que lo usan.

69.   La libre colocación de los elementos en las cuatro combinaciones que hemos reconocido como usuales tiene, sin embargo, una
limitación. El complemento directo no puede ir antes del sujeto, si
uno y otro pueden confundirse entre sí. Si la confusión es posible,
el sujeto va necesariamente antes. Por ejemplo, en oraciones como
*la amistad dominó el interés de todos; el entusiasmo vence la dificul-
tad; el arenal desvió la corriente,* bastaría colocar delante los complementos para que éstos pasasen a ser sujetos y viceversa. Para que
el cambio pueda producirse es necesario que los complementos directos vayan precedidos de la preposición *a: la amistad dominó al
interés de todos; el entusiasmo vence a la dificultad; el arenal desvió a la corriente.* En este caso podremos invertir el orden sin alterar
la función sintáctica. Por esta causa el idioma ha extendido el empleo de la preposición *a* con complemento acusativo, no sólo cuando
se trata de personas (v. caps. V y XV), como en *Pedro injuriaba a
su amigo,* sino siempre que es lógicamente posible confundir el complemento con el sujeto de la oración. Si esta posibilidad no existe,
el acusativo va, naturalmente, sin preposición: *Mi padre compró
una casa.* Gracias a este recurso, la lengua española ha podido con-
servar una libertad de construcción poco común en las lenguas modernas.
    En los complementos indirectos y circunstanciales, el empleo
casi siempre obligatorio de preposiciones que los caracterizan hace
igualmente libre su posición en el conjunto oracional, sin temor a
que se produzcan anfibologías.

70. Ahora bien; la preferencia por uno u otro tipo de construcción, entre las cuatro que acabamos de señalar como usuales, no es indiferente para la expresión, aunque lo sea para la claridad lógica del juicio formulado. La anteposición de un elemento cualquiera supone siempre una condensación en él del interés del que habla. Si digo que *a las siete vendrá Juan,* doy importancia principal a la hora de su venida; si digo que *vendrá Juan a las siete,* realzo en primer término la afirmación del hecho; y así podemos hacer la misma observación con respecto a los demás ejemplos estudiados. La anteposición del sujeto es la construcción más frecuente, no porque sea más regular, como quiere la ACADEMIA [33], sino porque el sujeto absorbe el interés principal en mayor número de casos que todos los demás elementos oracionales juntos. Y claro está, el hábito que esta frecuencia ha creado, ha desgastado más o menos la expresividad del primer elemento, la cual aparece más visible cuando el verbo precede, y más aún, por ser menos frecuente, cuando algún complemento ocupa el primer lugar.

El español participa de la tendencia general de las lenguas modernas hacia la construcción *lineal* o *progresiva,* en que el determinante sigue al determinado (v. CH. BALLY, *Linguistique générale et Linguistique française,* 3.ª ed., Berna, 1950). Esta tendencia se halla en grado muy avanzado en francés y en inglés. El alemán, en cambio, anticipa con gran frecuencia los determinantes, como lo hacían el latín y el griego. El español, como vamos viendo, ocupa a este respecto un lugar intermedio, a causa principalmente de que la claridad

---

33 *Gram.* § 193: «Tal es la característica propia de la Sintaxis castellana y de todas las lenguas que, como la nuestra, tienen la construcción llamada *descendente,* que es aquella en la cual los vocablos se ordenan en la oración de manera que cada uno venga a determinar al que le precede; y este orden es el que, según los gramáticos, se llama Sintaxis regular, en oposición a la Sintaxis figurada, en que aquél no se observa... En las lenguas que tienen construcción inversa, o sea la *ascendente,* las palabras se colocan en la oración en orden diametralmente opuesto al nuestro. En vascuence, por ejemplo, la frase *Guernicako arbola,* traducida literalmente al castellano y en el orden en que las ideas vienen expresas en ella, dice *Guernica del árbol el,* pues el *ko* de *Guernica* equivale a nuestra preposición *de,* y el *a* de *arbola* a nuestro artículo *el.* En las lenguas griega y latina, y también en alemán, se nos ofrecen mezcladas ambas construcciones.» Véanse observaciones comparativas con el inglés y el español en D. L. BOLINGER, *Linear modification* (Publ. Modern Language Association of America, LXVII, 1952, págs. 1117 y sigs.).

de las desinencias verbales y el uso potestativo de la preposición *a* con acusativos de cosa, le han conservado una libertad de construcción que contrasta con la rigidez creciente con que el francés y el inglés ordenan según el modo lineal los elementos oracionales. De esta manera, el juego relativamente libre de ambas construcciones permite a nuestra lengua adoptar, según las circunstancias, el carácter analítico del orden lineal, que mira hacia el interlocutor, o la expresión sintética llena de anticipaciones, que surge espontáneamente del hablante al compás de su interés o de sus estados afectivos.

La anteposición del primer elemento que se siente como más importante no es, sin embargo, el único recurso que podemos emplear para significar mayor interés hacia algunos de los componentes de la oración. En igualdad de ordenación cabe realzar determinadas palabras reforzando su acento de intensidad, elevando su entonación y retardando el *tempo* de su articulación. Cualquiera de estos medios, o todos ellos conjuntamente, pueden hacer, por ejemplo, que en la oración *Traigo una carta para ti* se destaquen *una carta,* o *para ti,* de modo que el oyente perciba su mayor relieve expresivo. Tales recursos fonéticos pertenecen al arte de la Declamación, y caen ya fuera de la Sintaxis. Pero los fenómenos lingüísticos están de tal manera ligados unos con otros, que es necesario tenerlos todos en cuenta, aunque por motivos metódicos tengamos que limitar el campo de nuestro estudio. Conviene, pues, no perder de vista la posible presencia de factores fonéticos antes de decidirse sobre el valor expresivo de los elementos de la oración que no vayan en primer lugar.

71.   Las oraciones atributivas, a causa del carácter adjetivo del atributo y de la escasa significación del verbo copulativo, se rigen en cuanto a su efecto estilístico por la misma ley que regula la anteposición o posposición de los adjetivos con respecto a los substantivos a que califican. En el capítulo correspondiente estudiaremos esta cuestión. Pero, por otra parte, la oración atributiva con verbo copulativo se ha asimilado al tipo de las predicativas y, como

en ellas, la colocación del verbo al final no se usa hoy más que en
poesía y en estilo afectado.

> La mañana era hermosa.
> *La mañana hermosa era.
> Era la mañana hermosa.
> Era hermosa la mañana.
> Hermosa era la mañana.
> *Hermosa la mañana era.

Obsérvese que en el ejemplo 3.°, el carácter especificativo del
adjetivo inmediatamente pospuesto al substantivo hace posible interpretar que *era la mañana hermosa*, precisamente la *hermosa*, y no
otra mañana cualquiera. Esta interpretación tiende a expresarse con
una ligerísima pausa después del verbo; *mañana* fortalece entonces
su unidad con el adjetivo pronunciándose como proclítica. Si el adjetivo no se siente como especificativo, habrá que pronunciar esta frase
cargando el acento intensivo sobre *mañana*. La observación puede
extenderse, salvo casos particulares que dependen del significado del
atributo, a todas las oraciones atributivas que presenten la combinación verbo + sujeto + atributo, v. gr.: *es tu primo estudioso; estaba
Pepa descalza.*

Cuando estos tres ejemplos se interpretan con pausa detrás del
verbo, éste deja de ser copulativo, y el sujeto está formado por el
todo indivisible *mañana hermosa, primo estudioso, Pepa descalza,*
respectivamente.

72. La tendencia a la división bipartita es particularmente marcada en las oraciones predicativas o atributivas que llevan el verbo
al final [34], según puede comprobarse en los casos señalados con asterisco en los párrafos precedentes. Otros ejemplos: *A buen entende-
dor | pocas palabras bastan; Cuna y sepulcro | en un botón hallaron*
(CALDERÓN, *El Príncipe constante*); *Los caballos | negros son* (GAR-
CÍA LORCA, *Romancero gitano*). El ritmo del verso favorece la bipartición en los dos casos últimos.

---

34 Hanssen (§ 600) dice que en general la oración neolatina es unitaria, pero
que las frases *Romam condidit Romulus* y *Romulus condidit Romam* son más unitarias
que *Romam Romulus condidit* y *Romulus Romam condidit*. Nota con razón que estas
últimas se prestan para la bipartición: *Romulus Romam, condidit.*

73.   Cuando son cuatro los elementos sintácticos que se reúnen en una oración simple, las combinaciones matemáticas posibles pasan a ser las 24 siguientes. Hemos escogido un ejemplo que contiene sujeto + verbo + complemento directo + complemento indirecto, todos ellos breves, con el fin de no favorecer la bipartición.

El criado trajo una carta para mí.	Trajo el criado una carta para mí
El criado trajo para mí una carta.	Trajo el criado para mí una carta.
*El criado una carta trajo para mí.	Trajo una carta el criado para mí.
*El criado una carta para mí trajo.	Trajo una carta para mí el criado.
*El criado para mí una carta trajo.	Trajo para mí el criado una carta.
*El criado para mí trajo una carta.	Trajo para mí una carta el criado.
*Una carta el criado trajo para mí.	*Para mí el criado trajo una carta.
*Una carta el criado para mí trajo.	*Para mí el criado una carta trajo.
Una carta trajo el criado para mí.	Para mí trajo el criado una carta.
Una carta trajo para mí el criado.	Para mí trajo una carta el criado.
*Una carta para mí el criado trajo.	*Para mí una carta el criado trajo.
*Una carta para mí trajo el criado.	*Para mí una carta trajo el criado.

Conservándose unitaria la oración, es evidente que las doce combinaciones señaladas con asterisco están fuera del uso moderno corriente, aunque puedan hallarse en poesía o en estilo notoriamente afectado. En las doce el verbo ocupa el tercero o cuarto lugar, y la tendencia a la bipartición está visiblemente favorecida en ellas. En armonía con lo observado en las oraciones formadas por tres elementos, el verbo no puede ir sin afectación más allá del segundo lugar. Podemos repetir todavía la misma observación en una oración de cinco elementos: *Su hermano contaba con emoción a los reunidos lo sucedido en casa; Contaba su hermano con emoción a los reunidos lo sucedido en casa*; pero *Su hermano con emoción contaba...* o *Lo sucedido en casa contaba su hermano...* y mucho más con el verbo en cuarto o quinto lugar, se sienten como construcciones afectadas que pueden emplearse sólo en estilo literario, a no ser que se dividan en dos grupos fonéticos.

74.   En todos los ejemplos comentados en este capítulo se han elegido adrede elementos oracionales con acento propio. Los pronombres átonos y, en general, las palabras y frases que fácilmente pueden hallarse en proclisis en relación con el acento principal de intensidad del grupo, hacen que el verbo pueda situarse en lenguaje corriente más allá del segundo lugar de la oración. Ejemplos: *Nada me* DIjo *aquel día; La casa a todos nos ha parecIdo demasiado cara; El chico pruebas me ha* DAdo *de su capacidad.* En estas tres oraciones el acento intensivo principal se halla en las sílabas impresas en versalitas. Se trata, pues, de una proclisis rítmica.

75.   Según el razonamiento que antecede, podemos establecer la siguiente conclusión general: En oraciones unitarias de tres o más elementos sintácticos es poco usual que el verbo vaya detrás del principal acento de intensidad del grupo. La importancia del verbo para establecer la trabazón sintáctica, explica que ésta se debilite, y los componentes de la oración tiendan a disgregarse, cuando el verbo va detrás del acento intensivo principal.

Todo el mundo ha tenido ocasión de observar, y puede comprobarse en los ejemplos anteriores, que el lector y el oyente comparten un sentimiento de espera, que hace acelerar el *tempo* de la lectura, si la intensidad máxima de la frase se produce sin que aparezca el verbo a dar unidad a los elementos sueltos que se van sucediendo sin enlace visible.

76.   Oraciones que se dividen en grupos fónicos.   La cualidad afectiva de la expresión, la posición relativa de los elementos oracionales y, sobre todo, la extensión de las oraciones, favorecen o exigen su división en dos o más grupos fónicos, por medio de pausas más o menos marcadas, las cuales pueden o no indicarse en la escritura con una coma o punto y coma [35]: *A la sombra de los altos plátanos | funcionaban las peluquerías de la gente huertana; La puerta principal del castillo, | a fuerza de golpes y empujones, | se derrumbó con estrépito espantoso.*

La separación se produce siempre por elementos o grupos de elementos sintácticos enteros. Nótese que según el cuadro esquemático que figura al final del capítulo anterior, los elementos sintácti-

---

35 El conjunto de sonidos comprendidos entre dos pausas de la articulación recibe en los tratados franceses de fonética el nombre de *groupe de souffle.* Lenz (§ 224) lo llama *grupo elocucional.* Mantendremos el expresivo nombre de *grupo fónico* ya usual, desde los estudios de Navarro Tomás, en las investigaciones de Fonética española,

cos son los siguientes: 1.º sujeto; 2.º todos y cada uno de los complementos del sujeto; 3.º verbo con sus modificaciones adverbiales; 4.º todos y cada uno de los atributos o complementos del verbo, y 5.º todos y cada uno de los complementos de cada atributo o complemento.

Todos los elementos sintácticos componentes de la oración simple pueden así desarrollarse y adquirir individualidad suficiente para formar un grupo fónico aparte. El primer ejemplo del párrafo anterior nos muestra un complemento circunstancial separado por una pausa. En el segundo, tenemos, separados del verbo, el sujeto con sus determinativos, y aparte un complemento circunstancial de causa. He aquí más ejemplos: *El cuarto de la niña,* | *limpio y soleado,* | *estaba en lo más alto de la casa* (complemento del sujeto aislado del resto de la oración); *En el silencio de la tarde dominguera,* | *se oía la voz clara del grumete* | *en aquellos muelles solitarios,* | *tan ruidosos horas antes.* En esta oración, la última pausa separa el complemento de un complemento circunstancial.

La individualidad de los grupos fónicos exige que, por lo menos, haya en cada uno de ellos una palabra de significación substantiva, adjetiva, verbal o adverbial. Las palabras de relación (artículos, pronombres átonos, preposiciones y conjunciones) son inseparables del segundo elemento relacionado por ellas, sin más excepción que algunas conjunciones consecutivas y adversativas, las cuales pueden ir fonéticamente intercaladas en la oración, bien con pausa detrás, bien formando grupo fónico por sí solas. Ejemplos: *Las condiciones impuestas* | *eran,* | *por consiguiente,* || *difíciles de cumplir; Sus advertencias,* | *sin embargo,* || *pasaban por chifladuras de viejo sesentón.* Las rayas verticales sencillas señalan pausas posibles; las dobles indican pausa obligada.

La división en grupos fónicos no es, por lo tanto, un mero resultado físico de la duración de la cláusula, sino que es signo y expresión de vivencias semánticas y sintácticas individualizadas. Si no hay diferenciación fonética, no debemos concluir que no exista diferenciación interna; pero las pausas interiores de la oración, con los movimientos consiguientes de la curva melódica, son siempre señal de que se han producido subagrupaciones de sentido. La oración compuesta, como veremos más adelante, es un desarrollo de estas subagrupaciones.

77. A los efectos de la colocación del verbo con respecto al sujeto, a los complementos y a los demás elementos oracionales, cada grupo fónico constituye una entidad autónoma, para la cual rigen las mismas leyes que hemos observado cuando tratábamos de la oración unitaria. Es decir, que el verbo situado más allá del segundo lugar da a la oración un aspecto afectado, enteramente desusado en el habla corriente. Nótese, por ejemplo, el efecto artificioso y violento que produce la siguiente oración tripartita: *En las largas veladas de invierno | la cocina de aldea todos sus encantos recobra | para los aficionados a las tradiciones populares.* Bastaría colocar el verbo en segundo o en primer lugar de su grupo fónico para que la construcción se sintiese como normal: *la cocina de aldea recobra todos sus encantos,* o bien *recobra la cocina de aldea todos sus encantos.* Como en las oraciones unitarias, no entran en cuenta las palabras proclíticas o enclíticas: *Los trastos viejos almacenados en el desván | para bien poca cosa te servirán ahora.*

Finalmente, cuando la oración consta de varios grupos fónicos el verbo puede figurar en cualquiera de ellos: *Para los pobrecitos huérfanos, | los generosos Reyes Magos de Oriente, | en las alforjas de sus camellos | han traído este año valiosos juguetes.* Podemos variar la posición relativa de los grupos fónicos manteniendo el verbo en el lugar que ocupa dentro de su grupo. Al tratar de la oración compuesta añadiremos nuevas observaciones sobre este asunto.

Según el contenido del capítulo presente, podemos precisar el concepto de *hipérbaton* del modo siguiente: El hipérbaton no consiste en la alteración de un orden *regular* o *lógico* establecido por los gramáticos, sino en colocar los elementos oracionales en una sucesión comprensible, pero sentida como no habitual en cada época del idioma. Es por consiguiente un concepto relativo, cuyos límites son la comprensibilidad, por un lado, y las construcciones corrientes, por otro.

SEGUNDA PARTE

USO DE LAS PARTES DE LA ORACIÓN

CAPÍTULO VII

PARTES DE LA ORACIÓN

78. Según hemos expuesto en los capítulos anteriores, la oración contiene grupos de palabras, a los que hemos llamado *elementos sintácticos* para diferenciarlos de las palabras que los constituyen. Con frecuencia un elemento sintáctico está formado por una palabra sola; pero con más frecuencia todavía, el sujeto, el complemento directo, el atributo, etc., constan de más de una palabra. Los complementos indirectos y circunstanciales (salvo pocas excepciones) han de contener como mínimo dos palabras: la preposición y su término.

Las palabras son *partes de la oración*, como acertadamente las designa la tradición gramatical, pero partes englobables en categorías gramaticales más extensas, a las cuales hemos aplicado la denominación diferenciadora de *elementos sintácticos*.

Cada palabra, o parte de la oración, vive en relaciones sintácticas con las demás de su grupo o del conjunto oracional de que forma parte; tiene exigencias propias de su naturaleza substantiva, adjetiva, verbal, adverbial, etc., independientemente de las funciones que pueda ejercer como sujeto, predicado, atributo, complemento, etc., o como integrante de estos elementos sintácticos. Por esto, después de haber estudiado las oraciones simples con los elementos sintácticos que las constituyen, pasaremos a exponer en varios capí-

tulos el empleo y valor funcional de cada una de las partes de la
oración.

79. Significación de las palabras. El conjunto de sonidos que
forman una palabra está mentalmente asociado a un contenido semántico y a un sistema de conexiones sintácticas. Toda palabra significa algo, y además establece relación con otras palabras. En ninguna faltan conjuntamente ambos valores, si bien la proporción en
que se dan uno y otro varía según las partes de la oración.

Substantivos, adjetivos, adverbios y verbos tienen por sí mismos tal contenido semántico, que su significado general puede definirse, describirse o explicarse en los diccionarios con más o menos
exactitud; en las preposiciones y conjunciones predomina su función relacionadora, y sólo por ella pueden los diccionarios darnos
cuenta de su valor expresivo. Ambos aspectos de las palabras no
son, sin embargo, tan diferenciables como parece a primera vista,
porque el significado que registran los diccionarios no pasa de ser
una indicación general que no se precisa y delimita más que en el
contexto; y, por otra parte, la función gramatical no es a menudo
algo fijo y previamente dado en la palabra aislada, sino que existe
sólo en la oración.

Una palabra aislada, no siendo equivalente de oración, tiene
un significado general que sólo se determina en la frase. Si pro-
nuncio la palabra *libro,* designo un concepto general aplicable a
muchos casos concretos. En *el libro, este libro, libro interesante, el
libro que me prestaste,* etc., concreto aquel significado y le doto de
nuevos contenidos. En la palabra *comprar,* designación de muchos
actos posibles, la oración *hemos comprado cara la victoria* introduce un matiz metafórico que quizás no habíamos previsto. Las distintas acepciones del verbo *operar* adquieren en el contexto el contenido representativo que les corresponde según tratemos de ciru-
gía, de milicia, de banca, etc. Todas las transformaciones semánticas
lexicalizadas y los recursos estilísticos que proceden de la irradiación
afectiva, representativa y conceptual de las palabras, tienen su origen
en la viva movilidad de sus contactos en la frase.

80. Igualmente las partes de la oración, aun en lenguas como la nuestra en que de ordinario la terminación las caracteriza previamente como verbos, adjetivos, adverbios, substantivos, etc., cambian a menudo de categoría gramatical: los adjetivos se substantivan y se adverbializan; el infinitivo y otras formas verbales pueden substantivarse o adjetivarse de un modo permanente o transitorio, y — en fin — todas las palabras, con cambios o sin cambios de forma, reciben su función gramatical del conjunto oracional en que se insertan. La lengua española exterioriza con frecuencia el papel gramatical por medio de sufijos. El inglés, en cambio, posee una gran masa de vocabulario de función variable sin alteración de terminaciones. Pero en uno y otro idioma las categorías gramaticales dependen en cada caso del contexto.

81. Clasificación de las partes de la oración. Desde el punto de vista funcional, distinguimos seis partes de la oración: substantivo, adjetivo, verbo, adverbio, preposición y conjunción.

Los substantivos se piensan en sí mismos, como representaciones o conceptos *independientes*. Pueden designar personas *(Juan)*, cosas *(árbol)*, cualidades físicas o morales *(blancura, bondad)*, acciones *(empujón)*, estados *(quietud)*, es decir, cualquier fragmento o aspecto de la realidad considerado como objeto independiente de nuestro pensar. Los adjetivos y los verbos son necesariamente *dependientes:* se piensan y expresan adheridos a un substantivo. Un adjetivo necesita referirse a un substantivo, al cual añade notas que lo determinan o precisan. Un verbo se piensa como una actividad o estado de un substantivo. Los adverbios son también dependientes, no del substantivo, sino del adjetivo o del verbo. Estas cuatro clases de palabras se completan y determinan semántica y funcionalmente entre sí, dentro del conjunto oracional. Hablando en términos lógicos diríamos que, en la oración, los conceptos representados por substantivos, adjetivos y verbos restringen su extensión y aumentan en cambio su comprensión; es decir, limitan el número de casos individuales a que se extienden, y acrecen las notas que comprenden.

Únicamente los nombres propios, representativos de seres sin-

gulares, carecen al parecer de valor conceptual. Pero aun en ellos
caben determinaciones dentro de la frase, p. ej.: *la Barcelona de
ahora; ese Madrid tan simpático; nuestra España de siempre; los
Cervantes no abundan.* Los nombres personales necesitan acompañarse
de apellidos, motes y calificaciones, cuando no determinan suficientemente al individuo a quien designan. La misma facilidad con que
los nombres propios se convierten en comunes *(lazarillo, tenorio)*
y los comunes en propios (por antonomasia) indica hasta qué punto
los conceptos generales y las designaciones particulares se interpenetran en la vida del idioma, aunque su diferencia lógica sea perfectamente clara.

La observación del lenguaje infantil demuestra que el valor
conceptual de las palabras se adquiere inductivamente por analogía,
a partir de las representaciones particulares. Para un niño pequeño
que comienza a hablar, todos los hombres son *papá.* No hay más
guau que el perro que ve todos los días en su casa. A medida que
apercibe analogías de estos seres con otros, las palabras que los
designan pasan a ser expresivas de conceptos. En la psicogénesis
individual del lenguaje hay un proceso de abstracción.

82.   Las palabras que figuran en el léxico general del idioma
como ordinariamente expresivas de conceptos substantivos, adjetivos verbales o adverbiales, pueden intercambiarse entre sí (en español generalmente con cambios de sufijo) según el sentido general
de la oración en que se encuentran. Cuando consideramos a un substantivo como un conjunto de cualidades, el substantivo se adjetiva,
p. ej.: *una vajilla a lo príncipe* = principesca; *dictamen médico* =
facultativo o propio de los médicos; con cambio de sufijo, *nariz
perruna* = semejante a la del perro. Si la cualidad se abstrae de
los seres que la poseen, el adjetivo se substantiva: *lo agradable,
este viejo,* etc. La acción verbal produce en las cosas cualidades más
o menos persistentes, que los participios (adjetivos verbales) expresan: *quemado, muerto, conmovido, satisfecho;* y estos adjetivos verbales pueden a su vez substantivarse de modo transitorio o permanente: *el herido, la fecha, entrada y salida de viajeros.* Los infinitivos

pueden substantivarse: *un pesar, los andares,* etc., etc. Es decir, que del mismo modo que los conceptos se interpenetran en la vida psíquica, las palabras que los designan se acomodan fácilmente a cambiar de función gramatical. Los pormenores de tales cambios serán estudiados oportunamente.

83. Hay otras voces sin significado propio, meras formas cuyo contenido semántico es ocasional: los pronombres. Funcionalmente son substantivos, adjetivos o adverbios; de modo que no tienen más entidad que la que corresponde, en cada caso, a estas tres categorías de palabras. Su presencia en algún elemento sintáctico o en oraciones diferentes señala a menudo una referencia a otro concepto expreso o tácito cuya significación asumen, o bien un refuerzo de las relaciones gramaticales. Es decir, los pronombres son con frecuencia — aunque no siempre —signos de relación gramatical. A ellos corresponde, además, gran parte de lo que Bühler llama *campo mostrativo* o *déictico* del lenguaje, es decir, la función indicadora de la situación del hablante, de su interlocutor y de las personas y cosas relacionadas con uno y otro.

84. Existen, además, palabras destinadas principalmente a expresar relaciones entre los componentes de una oración o entre oraciones distintas: preposiciones y conjunciones. Carecen de accidentes gramaticales. Su contenido significativo se limita a expresar una idea general de relación, unida a ciertos matices de la relación misma. Pero aun estos matices dependen de tal modo del sentido general de la oración, que una misma preposición o conjunción es apta para expresar relaciones múltiples; y a veces puede prescindirse de ellas (complementos sin preposición, coordinación y subordinación asindética) sin que la naturaleza de la relación se altere.

A propósito de la clasificación de las oraciones según la calidad psicológica del juicio, hemos dicho en el capítulo III lo necesario acerca de las interjecciones y de las palabras enfáticas para que las consideremos como expresiones de significación propia, que no son partes de la oración.

85. He aquí un cuadro sinóptico de la clasificación de las palabras:

Predominantemente expresivas de conceptos
- independientes . . . . . substantivos
- dependientes
  - de substantivos
    - adjetivos
    - verbos
  - de adjetivos o de verbos. . adverbios

Predominantemente expresivas de relaciones
- preposiciones
- cónjunciones

86. Expresión de relaciones. Algunas veces la relación mental de los elementos sintácticos o de las palabras no tiene expresión gramatical. Sin embargo, el sentido general la hace perfectamente inteligible. Tal ocurre, por ejemplo, con algunos complementos circunstanciales de tiempo construidos sin preposición: *El día siguiente se levantó el cazador muy temprano; Haremos nuevas plantaciones otro año; El lunes regresará mi hijo.* Cuando el complemento acusativo va sin la preposición *a*, sin que el sentido permita confundirlo con el sujeto, el orden de colocación de uno y otro es enteramente libre, como ya hemos dicho *(El jardinero ha plantado hoy un rosal)*. No hay aquí signo gramatical, y sin embargo la función sintáctica es del todo clara. No son frecuentes estos casos. Ordinariamente la relación mental tiene algún signo que la revela.

Como resumen de cuanto llevamos dicho sobre esta materia en este capítulo y en los precedentes, establecemos la siguiente clasificación:

Relaciones de palabras en la oración
- Sin signo gramatical
- Expresadas con medios fonéticos
  - entonación
  - intensidad
  - pausas
- Expresadas con medios sintácticos
  - orden de colocación
  - concordancia
  - uso de la flexión
  - palabras de relación

Pasaremos a ocuparnos ahora del empleo de las distintas partes de la oración, comenzando por el verbo, como núcleo principal del enlace sintáctico.

CAPÍTULO VIII

FRASES VERBALES

87. Modificaciones del concepto verbal. El infinitivo, en su calidad de nombre verbal, expresa el significado del verbo en toda su abstracta generalidad. Empleado como palabra aislada, nos da el puro concepto del fenómeno sin cualidades ni determinaciones que lo modifiquen. Por esto hay que partir del infinitivo para estudiar las alteraciones semánticas que en el concepto verbal produzcan las desinencias y las relaciones sintácticas.

Las diferentes formas de la flexión constituyen en cada caso una determinación del verbo. El valor expresivo de estas determinaciones, cuyo signo formal son las desinencias, se clasifica en las categorías gramaticales de número, persona, modo y tiempo. Los complementos, y aun el sujeto, delimitan en la oración la extensión de la acción verbal y contribuyen a fijar su contenido representativo. Asimismo expresamos con los adverbios modificaciones cualitativas y cuantitativas de la acción del verbo, de igual manera que los adjetivos califican o determinan el substantivo. Estos tres factores modificativos, morfológico el primero, sintáctico el segundo y léxico el tercero, se compenetran íntimamente dentro del organismo vivo de la oración, y se completan y sustituyen mutuamente de tal modo, que no es posible señalarles límites fijos en cuanto a la naturaleza de la modificación que imprimen en el concepto verbal. El adverbio, por ejemplo, designa de ordinario cualidades del verbo del mismo tipo que las expresadas por los complementos circunstanciales. El tiempo futuro se confunde a menudo con el modo subjuntivo. El aspecto perfectivo o imperfectivo de una acción depende conjuntamente del significado del verbo, de la forma temporal empleada y del complemento que le acompaña, como luego veremos. Con los tres factores mencionados no se agotan todavía las modificaciones posibles del concepto verbal. Las conjugaciones perifrásticas, de las cuales vamos a ocuparnos ahora, son signo gramatical de modificaciones que no se producen en el mecanismo de la oración, sino que nacen en el concepto mismo del fenómeno.

88. Conjugaciones perifrásticas. Si comparamos las acciones designadas por cada uno de los infinitivos *escribir, tener que escribir, estar escribiendo, ir a escribir,* notaremos que al concepto del primero añade el segundo la obligación de ejecutar la acción; *estar escribiendo* significa la duración o continuidad del hecho; y con *ir a escribir* expresamos la voluntad o disposición de ánimo para ejecutarlo. Son cuatro infinitivos representativos de cuatro conceptos verbales diferentes, aunque emparentados por su significado, que pueden conjugarse en todo o en parte de sus modos, tiempos y personas. De análoga manera *mirar* y *escuchar* añaden la voluntariedad a los actos de *ver* y *oír,* sin que la afinidad semántica pueda justificar el considerarlos respectivamente como un solo verbo. Entre *rogar* y *suplicar* hay tal semejanza de significado que muchas veces se emplean como sinónimos, y apenas notamos en el segundo más que un leve matiz intensivo que lo separa del primero; la diferencia entre ambos es léxica, y de índole distinta de la que, por medios gramaticales, separa *rogar* de *estar rogando, volver a rogar, ir rogando,* con los cuales significamos continuidad, insistencia, o reiteración en la acción de *rogar.* Hay que distinguir, por consiguiente, entre la significación léxica de cada verbo particular y el valor significativo de los medios gramaticales aplicables a series enteras de verbos. Dos verbos formalmente muy distantes pueden designar conceptos verbales parecidos y aun sinónimos, y no por ello dejaremos de considerarlos como verbos diferentes. De la misma manera seguiremos teniendo como formas sintácticas de un solo verbo las diferentes conjugaciones perifrásticas con que pueda emplearse, pero cada una de ellas representa un concepto verbal distinto. Por consiguiente, las modificaciones del verbo debidas a las conjugaciones perifrásticas se hallan contenidas en el concepto verbal mismo, nacen de él y le pertenecen, a diferencia de las que en él imprimen las desinencias, los adverbios y los complementos que le acompañan en la oración.

La perífrasis consiste en el empleo de un verbo auxiliar conjugado, seguido del infinitivo, el gerundio o el participio. Entre el auxiliar y el infinitivo se interpone *que* o una preposición. Ejemplos: *Hay que estudiar; iba a decir; debes de conocerle; estaba comiendo; lo tengo oído muchas veces* [36]; *fuimos conocidos en seguida.*

89. Para distinguir si un verbo está empleado como auxiliar basta fijarse en si ha perdido su significado propio. Cuando decimos *voy a contestar a su carta,* el verbo *ir* es auxiliar, puesto que no conserva su acepción de movimiento de un lugar a otro, como no la conservan tampoco los verbos *andar* y *venir* en expresiones como *andaba mirando las láminas de un libro, venía sospechando de este hombre. Deber* se ha vaciado de su sentido obligativo, para cumplir sólo el papel de auxiliar, en la expresión *deben de ser las siete;* y el verbo *tener* se halla despojado de toda significación posesiva en *se lo tengo rogado.* Como todos estos verbos (con excepción de *haber*) conservan en la lengua moderna su acepción propia, el sentido habrá de decidir, en cada oración en que aparezcan tales perífrasis, si su

---

36 Nota con razón R. Seco (*Manual de Gram. esp.* II, p. 74) que las expresiones perifrásticas formadas con *tener* y un participio pasivo, del tipo *yo tengo escrito un drama,* no son conjugaciones perifrásticas en el sentido que venimos entendiéndolas en este capítulo. La frase anterior — dice —no parece tener otro sentido que el que le presta la presencia del participio adjetivo *escrito,* complemento predicativo en la oración. Añade que el empleo del verbo *tener* en vez de *haber* como auxiliar (*tengo visto a Pedro = he visto a Pedro*) es regional. A esto último debemos objetar que aunque no sea general en todos los territorios de lengua española, es sobradamente extenso para ser tenido en cuenta por los gramáticos, y además no faltan ejemplos literarios. Es indudable, además, que el sentido perfectivo de *tener+participio,* resalta mucho más que el de *haber+participio,* sobre todo cuando se trata de verbos de percepción (v. § 99). En portugués se ha consolidado con toda clase de verbos la construcción de *tener* como auxiliar seguido de participio.

significación se ha perdido o se ha oscurecido en grado suficiente para estimarlos como verbos auxiliares [37].

90. No creemos conveniente prodigar en la enseñanza elemental la lista de estas perífrasis verbales, porque, aparte de las amplias zonas de incertidumbre que habrán de presentarse en la interpretación de los matices, hay que tener en cuenta que el empleo de los verbos auxiliares proviene de acepciones figuradas de estos verbos, las cuales tienen en su mayoría pleno uso moderno fuera de las construcciones perifrásticas de que ahora tratamos. Cuando decimos, por ejemplo, *pasemos a despejar la incógnita,* el verbo *pasar* no tiene el sentido literal de *dar pasos,* sino que indica una transición mental figurada, que no autoriza a considerarlo como auxiliar, ni más ni menos que en *pasemos a otro asunto.* El verbo *seguir,* en *sigo opinando lo mismo,* tiene el significado traslaticio que le correspondería en frases como *sigo sus intenciones, seguimos en la creencia,* etc. Por estos motivos creemos que Lenz (§ 267-271) extrema la cuestión acerca del número de estas construcciones posibles, y confunde a menudo los medios gramaticales de expresión con los puramente lexicológicos. Es cierto que la lengua española hace un amplio uso de las conjugaciones perifrásticas, pero al prestarles la atención debida es aconsejable un criterio restrictivo, sobre todo en la enseñanza elemental.

Estas construcciones permiten la interposición de adverbios y frases adverbiales: *tenía a menudo que levantarse al amanecer; estuve toda la noche estudiando; la gente iba ya saliendo; el cuadro ha sido probablemente vendido.* Pueden combinarse también dos perífrasis verbales, dando lugar a expresiones complejas como: *voy a tener que (hablar); está deseando ser (atendido); debe de estar (esperando); hubo que ir soportando su malhumor.*

91. Clasificación de las frases verbales. Nos parece adecuado el nombre de *frases verbales* que propuso para estas perífrasis RAFAEL SECO (*Gram.* II, p. 69) porque está en correlación con las frases

---

37 Véase A. ALONSO, *Construcciones con verbos de movimiento en español (Revista de Filología Hispánica,* núm. 2; abril-junio 1939, págs. 105-138).

substantivas, adjetivas, adverbiales, prepositivas y *conjuntivas.* Tiene
además la ventaja de su sencillez; se presta menos a equívocos que la
de *conjugaciones perifrásticas,* aplicable también a los tiempos compuestos de la conjugación, y no choca innecesariamente, como la de
voces, propuesta por LENZ, con el concepto tradicional de *voz.* Por
los ejemplos que hemos aducido en este capítulo, se habrá notado que
consideramos la pasiva como una frase verbal más; pero cada una
de las frases verbales modifica el concepto del verbo a su manera, y
no hay obstáculo en seguir llamando *voz pasiva* a la modificación expresada por la frase verbal *ser + participio.*

Clasificaremos las frases verbales en tres grandes grupos, según
que el verbo predicativo se halle en infinitivo, en gerundio o en participio. Esta clasificación no es puramente formal, sino que responde al
sentido general que cada uno de los grupos tiene o ha tenido en la
historia del idioma. Las formadas por un verbo auxiliar seguido de
infinitivo dan a la acción carácter *progresivo* y orientado relativamente hacia el futuro; el gerundio mira hacia el presente y comunica carácter *durativo;* el participio imprime a la acción sentido *perfectivo*
y la sitúa en relativa posición pretérita.

En el mecanismo de la significación de estas frases verbales
concurren, por una parte, el valor temporal de las diferentes formas
del verbo auxiliar y, por otra parte, el aspecto perfectivo o imperfectivo de los tiempos y de la acción verbal en sí misma. En el cruce de
estos factores con el sentido inicial que les comunica la presencia del
infinitivo, el gerundio o el participio, se halla la explicación de las
modificaciones que las frases verbales producen en el concepto de
la acción, y de las significaciones especiales que dichas frases han
tomado.

VERBO AUXILIAR + INFINITIVO

92.   Las frases verbales así constituidas tienen un sentido general de acción progresiva dirigida hacia el futuro. Esta dirección se
mide desde el tiempo en que se halla el verbo auxiliar, y no desde
el momento presente del que habla. Así en *voy a escribir, iba a escribir* y *tendré que escribir,* la acción de *escribir* es siempre futura en

relación con el verbo auxiliar, aunque la totalidad del concepto verbal sea respectivamente presente, pasada o futura.

Forman un grupo muy numeroso de estas frases algunos verbos de movimiento seguidos de las preposiciones *a* o *de* y el infinitivo.

Ir a, pasar a y *echar a* forman a menudo expresiones incoativas. *Ir a + infinitivo* significa acción que comienza a efectuarse, bien en la intención o creencia subjetiva, bien en la realidad exterior; *iba a decir; no vaya Vd. a caerse; vamos a enriquecernos; el tren va a llegar.* Aunque estas frases son frecuentísimas, su uso está limitado a los tiempos presente e imperfecto de indicativo y subjuntivo. Empleadas en futuro o en imperativo, el verbo *ir* recobra inmediatamente su sentido primario de encaminarse o dirigirse materialmente a ejecutar un acto: en expresiones como *iré a escribir, ve a estudiar,* el verbo *ir* pierde su función auxiliar. Se trata en ambos casos de una duplicidad de futuro que deshace el sentido de la frase verbal. Con los tiempos perfectos, recobra también el verbo *ir* su significado normal, porque el carácter perfectivo, que entonces adquiere la acción, interrumpe el sentido progresivo del movimiento hacia el futuro. Con esta interferencia se anula el sentido auxiliar de *ir.* En las siguientes oraciones aparece clara la expresión incoativa: *Ven a leer; Iban a cantar; Acaso vayan a sospechar; Si fuese a llover, vuelve a casa.* En cambio, con tiempos perfectos desaparece la frase verbal: *Han ido a leer; Habían ido a cantar; Aunque hayan ido a estudiar...; Si hubiesen ido a decirlo...,* etc. Aunque el pretérito absoluto es un tiempo perfecto, según veremos más adelante, la perfección se refiere en muchos casos al comienzo de la acción, no es terminativa, sino inicial. *Fue* equivale a «comenzó a ir», y por esta razón puede usarse *fue a + infinitivo* conservando su carácter de frase verbal incoativa: *fui a decirlo; fuimos a hablar todos a la vez.* Pero nótese que estas frases suelen ir acompañadas de alguna indicación temporal, como los adverbios *cuando, siempre, en cuanto,* u oraciones coordinadas y subordinadas que sirven de punto de referencia: *Cuando fui a hablar me interrumpieron; Fue a decir la verdad, pero la emoción cortó sus palabras; En cuanto fui a comenzar mi explicación, noté que estaban distraídos.* Son expresiones *de conatu,* en las cuales la idea temporal añadida a la otra oración, justifica la no prosecución de la acción iniciada. Fuera de ellas es rarísimo el uso del pretérito absoluto de *ir* como auxiliar. En las mismas condiciones pueden oírse frases con el pretérito perfecto actual: *Cuando he ido a contestar me han atajado.* En vez de *fui* y *he ido* se usa más frecuentemente *iba* en los casos indicados.

De *ir a + infinitivo* se han originado algunos modismos, como *voy a ver si me dejan pasar. Ir a ver si* se abrevia comúnmente por *a ver si: a ver si estudio un rato.* Para expresar duda o dificultad de entender algo son frecuentes frases como *Vaya usted a saber, Vete a averiguar,* equivalentes a la expresión *¿quién sabe?* Ejemplos: *Vaya usted a saber lo que ha ocurrido; Vete a averiguar si es verdad.*

93. *Pasar a + infinitivo* tiene pocas veces carácter de frase verbal del tipo que estamos estudiando, puesto que el verbo *pasar* conserva casi siempre su significado recto o figurado. Ya hemos visto antes que en oraciones como *pasar a despejar la incógnita,* el verbo no ofrece variación con respecto al significado que tendría en *pasar a otro asunto.* Sin embargo, pueden hallarse expresiones en las que *pasar* puede interpretarse como auxiliar. Ejemplos: *En mi poder su carta del 12 de los corrientes, que paso a contestar; Con la destrucción de Cartago, los romanos pasaban a ser dueños del Mediterráneo.* En ambos ejemplos parece claro el sentido incoativo. Ahora bien, como *pasar* significa «transcurrir» y la acción que transcurre lo mismo puede mirarse desde el comienzo que desde el fin, el sentido de la frase verbal puede sentirse no como incoativo sino como terminativo, cuando se halla en cualquier tiempo perfecto, por ejemplo: *Los atacantes han pasado a dominar la ciudad; Con tan buenos negocios habrán pasado a ser ricos.*

Con todo, estas frases no son frecuentes. Lo ordinario es que *pasar a* mantenga su significado propio, y por consiguiente no funcione como auxiliar. Lo mismo hemos de decir con respecto a las frases formadas con los verbos *empezar, comenzar* y *principiar,* seguidos de la preposición *a,* que, en opinión de LENZ y otros, forman expresiones incoativas. No hay que perder de vista que el carácter incoativo lo deben tales expresiones al significado del verbo, y no a

la resultante nueva de la frase verbal. Es un medio lexicológico, **pero**
no gramatical, de conseguir la expansión incoactiva. Las frases así logradas son como una suma en que los sumandos están visibles por
separado, y no un producto nuevo en que el primer verbo se **ha**
vaciado de su significado total o parcialmente. No olvidemos que,
sólo con esta condición puede un verbo ser considerado como auxiliar; de lo contrario podríamos aumentar hasta un número incalculable las expresiones que estamos estudiando. En este libro el concepto de *frase verbal* se aplica rigurosamente a la constituida por un
verbo auxiliar, con o sin preposición, unido a un infinitivo, un gerundio o un participio.

Echar a + infinitivo significa el comienzo de una acción. Su uso
está limitado a algunos verbos de movimiento, como *echar a correr,
echar a andar, echar a volar,* y puede ampliarse metafóricamente a
otros con pronombre reflejo: *echarse a reír, a llorar, a buscar, a cavilar.* Los modismos *echar a perder* y *echar a rodar,* acompañados
de complemento directo, están muy próximos al sentido primario del
verbo: lanzar una cosa, arrojarla o deshacerse de ella, tirarla, para
que se pierda, para que ruede. Ejemplos: *echaban a perder sus tierras con tanto riego; este hombre se ha echado a perder; echaron
a rodar toda su hacienda en pocos meses.*

94. *Venir* es el movimiento en dirección contraria de *ir.* Lo que
viene se acerca, lo que va se aleja. Por ello *venir a + infinitivo* expresa
una acción que se acerca a su término y la llamaremos **terminativa.**
Ejemplos: *Vengo a coincidir con usted; Ojalá vengan a reconciliarse;
Después de discutir mucho, nunca veníamos a ponernos de acuerdo;
Lo que antes me parecía hermoso viene a parecerme feo.* Hemos dicho
que la acción terminativa se mueve hacia su final, se acerca a él.
Cuando este movimiento logra alcanzar su fin, como ocurre en los
tiempos perfectos, la expresión no es ya terminativa sino perfectiva:
He venido a cambiar de ideas; Creo que hubiera venido a enfermar;
en ambas oraciones se podría sustituir *venir* por *llegar,* puesto que el
sentido es perfectivo.

Del sentido terminativo que tiene la acción que *viene a* sin acabar de llegar, ha nacido una expresión muy frecuente hoy, a la cual llamaremos **aproximativa**. Cuando decimos que *un objeto viene a costar cincuenta pesetas* significamos que poco más o menos, aproximadamente, cuesta esta cantidad, es decir, se acerca a ella sin que estemos seguros de si la alcanza o la rebasa. Esta incertidumbre nos hace decir que *viene a costar* y no que *llega a costar*. Otros ejemplos: *El orador vino a decir que...* (poco más o menos dijo); *El argumento de la película viene a ser el que os he contado*. Este significado aproximativo no excluye los tiempos perfectos.

95.   La acción **perfectiva** se expresa a menudo con las perífrasis verbales *llegar a* y *acabar de: Este caballo llegó a costarme seis mil quinientas pesetas; He llegado a creer que no hay peligro; Acabo de ver a fulano; No acababa de dormirse. Alcanzar a* tiene a veces el mismo sentido: *Alcanzaba a probar mi inocencia*.

La frase *volver a* + infinitivo es reiterativa. Significa, con toda clase de verbos, repetición o reiteración del hecho: *Vuelvo a sospechar; Hemos vuelto a creer; Acaso vuelvan a empezar*.

Hay un grupo de verbos que algunos incluyen entre los que estamos estudiando. Tales son *hacer* (*hacer venir:* factitivo), *dejar, permitir, mandar, poder, deber, querer* y algunos más. Si nos fijamos, sin embargo, en las expresiones que forman cuando van seguidos de infinitivo, notaremos en seguida que sólo excepcionalmente tienen estos verbos la función de auxiliares. Al formarse la locución mantienen íntegro su contenido semántico recto o figurado, por regla general.

96.   La expresión **obligativa** figura desde antiguo en las gramáticas españolas. Con el nombre de *conjugación perifrástica* o *de obligación*, se incluyó en la gramática académica la frase verbal *haber de* + *infinitivo*. Para expresar la obligación usamos hoy los siguientes tipos de frases:

haber de + infinitivo:	*He de premiar tu buena acción.*
haber que + infinitivo:	*Hay que tener cuidado .*
tener de + infinitivo:	*Tengo de decir la verdad.*
tener que + infinitivo:	*Tengo que llegar a las nueve.*

El primero es el más antiguo. Sabido es que se perdió en romance el futuro latino *(amabo)*, y para poder expresar el tiempo futuro se formó la perífrasis *amar he, has, ha, hemos, heis, han,* es decir, el infinitivo seguido del presente del verbo *haber;* después se aglutinó éste a aquél *(amaré,* etc.) y así quedó formado el nuevo futuro. El tiempo venidero de una acción se expresaba por la obligación presente de realizarla: *amar he* significaba primitivamente *he de amar.* A medida que en *amaré* se fue sintiendo únicamente el valor de tiempo futuro, hubo que echar mano de un medio que significase obligación en cualquier tiempo, y para ello se inició y extendió el uso de *haber de cantar (he de cantar)* frente a *cantaré (cantar he).* Paralelamente se formaba el condicional *cantaría* por aglutinación de *cantar hía (hía = había),* y era también necesario diferenciar dicho condicional de la expresión obligativa, creando *había de cantar* frente a *cantar había, cantar hía, cantaría.*

Haber de es, por consiguiente, la frase verbal obligativa más antigua; y hoy se siente como más literaria que *tener que,* la cual tiende a predominar cada día más en todos los países de lengua española. Además de esta estimación literaria en favor de la primera, se perciben vagamente otras diferencias entre *haber de* y *tener que.* Esta última se siente como más enérgica e intensa. *Hemos de llegar pronto* es una obligación menos conminatoria, como si nosotros mismos nos la hubiéramos impuesto; *tenemos que llegar pronto* puede ser obligación que se nos impone desde fuera. *Haber de* se acerca a veces a significar intención de realizar algo: *Si vas por casa, he de darte una sorpresa; No he de deciros más que la pura verdad.* Este matiz subjetivo no llegaría a producirse con el enérgico *tener que.*

Haber que se diferencia de *haber de* en ser impersonal. *Había que tener paciencia; Habrá que buscar otro medio,* no tienen sujeto determinado. El *que,* en *tener que* y *haber que* es pronombre complementario acusativo. Finalmente, la frase intermedia *tener de* se formó por cruce de las dos anteriores. Se halla algunas veces en los autores clásicos, pero es muy rara en la actualidad. La ACADEMIA (§ 90) dice que hoy se siente *tener de* como anticuado, salvo en la primera persona del singular del presente de indicativo: *tengo de escarmentarle.*

La frase verbal *deber de* significa suposición, conjetura o creencia. *Debe de estar en casa* equivale a *supongo que está en casa;* *Debían de ser las diez* significa *supongo que eran las diez.* En la lengua clásica se encuentran ya ejemplos de confusión entre *deber de* y *deber;* y en la actualidad la confusión es frecuentísima, sobre todo en la conversación corriente. En la lengua literaria, la presión de las gramáticas, y sobre todo la de la ACADEMIA, mantiene algo más clara la diferencia entre *deber de* (suposición) y *deber* (obligación). *Deben de volver* y *deben volver* significan *supongo, creo que vuelven* y *tienen obligación de volver,* respectivamente. El verbo *deber* en su acepción propia de «hallarse obligado», «tener obligación», no es auxiliar; *deber + infinitivo* no es, por consiguiente, una frase verbal de las que estamos estudiando, en el uso que los gramáticos tienen por correcto. En cambio *deber de + infinitivo* altera el sentido propio del verbo *deber* y lo convierte, por lo tanto, en auxiliar.

VERBO AUXILIAR + GERUNDIO

97. El gerundio da a las frases verbales en que figura un sentido general de acción **durativa**, cuyos matices dependen de la naturaleza del verbo auxiliar que le acompaña.

Con verbos imperfectivos, el gerundio refuerza la duración que el verbo mismo tiene ya de por sí. Entre *escribo* y *estoy escribiendo* no hay más diferencia que la impresión general de acción más duradera que produce la segunda. Con verbos que expresan acciones perfectivas de corta duración, el gerundio introduce sentido reiterativo. Compárense las frases *el cazador dispara la escopeta; el niño ha besado a su madre,* con el *cazador está disparando la escopeta; el niño ha estado besando a su madre.* La prolongación de una acción perfectiva momentánea supone su repetición, como se ve en estos dos ejemplos. Por esto resultaría absurdo decir que *el soldado estuvo disparando un tiro,* o que *alguien está dando un grito,* puesto que son acciones momentáneas incompatibles con el gerundio.

Estar + gerundio significa, como vemos, la simple prolongación de la acción sin matices especiales. *Estar* es un verbo de estado, y cuando va unido a otro verbo de la misma clase puede decirse que no es auxiliar, sino que tiene su significado propio, p. ej.: *Está vi-viviendo con sus padres; El niño está durmiendo tranquilo o tranquila-mente,* según veamos en *tranquilo* el atributo de una oración atribu-tiva o una modificación del verbo. Por ello dijimos en su lugar que las oraciones de verbos de estado se hallan muy próximas a las atri-butivas. En el caso presente, *estar* es casi un verbo copulativo. Con verbos que no sean de estado, transitivos o intransitivos, *estar* adquiere pleno valor de verbo auxiliar: *está pintando la puerta; la gente estaba saliendo del teatro.*

98. *Ir, venir,* y a veces *seguir,* unidos a un gerundio, añaden a la duración la idea de movimiento. *Ir + gerundio* expresa movimiento desde el presente: *Por el aire claro va volando* (GARCILASO); *iban entrando uno por uno. Venir + gerundio* significa movimiento hacia el presente: *Vengo observando sus actos; venía solicitando este em-pleo. Seguir + gerundio* expresa continuidad de la acción: *sigo escri-biendo;* pero la acepción de *continuar* la tiene también el verbo *seguir* fuera de estas frases verbales: *sigo la lectura de esta novela.* Por esta causa es extremadamente dudoso que pueda ser considerado como auxiliar. *Andar + gerundio* expresa movimiento sin dirección fija: *Anda diciendo la buenaventura; andaba escribiendo un libro.* A veces, naturalmente, el verbo *andar* tiene su significado propio (*anduvo cantando todo el camino*), pero es frecuente su empleo como auxiliar (*anduvo cantando por los teatros largo tiempo*).

VERBO AUXILIAR + PARTICIPIO

99. El participio precedido de un verbo auxiliar conjugado forma frases verbales de significación **perfectiva.** El sentido perfec-tivo de la acción así expresada, tiende a evolucionar hacia la repre-sentación de un «tiempo» anterior en el cual se produce la perfección o terminación del acto. Por esto la idea del pretérito, o de la anterio-ridad temporal, acompaña al significado perfectivo y a veces se sobrepone a él, como ha ocurrido en la historia de la conjugación española.

Sabido es que el verbo *haber + participio* forma perífrasis llamadas «tiempos compuestos» de la conjugación. Estas perífrasis sig-
nificaron al principio la acción perfecta o acabada en el presente
(he conocido, haya conocido), en el pasado *(había conocido, hube
conocido, hubiera o hubiese conocido)*, o en el futuro *(habré conocido)*. *He conocido a este hombre* equivalía originariamente a lo que
ahora expresamos con la oración *tengo conocido a este hombre,* es
decir, acción acabada en el presente. Pero la idea de la anterioridad
temporal que lleva consigo la perfección de la acción, convierte
tales perífrasis predominantemente en «tiempos» del verbo, y ésta
es su principal significación en la lengua moderna. La vacilación
entre uno y otro sentido puede observarse en textos primitivos, donde
el participio concierta en género y número con el complemento directo: *la misa acabada la han,* dice el «Cantar de Mío Cid», y no
acabado, como diríamos hoy; *las cartas que habían escritas* era
construcción posible y frecuente, en vez del moderno *escrito,* en la
época medieval primitiva. A medida que prevalece el sentido de
«tiempo», se moviliza el participio en su forma neutra singular.

En la lengua moderna, con un verbo auxiliar que no sea *haber,*
el participio mantiene la concordancia con el complemento directo;
o con el atributo, si el auxiliar es *ser* o *estar,* p. ej.: *llevo andados
muchos kilómetros; tengo bien estudiada esta cuestión; estaba con-
vencida de lo que usted decía; fueron aplaudidas sus palabras.* Los
verbos *llevar, tener, estar* y *ser* y a veces *traer, quedar* y *dejar,*
forman frases verbales en las cuales funcionan como verbos auxiliares, desposeídos por lo tanto de su significado propio. Hemos estudiado en el capítulo IV los verbos *ser* y *estar* en su función copulativa.
En el capítulo siguiente trataremos de la perífrasis llamada tradicionalmente *voz pasiva.*

Tener + participio, puede emplearse sólo cuando el participio
sea de verbo transitivo y usado en acepción transitiva. Por esto
no puede decirse *tengo estado en Madrid* ni *tienes sido soldado,*
por no ser transitivos los verbos *estar* y *ser,* y tampoco *tengo comido
con gusto,* por no ser transitiva en este caso la acepción de *comer*
(véase ACADEMIA, 462).

100.   Como resumen del capítulo presente damos a continuación un cuadro general de las frases verbales más frecuentes:

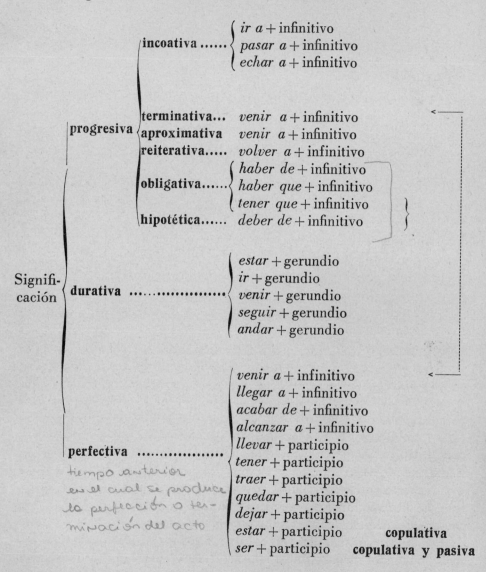

incoativa ......
{
ir a + infinitivo
pasar a + infinitivo
echar a + infinitivo
}

progresiva
terminativa...   *venir a* + infinitivo
aproximativa   *venir a* + infinitivo
reiterativa.....   *volver a* + infinitivo

obligativa......
{
haber de + infinitivo
haber que + infinitivo
tener que + infinitivo
}

hipotética......   *deber de* + infinitivo

Significación

durativa ....
{
estar + gerundio
ir + gerundio
venir + gerundio
seguir + gerundio
andar + gerundio
}

perfectiva ....
{
venir a + infinitivo
llegar a + infinitivo
acabar de + infinitivo
alcanzar a + infinitivo
llevar + participio
tener + participio
traer + participio
quedar + participio
dejar + participio
estar + participio   **copulativa**
ser + participio   **copulativa y pasiva**
}

tiempo anterior en el cual se produce la perfección o terminación del acto

CAPÍTULO IX X

LA VOZ PASIVA

101. El latín tenía una conjugación especial, distinta de la activa, para expresar que el sujeto gramatical del verbo no es agente o productor de la acción, sino que es objeto de la acción que otro realiza. Se perdió en romance toda la conjugación pasiva, con excepción del participio; pero aunque se hubiese perdido la forma, subsistía la idea del sujeto paciente; y para expresarla se formó una pasiva por perífrasis con el participio, única forma que había quedado de la pasiva latina, combinado con el verbo auxiliar *ser*. La pasiva es en español una frase verbal que modifica el concepto de la acción ni más ni menos que las estudiadas en el capítulo anterior. Por esto podríamos llamar *voces* a todas las frases verbales que se forman con verbos auxiliares, y señalar junto a la *pasiva* las voces *progresiva, obligativa, durativa,* etc., puesto que tanto la forma de expresión como la naturaleza de la modificación que producen en el concepto verbal son perfectamente agrupables en la categoría gramatical de *voz*. De este modo el número de voces sería en español muy elevado, ya que en el capítulo anterior sólo hemos considerado los verbos auxiliares más frecuentes, pero no los que ocasionalmente pueden usarse como tales. Ya hemos dicho que la lengua española es entre las

lenguas modernas de cultura la que ha desarrollado y sigue desarro-
llando mayor número y variedad de perífrasis verbales. En el estudio
que de ellas hemos hecho en el capítulo anterior, se ha dicho ya el
motivo por el cual creemos que no hay inconveniente en mantener
el nombre tradicional de *voz pasiva* a las perífrasis formadas por
ser + participio. Al fin y al cabo, reconocer muchas veces o no reconocer ninguna, es una simple cuestión de nombres, que puede tener
importancia en la enseñanza elemental, pero que no altera la exposición de hechos lingüísticos que aquí tratamos de sistematizar.

La relación lógica entre sujeto y complemento no se modifica
porque la oración con que se exprese sea activa o pasiva. Entre
el ebanista ha construido el armario en una semana y *el armario ha
sido construido en una semana por el ebanista,* no hay diferencia en
cuanto a la relación que entre sí guardan el *ebanista* y el *armario.*
En la segunda oración he convertido el complemento en sujeto gramatical, y el sujeto en ablativo agente, pero no hay duda alguna sobre
quién ha realizado la acción. La relación lógica entre los elementos
de la oración no ha cambiado al cambiar la forma gramatical; pero
psicológicamente se ha modificado el punto de vista del que habla:
en el primer caso la atención se ha fijado en el ebanista; en el
segundo, el armario producido por su actividad atrae el interés principal, y por ello se ha convertido en sujeto gramatical de la oración.
Depende, pues, del interés dominante la preferencia por la construcción activa o por la pasiva en la oración, v. gr.: *Los periódicos
divulgaron la noticia* o *La noticia fue divulgada por los periódicos.*
Si el agente o productor de la acción no es objeto de interés alguno
por parte del que habla, puede dejar de expresarse, y entonces tenemos las oraciones llamadas en la gramática latina *segundas de pasiva,* p. ej.: *la noticia fue divulgada; el procesado ha sido absuelto;
Fulano es muy respetado.* A veces las circunstancias del hecho impo-
nen el uso de la pasiva, bien sea por ser desconocido el agente, bien
por voluntad de callarlo por parte del que habla, o bien por ser
totalmente indiferente para los interlocutores. Si no es así, el idioma
español tiene marcada preferencia por la construcción activa. Entre
las oraciones *La agencia X ha transmitido nuevas informaciones* y

*Nuevas informacoines han sido transmitidas por la agencia X o Por
la agencia X han sido transmitidas nuevas informaciones,* la psicología lingüística española prefiere decididamente la primera. Al traducir al español textos de otras lenguas, especialmente franceses e in-
gleses, es necesario tener en cuenta esta preferencia de nuestra lengua, para no cometer faltas de estilo, y aun errores de expresión.
Porque, además de esta repugnancia general al uso de la pasiva, se
producen numerosas interferencias expresivas con el significado del
verbo *ser* copulativo y con las oraciones llamadas de pasiva refleja e
impersonales, las cuales hacen retroceder de día en día el empleo de
la pasiva con *ser*. Al tratar de ello en los párrafos siguientes, el lector
debe tener en cuenta lo que hemos dicho en los capítulos IV y V.

102.   Limitaciones de la pasiva en español.   Una oración pasiva,
con o sin expresión del ablativo agente, es simplemente una oración
atributiva. Entre *esta mujer es hermosa* y *esta mujer es admirada*
no existe ninguna diferencia gramatical; en uno y otro caso tenemos
un sujeto al cual se atribuye una cualidad por medio de un predicado
nominal compuesto de verbo copulativo y atributo adjetivo; que
este adjetivo proceda o no de un verbo, no altera en nada el carácter
atributivo de la oración; su origen será a lo sumo una reflexión
gramatical, inexistente para la espontaneidad del que habla. Cuando
queremos expresar el ablativo agente y decimos *esta mujer es admirada por todos,* habremos añadido al predicado un complemento,
como haríamos si dijésemos *esta mujer es hermosa para todos,* o
es hermosa por sus virtudes; o *es admirada entre sus conocidos*; el
valor funcional del elemento sintáctico añadido será el mismo, cualesquiera que sean los matices de significación que cada complemento
exprese. Las oraciones seguirán siendo atributivas. Por consiguiente,
las oraciones pasivas expresan cualidades del sujeto con el verbo
copulativo *ser,* y se hallan asimiladas a las atributivas. El carácter
imperfectivo del verbo *ser* y su diferencia con *estar,* dejará sentir su
influencia en la oración pasiva como en todas las de verbo substantivo.

BELLO observó por primera vez que la pasiva no se usa en español en presente e imperfecto cuando se trata de la acción momentánea de un verbo perfectivo. Nadie dice, en efecto, *la puerta es abierta*

por el portero o *la hoja era vuelta por el lector*, sino *el portero abre la puerta, el lector volvía la hoja*, aunque a veces en las clases de Gramática se someta el idioma al forcejeo de volver por pasiva tales oraciones. El uso de la pasiva en estos casos significa acción reiterada o habitual. Si digo que *la puerta es abierta por el portero* o que *el niño era besado por su madre* se entenderá que se trata de acciones repetidas o acostumbradas. No hay inconveniente, en cambio, en emplear el presente o el imperfecto pasivos de verbos imperfectivos, por ejemplo: *Fulano es* (o *era*) *muy conocido en aquella comarca; La noticia es* (o *era*) *comentada en todas partes*. El verbo *ser* atribuye sin dificultad la cualidad más o menos duradera de un participio imperfectivo, pero no puede atribuir cualidades momentáneas.

Con los tiempos perfectos se puede usar la pasiva de cualquier clase de verbos, porque en ellos la perfección expresada por el tiempo anula lo imperfectivo del verbo *ser; La puerta había sido abierta; El documento habrá sido firmado antes de mediodía*, etc.

103. El resultado de una acción acabada se expresa con *estar* + *participio*. Así, por ejemplo, la diferencia entre *Las casas eran edificadas con mucho cuidado* y *Las casas estaban edificadas con mucho cuidado* consiste en que *eran edificadas* alude al momento de su construcción, mientras que *estaban edificadas* se dice desde el momento en que su construcción fue concluida. Insistimos, pues, en el valor perfectivo de *estar* frente al imperfectivo de *ser;* pero esta diferencia se hace borrosa cuando empleamos a uno u otro verbo en tiempo perfecto, como ya dijimos en el capítulo IV, § 47. Entre *Las casas fueron edificadas con mucho cuidado* y *Las casas estuvieron edificadas con mucho cuidado* se ha neutralizado de tal manera la diferencia, que ya no es necesario, antes bien se siente como raro, el uso de *estar*, puesto que el tiempo del verbo *ser* da suficientemente claro el sentido perfectivo. Hay que considerar aquí también el sentido local de *estar*, en pugna con el meramente copulativo de *ser*. *Estar*, con significado local para expresar situación, es un verbo de estado que aun en los tiempos perfectos mantiene clara su diferencia de *ser*. Compárense, por ejemplo, las oraciones *Las baterías fueron emplazadas junto al río* y *Las baterías estuvieron emplazadas junto al río;*

en el primer caso se alude al acto de su emplazamiento; el segundo parte del momento en que el emplazamiento quedó terminado. El uso de un tiempo perfecto no ha atenuado aquí la significación local de *estar* y su diferencia con *ser*, como hemos visto que ocurre cuando uno y otro verbo son copulativos.

Convergen, como vemos, en el empleo de la voz pasiva, varios factores lingüísticos que la dificultan: el aspecto perfectivo o imperfectivo de la acción expresada, el tiempo del verbo auxiliar y las diferencias entre *ser* y *estar*. A ellos se suma el uso creciente de la pasiva refleja que, si bien remedia las dificultades de la pasiva con *ser*, acaba por suplantarla y hacerla cada vez menos frecuente.

104. La pasiva refleja. Hemos visto en el capítulo V que las formas átonas de los pronombres personales *(me, te, se, nos, os, se)*, cuando el verbo a que acompañan está en la misma persona que ellos representan, sirven para expresar acción reflexiva. El sujeto es entonces, a la vez, complemento directo *(me afeito todas las mañanas)* o indirecto *(te ponías un traje nuevo)*; es conjuntamente agente y paciente. Si el verbo está en tercera persona del singular o del plural, el reflexivo latino *se* cumple en español la función refleja *(el niño se lava, los niños se lavan; los niños se lavan las manos)*, y las formas átonas del pronombre quedan en su función exclusiva de representar los complementos directo o indirecto sin valor reflexivo *(lo, la, le, se* personal; *los, las, les, se* personal). *Se* es, pues, la única forma reflexiva de tercera persona para ambos números, y expresa complemento directo o indirecto.

Ya en latín existía el llamado *dativo ético*, con el cual se expresaba simplemente que el sujeto, más que recibir indirectamente la acción del verbo, era partícipe de su actividad, la cual se producía dentro de él o en relación con él, p. ej.: *el perro se comió toda la ración*. Esta participación puede sentirse aun con verbos intransitivos y de estado; *se queda en casa todo el día; los alumnos se fueron; ella se creía que no era cierto; se ha muerto un vecino mío*. Estas construcciones, muy usuales aunque algunos gramáticos las critiquen, están ya muy alejadas del *se* reflexivo originario. En el último ejemplo, la participación del sujeto no es como agente, sino como paciente.

8

Cuando decimos que *la pared se hundió con el peso de la techumbre,* o que *los pájaros se alborotaron por el ruido,* los sujetos *pared* y *pájaros* no producen la acción sino que la sufren, son sujetos pasivos; y estas oraciones equivalen respectivamente a *la pared fue hundida por el peso de la techumbre* y *los pájaros fueron alborotados por el ruido.* La intervención pasiva en un acto es, gramatical y psicológicamente, una participación en él.

Así desde los orígenes de la lengua española se encuentran ejemplos de 3.ª persona pasiva expresada con *se: non se face assí el mercado* (*Cid,* verso 139). Estos ejemplos no son al principio muy frecuentes, pero a medida que avanza el desarrollo del idioma van siendo más numerosos. En nuestro tiempo la pasiva refleja predomina con mucho, tanto en la lengua hablada como en el estilo literario. El *se* ha dejado de ser reflexivo y se ha convertido en mero signo de pasiva.

105. Pasiva impersonal. Cuando el ablativo agente es desconocido o no interesa a los interlocutores, tenemos las oraciones llamadas, según la terminología de la gramática latina, *segundas de pasiva,* tanto si empleamos la perífrasis con *ser* como la pasiva refleja. Ejemplo: *Han sido descubiertas sus trampas; Se han descubierto sus trampas.* Claro está que la pasiva refleja no puede emplearse más que con la tercera persona.

Ahora bien: en las oraciones pasivas con *se,* este pronombre es un mero signo de pasiva, como hemos dicho más arriba. Al callarse el ablativo agente, la oración es a la vez pasiva e impersonal. En la oración *se cometieron muchos atropellos* expresamos que los *atropellos* (sujeto pasivo) fueron cometidos, y no decimos nada acerca de su autor, el cual queda oculto en una tercera persona de significación indeterminada. El *se* es conjuntamente signo de pasiva y de impersonalidad, pero no hay duda de que la oración es pasiva, puesto que el sujeto *(atropellos)* está concertado con el verbo *(cometieron).* Si el sujeto está en singular, el verbo lo estará también: *Se cometió un atropello.* Parece que no debieran confundirse con las impersonales activas, puesto que la concordancia con el verbo asegura el carácter pasivo del sujeto.

De hecho, sin embargo, tanto en España como en América se leen y oyen a menudo frases como éstas: *se ha pedido refuerzos; se le supone otras intenciones; se compone paraguas; se vende astillas*, en competencia con: *se han pedido refuerzos; se le suponen otras intenciones; se componen paraguas; se venden astillas*. Las primeras son objeto de crítica [38], pero es indudable que su uso se extiende, aunque hay en ello preferencias regionales y aun individuales. Poner el verbo en singular, en las oraciones que nos han servido de ejemplo, significa que *refuerzos, intenciones, paraguas* y *astillas* no son ya el sujeto pasivo, sino el complemento directo de una oración activa cuyo sujeto es el impersonal *se*. En *se desea informes sobre el paradero de Fulano*, en lugar de *se desean*, es evidente que *informes* es complemento directo, y *se* sujeto. *Se* queda convertido en expresión del sujeto impersonal. La lengua literaria prefiere generalmente la construcción pasiva (*se desean informes*), la cual tiene en su apoyo la tradición del idioma y el uso de los autores clásicos. La impersonal activa es moderna y frecuente en el habla usual. Es de suponer que en la mente de los que dicen *se desea informes*, el singular *se desea información* tendrá también sentido activo impersonal.

Una vez expuesta la significación gramatical de estas oraciones impersonales, veamos ahora cómo se ha podido producir el cambio de la pasiva a la activa, ya que la primera es la más antigua. Cuando el sujeto de la pasiva impersonal es persona (*se martirizaban los cristianos, se tutean los niños*), nace ambigüedad a causa del valor reflexivo o recíproco de *se*; ya no puede emplearse la pasiva refleja. En estos casos hay que decir *los cristianos eran martirizados, los niños son tuteados,* o bien convertir el sujeto en objeto por medio de la preposición *a* y poner el verbo en singular, con lo cual la oración pasa a ser impersonal activa: *se martirizaba a los cristianos, se tutea a los niños (se les martirizaba, se les tutea).* En singular ocurre la misma anfibología: *Se agobia el estudiante* tiene sentido reflexivo; el reflejo impersonal es *se agobia al estudiante (se le*

---

38 La Academia Española (§ 279 *a*) censura frases como *se alquila cuartos, aquí se da socorros a los necesitados.*

agobia), pero ya no es pasiva, sino activa, la oración. Al reproducirlos por un pronombre se ve el carácter complementario de *los cristianos, los niños* y *el estudiante* en los ejemplos anteriores. Este complemento es precisamente acusativo, puesto que *le, les,* es a menudo, en español moderno, acusativo masculino de persona (véase capítulo XVII). En el femenino el acusativo es *la, las: Se obsequió a las señoras (se las obsequió);* y no podríamos decir *se obsequiaron las señoras* sin que la frase tomara sentido reflexivo.

A medida que se fue consolidando el empleo de la preposición *a* con acusativo de persona (hacia el siglo xv), y consiguientemente los primitivos dativos *le, les,* se habilitaron también para reproducir acusativos masculinos de persona, las oraciones impersonales con *se* fueron cada día más usuales. Su esquema sintáctico se propaga después a las impersonales de cosa, y he aquí explicada la vacilación moderna entre *se alquilan carruajes* y *se alquila carruajes.*

El reflexivo latino *se* ha pasado, según esto, por las siguientes fases: reflexivo acusativo > reflexivo dativo > dativo ético > signo de participación en la acción > signo de pasiva > signo de pasiva impersonal > signo de impersonal activa. Todos estos valores están vivos en la lengua moderna. De su interferencia recíproca, unida a la de otros factores lingüísticos que ahí hemos resumido, han nacido los usos diversos que hemos estudiado en el capítulo presente.

Con los verbos reflexivos no puede repetirse el *se.* No podemos decir: *Se se arrepiente de sus errores; Se se atrevía a todo.* En este caso la impersonalidad se expresa con el indefinido *uno,* por ejemplo: *Uno se arrepiente de sus errores; Se atrevía uno a todo* (v. capítulo V).

CAPÍTULO X

MODOS DEL VERBO

106. Las alteraciones morfológicas conocidas con el nombre de *modos* expresan nuestro punto de vista subjetivo ante la acción verbal que enunciamos. Podemos pensar el verbo como una acción o fenómeno que tiene lugar efectivamente; nuestro juicio versa entonces sobre algo que consideramos real, con existencia objetiva. Podemos pensar también que el concepto verbal que proferimos es simplemente un acto mental nuestro, al cual no atribuimos existencia fuera de nuestro pensamiento. Cuando decimos *el libro está sobre la mesa, sabía que me habías escrito, mañana no iré a verte,* afirmamos o negamos hechos pensando que se producen, se han producido o se producirán en la realidad; empleamos para enunciarlos el modo indicativo. Si decimos *temo que el libro esté sobre la mesa, no sabía que me hubieses escrito, es posible que mañana no vaya a verte,* el estar el libro sobre la mesa es un temor mío, pero no lo pienso como algo real; el hecho de haberme escrito tú es cosa que yo no conocía, no tenía realidad para mí; el no ir a verte mañana está pensado como una mera posibilidad, a la cual no atribuyo efectividad. Todos estos hechos están enunciados en modo subjuntivo.

En los ejemplos anteriores ha podido observarse que los verbos que se hallan en subjuntivo están subordinados a otros que dan
la acción como temida, ignorada o posible, respectivamente. Los
verbos *temer*, *no saber* y *ser posible* envuelven al juicio en la irrealidad que ellos expresan, y por ello el verbo subordinado está en
subjuntivo. De aquí el nombre de *subjuntivo (subjungere)*, ya que
su uso está supeditado a la significación del verbo de que depende.
Si digo: *sé que ha venido*, usamos el indicativo en el verbo dependiente, porque el verbo principal *saber* no expresa irrealidad; pero
al decir: *deseo que haya venido*, empleamos el subjuntivo, porque
el juicio no versa sobre el hecho pensado como real, sino sobre un
deseo que se halla en mí, el cual puede tener o no tener efectividad
fuera de mi pensamiento. El subjuntivo, según esto, depende de otr
verbo que exprese algún matiz de irrealidad; es esencialmente subordinado.

A veces, sin embargo, encontramos el subjuntivo en oraciones
independientes, por ejemplo: *¡ojalá llueva!*; *¡que pase!*; *quizás no
volvamos a verle*. En las dos primeras oraciones se expresa un deseo,
aunque no lleven verbo que lo signifique. En la tercera, el adverbio
de duda *(quizás)* matiza el juicio de irrealidad suficiente para que
el verbo esté en subjuntivo. Se trata de subordinaciones mentales
que envuelven psíquicamente al juicio que se enuncia, aunque gramaticalmente no dependa de un verbo principal.

107.   Para explicar la diferencia entre el indicativo y el subjuntivo, algunos gramáticos, entre ellos LENZ, recuerdan la distinción
lógica entre juicios *asertorios*, que afirman o niegan una realidad,
juicios *problemáticos*, que expresan posibilidad, y juicios *apodícticos*, o lógicamente necesarios. Los primeros se expresan en modo
indicativo. Los problemáticos y apodícticos, en subjuntivo. La diferencia es exacta, pero hay que aclararla en el sentido de que no se
refiere estrictamente al carácter lógico del juicio, sino a la actitud
psíquica que adoptamos ante él. Cuando decimos, por ejemplo, *el
todo es mayor que cada una de sus partes*, formulamos un juicio
apodíctico, puesto que el predicado se deriva necesariamente del
concepto o definición del sujeto. Al formularlo en la oración subor-

dinada pondremos el verbo en subjuntivo: *Es necesario que el todo sea mayor que cada una de sus partes.* Pero esta necesidad lógica pasa a ser exclusivamente subjetiva si decimos: *Es preciso que nos veamos otra vez; Te ruego que me oigas.* Se trata, por consiguiente, de la calidad psicológica del juicio y no de su contenido lógico. Por consiguiente, los juicios psicológicamente asertorios, problemáticos o apodícticos son los que interesan para la Lingüística. Se han producido además analogías que, en ciertos casos que estudiaremos, han ensanchado o restringido el campo del subjuntivo, más allá o más acá de los límites que señala la clasificación lógica y aun psicológica de los juicios. En el uso moderno del subjuntivo español intervienen factores psicológicos, históricos y estilísticos que vamos a tratar de valorar, no con el fin imposible de dar a los extranjeros una fórmula sencilla que prevea siempre el modo que tienen que usar, sino con el de hallar un criterio de interpretación suficientemente claro para todos los casos que encuentren en la conversación y en los textos.

108. Subjuntivo potencial y subjuntivo optativo. La Gramática tradicional, latina y española, resumía el empleo del subjuntivo en una regla breve que puede sernos útil como punto de partida: Usamos el subjuntivo en la oración subordinada siempre que el verbo principal exprese una acción dudosa, posible, necesaria o deseada. Los pocos casos de subjuntivos en oraciones independientes se hacían depender mentalmente de un verbo principal tácito. Ejemplos:

> *Dudaba de que fuesen sinceras sus palabras* (duda).
> *Puede ser que no nos veamos más* (posibilidad).
> *Nunca ha sido tan indispensable que le ayudemos* (necesidad).
> *Le habían mandado que no dijese nada de lo ocurrido* (deseo).
> *¡Viva España!* (oración independiente de deseo).
> *Tal vez no nos escriba* (oración independiente de duda).

La lengua griega daba expresión a estas oraciones en dos modos diferentes: el *subjuntivo* para las acciones pensadas como dudosas o posibles (juicios problemáticos de la Lógica) y el *optativo* para las necesarias y deseadas (juicios apodícticos). Como el latín carecía de modo optativo, fundió en las formas del subjuntivo todos estos valores expresivos; pero en el mecanismo de las oraciones subordinadas latinas, el sentido del optativo ario se hacía patente, aunque no tuviese formas distintas de las del subjuntivo. Por esto es frecuente en las Gramáticas latinas distinguir entre el subjuntivo llamado *común* o *dubitativo* y el subjuntivo *optativo*.

Nosotros clasificaremos el subjuntivo español en *potencial* y *optativo*. El primero comprende las acciones pensadas como dudosas o posibles; el segundo las necesarias o deseadas. Adoptamos el nombre de subjuntivo *potencial* porque corresponde al juicio problemático, tanto si se trata de la posibilidad objetiva, como de la actitud del sujeto (duda) ante esta posibilidad. La denominación de subjuntivo *optativo* no necesita justificación, puesto que ha sido ya empleada por algunos gramáticos. Esta diferenciación coincide enteramente con la clásica tradicional. Tiene para nosotros carácter didáctico, porque en la realidad los límites se confunden, como luego veremos. Para facilitar la exposición distribuiremos el empleo del subjuntivo en los apartados siguientes:

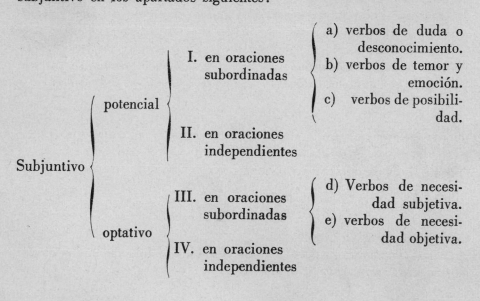

Subjuntivo
- potencial
  - I. en oraciones subordinadas
    - a) verbos de duda o desconocimiento.
    - b) verbos de temor y emoción.
    - c) verbos de posibilidad.
  - II. en oraciones independientes
- optativo
  - III. en oraciones subordinadas
    - d) Verbos de necesidad subjetiva.
    - e) verbos de necesidad objetiva.
  - IV. en oraciones independientes

I. — Subjuntivo potencial en oraciones subordinadas

109. a) **Verbos de duda o desconocimiento.** El que duda o desconoce tiene consciencia de la irrealidad objetiva del juicio que formula. Por esto la oración subordinada a esta clase de verbos exige en general el modo subjuntivo: *Dudabas de que volviese a verte; no sabías que estuviera en casa.* Pero como no nos hallamos en el terreno lógico sino en el psicológico, es menester fijarse en los matices que nuestra incertidumbre puede tener. Dudamos muchas veces levemente, inclinándonos a la afirmación o a la negación, y en estos casos el empleo posible del subjuntivo o del indicativo aumenta o atenúa respectivamente el carácter dubitativo. Si comparamos dos oraciones gramaticalmente correctas, como *sospecho que ha pasado por aquí,* y *sospecho que haya pasado por aquí,* observaremos que con la primera significamos una inclinación a creer que efectivamente ha pasado, mientras que con la segunda acentuamos nuestra incertidumbre.

Entre la afirmación y la negación, pasando por la duda absoluta, hay una gradación indefinible, de la cual es signo lingüístico, para el que habla y para el que escucha, el modo que en cada caso se prefiera. Podemos representar algunos momentos de esta gradación de la siguiente manera:

negación — negación débil — duda atenuada — duda e ignorancia — duda atenuada — afirmación débil — afirmación.

La negación y la afirmación (certidumbre) exigen el verbo subordinado en indicativo. La duda y la ignorancia, en subjuntivo. Las zonas intermedias se expresan en indicativo o en subjuntivo, según el matiz predominante. Ejemplo:

Sé que no vuelve .... negación (certidumbre).

Creo que no vuelve (vuelva) ... ⎫
No creo que vuelva (vuelve) ... ⎬ negación débil, duda atenuada.
No sé que vuelva .... ⎭

Ignoro que vuelva .... }
Dudo que vuelva .... } ignorancia, duda.

Sospecho que vuelva (vuelve) ... }
Presumo que vuelve (vuelva) ... } afirmación débil, duda atenuada.

Sé que vuelve .... }
Afirmo que vuelve .... } afirmación (certidumbre).

En las oraciones de relativo se pone el verbo en indicativo cuando el antecedente es conocido; si es desconocido o dudoso, el verbo va en subjuntivo, p. ej.: *Haré lo que usted manda,* significa que el mandato es conocido; *Haré lo que usted mande,* quiere decir que cumpliré la parte conocida y la desconocida de su mandato. En el segundo caso la acción de *mandar* es futura, y el futuro es siempre más dudoso que el presente y el pasado. *No sé en qué haya consistido mi fracaso* frente a *No sé en qué ha consistido,* acentúa la incertidumbre del juicio. La afirmación *Hay alguien que se atreve a saltar* exige indicativo; si decimos *Hay alguien que se atreva a saltar* insinuamos una leve duda, la cual pasará a ser más completa si se trata de una pregunta: *¿Hay alguien que se atreva a saltar?*

Contribuyen a reforzar o a debilitar el carácter dubitativo del juicio, no sólo el significado del verbo dominante, sino también la entonación, el tiempo de los verbos subordinante y subordinado, y el mayor o menor conocimiento del antecedente. Como se ve, los modos reflejan las más leves oscilaciones de la duda y constituyen, por lo tanto, un medio de expresión extremadamente sensible.

110. b) **Verbos de temor y emoción.** Usamos la palabra *emoción* en su sentido rigurosamente psicológico de complejo afectivo. Pueden presentarse dos casos:

1.º Se expresa el temor o la emoción sin afirmar la realidad del hecho, p. ej.: *Tengo miedo de que lleguen tarde; temo que me hayan visto; sentiré que no hayan trabajado bastante.* En este caso se encuentra el verbo *temer* y sus equivalentes *(tener miedo, recelar),* y cualquier verbo de emoción en tiempo futuro. Concurren aquí para determinar el subjuntivo, el contenido emocional del juicio y el carácter inseguro o dudoso de la acción.

2.º Se expresa emoción ante un hecho que se afirma, por ejemplo: *Siento que estés descontento; me duele que sea tan malo; me alegró que se confirmara esta noticia.* Se hallan en este caso todos los verbos de emoción en presente y pretérito. Aquí no hay inseguridad del hecho, y por consiguiente el subjuntivo está determinado únicamente por la afectividad que expresa el verbo dominante.

Sentir emoción ante una acción verbal que se anuncia como efectiva, no implica su irrealidad, y por consiguiente cabe preguntar por qué estos juicios reales se expresan en subjuntivo y no en indicativo. Hay que considerar aquí dos aspectos de este fenómeno gramatical: En primer lugar, los verbos de temor en todos los tiempos, y los de emoción en futuro, no afirman la realidad del hecho, como ya hemos visto; tienen por ello carácter dubitativo, que por sí solo basta para que el verbo subordinado vaya en subjuntivo. Por analogía se propaga el subjuntivo a los tiempos presentes y pasados de cualquier verbo de significación emotiva. Por otra parte, la emoción es un estado subjetivo que envuelve con su efectividad toda la expresión; tiene realidad interna, pero no fuera de nosotros. Esta subjetividad total en que se halla sumergida la oración subordinada, da al juicio expresado por ésta una apariencia de irrealidad objetiva, que facilita la propagación analógica del subjuntivo.

111. c) **Verbos de posibilidad.** El juicio considerado como meramente posible es uno de los casos más claros de irrealidad. Por esto los verbos *ser posible, poder ser,* y sus contrarios *ser imposible, no poder ser,* llevan en subjuntivo el verbo subordinado, por ejemplo: *podría ser que nos viésemos; es imposible que nos hayan visto.* La frase impersonal presente *puede ser que* se abrevia comúnmente en la conversación en *puede que,* por ejemplo: *puede que no vuelva; puede que no te hayan conocido.* El verbo *poder* seguido de infinitivo (v. cap. VIII) forma frases verbales que rigen el subjuntivo en el verbo subordinado, p. ej.: *No podrán conseguir que se apresuren; al fin pudiste lograr que os recibiese el director.*

Estas oraciones están en la línea divisoria del subjuntivo de posibilidad con el subjuntivo optativo, puesto que envuelven ya un deseo.

La expresión de la probabilidad, que es lógicamente un caso de la posibilidad, exige también subjuntivo en la oración subordinada, p. ej.: *era probable que llegásemos con retraso; es improbable que el tiempo mejore; había pocas probabilidades de que tuviera éxito aquel negocio.*

II. — Subjuntivo potencial en oraciones independientes

112. Cuando en una oración independiente figura algún adverbio de duda, el verbo suele estar en modo subjuntivo: *quizás vayamos juntos; acaso estuvieseis mejor allí; tal vez te hubieras ahorrado disgustos.* Se trata de oraciones dubitativas y, de igual manera que en las subordinadas que hemos estudiado, el verbo puede hallarse en indicativo cuando la duda se inclina a la afirmación o a la negación. Entre las oraciones independientes: *tal vez lo conoces* y *tal vez lo conozcas*, notamos en seguida que la duda está más próxima a la certidumbre en la primera y más acentuada en la segunda. Compárense: *quizás iremos juntos* y *quizás vayamos juntos; acaso fue mejor* y *acaso fuese mejor.*

III. — Subjuntivo optativo en oraciones subordinadas

113. d) **Verbos de necesidad subjetiva.** Es natural que no pueda trazarse una separación definida entre la necesidad psicológicamente sentida y la que nos viene impuesta desde fuera de nosotros. Si digo, por ejemplo, *es necesario que yo me entere pronto de lo ocurrido,* lo mismo puedo referirme a una necesidad interior motivada por mi deseo o mi voluntad, que a la obligación que tengo de enterarme. En uno y otro caso se trata de un juicio psíquicamente apodíctico.

Consideramos de necesidad subjetiva los verbos llamados *de voluntad* (mandato, ruego, permiso, consejo, deseo, encargo) y sus

contrarios o *de noluntad* (prohibición, oposición, etc.). Todos ellos
exigen sin excepción el verbo subordinado en subjuntivo: *Nos roga-
ron que volviésemos; Aconsejé que callaran; Le han mandado que
comparezca; Me opondré a que hables.*

En toda expresión de voluntad late siempre un sentimiento de
deseo o indeseo. Hay también numerosos actos que, sin ser propiamente de voluntad, contienen latente o patente un sentimiento de deseo
o indeseo. Por esto se construyen generalmente con subjuntivo subordinado los verbos *obtener, alcanzar, lograr, conseguir, esperar, deses-
perar, confiar, apetecer, aprobar, desaprobar,* etc., p. ej.: *Conseguí
que me escuchasen; Tu padre no aprobará que hayas dado ese paso.*
En algunos de estos verbos el empleo del subjuntivo depende de la
mayor o menor intensidad con que el sentimiento de deseo aparezca
ante la conciencia del que habla, y da lugar a finos matices semánticos que sólo puede definir el contexto.

Compárense, por ejemplo, las siguientes oraciones:

> *Espero que volverán mañana.*
> *Espero que vuelvan mañana.*

En la primera se aguarda simplemente la llegada (inglés *to wait*).
En la segunda toma más relieve el sentimiento de esperanza (inglés
to hope). Puede haber también una mayor seguridad en *espero que
volverán*, y mayor incertidumbre en *espero que vuelvan*. En este caso
el matiz es dubitativo.

Análogas diferencias percibimos entre:

> *Confío en que se ha resuelto bien mi pleito.*
> *Confío en que se haya resuelto bien mi pleito.*

Con el verbo en indicativo mi confianza está en la resolución
favorable del pleito; en subjuntivo, la confianza envuelve a la vez
al hecho de haberse resuelto y a que la resolución sea favorable.
Resulta claro también el carácter más dubitativo de la segunda
oración.

Aparece en estos verbos una combinación de tres factores que
determinan o pueden determinar el subjuntivo: 1.º El carácter más
o menos dubitativo de la expresión (subjuntivo potencial); 2.º La

posición emotiva del sujeto (subjuntivo potencial); y 3.º La intensidad mayor o menor del deseo (subjuntivo optativo). Los matices escapan a toda regulación gramatical, y sólo pueden ser valorados estilísticamente.

Las oraciones finales encierran siempre voluntad o deseo de que se realice el acto que expresa el verbo subordinado. Por esta causa va en subjuntivo el verbo precedido por las conjunciones finales *a que, para que, a fin de que,* p. ej.: *Vengo a que me paguen; te lo repito para que te enteres bien; Salieron pronto a fin de que no los encontrasen.* Algunas veces la conjunción *porque* es final y no causal; *Porque veas, Sancho, el bien que en sí encierra la andante caballería, quiero... (Quijote);* pero este uso es muy raro en la lengua moderna.

Cuando el verbo principal y el subordinado tienen el mismo sujeto, el subjuntivo se sustituye por el infinitivo: *Vengo a verte; Hablo para enteraros.*

114. e) **Verbos de necesidad objetiva.** Cuando decimos *es necesario que todo efecto tenga una causa,* hablamos de una necesidad absoluta, independiente de nuestra experiencia. Es el juicio lógicamente *apodíctico.* De aquí pasamos a la necesidad relativa o histórica: *Era necesario que en estas condiciones el Imperio Romano decayese.* Si decimos *es preciso que trabajes, es indispensable que hablemos,* la necesidad se refiere a uno de los interlocutores o a ambos a la vez. En *es necesario que me escuches* hemos llegado ya a la necesidad subjetiva, que puede abandonar ya la impersonalidad de la 3.ª persona, y equivale a *necesito que me escuches.* Con ello hemos pasado de la necesidad objetiva a la subjetiva.

Los verbos y expresiones impersonales como *convenir (ser conveniente), importar (ser importante), ser útil, ser bueno, ser malo, estar bien, estar mal,* etc., llevan en subjuntivo el verbo subordinado: *convenía que lloviese; Está mal que te enfades; Será bueno que hablemos.* Cuando queremos hacer resaltar el carácter subjetivo de la necesidad, añadimos un pronombre personal al verbo principal: *Me importaba que hablase el presidente; Os sería útil que volviese; Les conviene que no digáis nada.*

IV. — SUBJUNTIVO OPTATIVO EN ORACIONES INDEPENDIENTES

115. En oraciones independientes que expresan deseo, el verbo va en subjuntivo, p. ej.: *Ojalá vuelva pronto; ¡Viva el Presidente!; Durase en tu reposo* (FR. L. DE LEÓN); *¡Quién supiera escribir!* (CAMPOAMOR). Su carácter desiderativo está sobradamente claro para que no necesiten estas oraciones de un verbo principal que lo exprese. A veces, sin embargo, adoptan la forma de la subordinación por medio de la conjunción *que*. Ejemplos: *¡que entre! ¡que pase! ¡que se repita! ¡que hablen!* Tales expresiones tienen ya significación imperativa.

116. Imperativo En realidad este modo es una intensificación del subjuntivo optativo. Pertenece, como las interjecciones y los vocablos, a lo que hoy se llama función apelativa del lenguaje. En castellano no tiene más formas propias que las segundas personas: *¡Entra! ¡Entrad!* Las demás personas coinciden con las del subjuntivo, de las cuales no se distinguen más que por la entonación y por su uso no subordinado a otro verbo. Cuando lleva pronombres átonos, la lengua moderna exige que sean enclíticos con el imperativo y proclíticos con el subjuntivo, p. ej.: *Entérese Vd. bien,* frente a *Conviene que se entere Vd. bien; Escríbanme sus impresiones,* frente a *Ordeno que me escriban sus impresiones.* Fuera de estas diferencias, las terceras personas son iguales para imperativo y subjuntivo.

En las oraciones negativas el imperativo se sustituye por el subjuntivo. Compárense *Habla, no hables; mirad, nunca miréis; entra, no entres jamás.*

Tanto en España como en América se ha extendido bastante en la lengua hablada el empleo del infinitivo por la segunda persona del plural del imperativo: *¡Sentaros! ¡Venir acá!* (v. § 41). Este uso no ha alcanzado, sin embargo, consideración literaria, aunque a veces aparezca en algunos textos como reproducción directa del diálogo: *Vaya, no pelearse, que hay para todos* (S. y J. ALVAREZ QUINTERO, *Mañana de sol*); *No... formal, alcanzarme un peso que vi hacer una prueba* (R. GÜIRALDES, *Don Segundo Sombra*). Acompañado de la preposición *a,* el infinitivo reemplaza muy expresivamente al imperativo y refuerza el sentido de mandato: *¡A callar! ¡A dormir!*

A partir de su edición de 1917, la *Gramática* de la ACADEMIA considera como pertenecientes al *modo potencial* las formas en *-ría* simple y compuesta, aunque BELLO y LENZ demostraron que *cantaría* y *habría cantado* son tiempos del indicativo. Trataremos otra vez de esta cuestión en el capítulo XII. Baste decir por ahora que nos parece inaceptable la existencia del modo potencial.

CAPÍTULO XI

TEORÍA GENERAL DE LOS TIEMPOS

117. Nomenclatura. Como quiera que los estudios gramaticales se formaron según el modelo de la Gramática latina, la nomenclatura de los tiempos de la conjugación española fue durante mucho tiempo una simple adaptación destinada a traducir las formas verbales de la lengua madre. La ACADEMIA ESPAÑOLA mantuvo esta nomenclatura nacida en el Renacimiento, hasta el año 1917, en el que reformó profundamente éste y otros capítulos de su gramática tradicional. ANDRÉS BELLO había demostrado que las necesidades expresivas de nuestro idioma no se ajustaban a los patrones latinos, e ideó una nomenclatura que hizo avanzar notablemente los estudios gramaticales, no tanto por la novedad y acierto de los nombres aplicados a los distintos tiempos, como por la penetración con que describía muchos aspectos de nuestra conjugación que hasta entonces habían pasado inadvertidos. La influencia de BELLO ha sido muy importante en el terreno científico; pero en la enseñanza elemental, su nomenclatura de los tiempos ha tenido una difusión muy desigual en los distintos países de lengua española. Cuando la ACADEMIA se decidió a renovar su Gramática, incorporó a ella buena parte de la doctrina

9

de BELLO, pero no estuvo muy acertada, como veremos luego, en la
nomenclatura de los tiempos, sobre todo en la creación poco medi-
tada del modo *potencial*. Con todo, las nuevas denominaciones aca-
démicas de los tiempos se han abierto paso, y se difunden en la
enseñanza española y en la de buena parte de los países hispanoamericanos.

Creemos, por nuestra parte, que una simple cuestión de nombres
no tiene gran importancia en sí misma, porque no puede haber ningún
nombre que exprese todos los matices de significación de una forma
verbal, de no hacerlo extremadamente largo y por lo tanto prácticamente inservible. Por esto nos parece que lo más acertado para los
profesores de enseñanza elemental y media es atenerse a la nomenclatura más general, a fin de no contribuir a crear un embrollo inútil.
En lo que se refiere a la enseñanza superior, preocupada esencialmente del contenido científico, no hay riesgo en ensayar nuevas denominaciones que miren desde puntos de vista diferentes el contenido
expresivo de las formas de una conjugación tan rica en matices como
la española. Los pocos nombres relativamente nuevos de que nos
servimos en estos capítulos, no tienen más alcance que el de contribuir a llamar la atención del lector hacia los caracteres más salientes de la significación y uso de los tiempos en español moderno.

INDICATIVO

Presente	amo
Pretérito imperfecto	amaba
Pretérito perfecto absoluto	amé
Pretérito perfecto actual	he amado
Pluscuamperfecto	había amado
Antepretérito	hube amado
Futuro absoluto	amaré
Antefuturo	habré amado
Futuro hipotético	amaría
Antefuturo hipotético	habría amado

IMPERATIVO

Presente .... ama

SUBJUNTIVO

Presente	ame
Pretérito imperfecto	amara, amase
Pretérito perfecto	haya amado
Pluscuamperfecto	hubiera, hubiese amado
Futuro hipotético	amare
Antefuturo hipotético	hubiere amado

118. Aspecto de la acción verbal. Hay actos que, bien sea por su propia naturaleza, bien por la manera con que nuestro interés los presenta a la conciencia, aparecen como momentáneos *(saltar, chocar, llamar a una persona)*; otros son reiterados o compuestos de una serie de actos más o menos iguales y repetidos *(golpear, picotear, hojear un libro)*; otros interesan principalmente en su continuidad, en su transcurso, sin que nos fijemos en su iniciación o en su final, son imperfectivos o durativos *(saber, vivir, querer)*; en otros resaltan sus límites temporales: su comienzo en los incoativos *(enrojecer, alborear)*; o bien su final, o ambos a la vez, es decir, el momento en que la acción llega a ser completa, acabada, perfecta, y por eso se llaman perfectivos *(nacer, morir, comenzar, afirmar)*. Estas maneras distintas de mirar la acción expresada por un verbo, según predomine en ellas la momentaneidad, la reiteración, la duración, el comienzo o la perfección, se llaman *aspectos* de la acción verbal. Dependen, según hemos dicho, de la significación del verbo en sí misma, como en los ejemplos que acabamos de citar. Dependen también del interés del que habla en fijar la atención hacia un aspecto determinado con olvido de otros, según las circunstancias; por ejemplo, en *he firmado la carta* se destacan los aspectos perfectivo y momentáneo, mientras que en *he firmado de 11 a 12* predomina el aspecto reiterativo; *cantar* puede tener los aspectos imperfectivo o reiterativo en un cantante profesional, pero *cantar una copla* es una acción perfectiva.

Cabe distinguir en cada caso si el aspecto de la acción verbal procede del significado del verbo o está conseguido por medios gramaticales. Por ejemplo, *florecer* (comenzar a echar flores) es incoativo por su significación, en tanto que *enojarse* (comenzar a sentir enojo) toma aspecto incoativo, que no tiene el verbo *enojar,* por la añadidura del pronombre. Para aclarar esta diferencia, A. Alonso y P. Enríquez Ureña adoptan en su *Gramática castellana* la terminología de algunos autores alemanes, y llaman *modo de la acción* al que procede del contenido semántico del verbo, reservando el nombre de *aspecto* al que proviene del empleo de un medio gramatical. La diferencia es útil, pero tiene el inconveniente de que la homonimia entre este *modo* de la acción y el *modo* del verbo puede crear confusiones. Acaso bastaría decir sencillamente, como hacemos a menudo en este libro, que en el primer caso el verbo tiene *significado* incoativo, perfectivo, iterativo, etc., y que, en el segundo, determinados signos gramaticales le dan *aspecto* incoativo, perfectivo, iterativo, etc., que no es inherente a su significación léxica.

119. Entre los varios aspectos de la acción verbal, los que mayor importancia tienen en la conjugación española son el *perfectivo* y el *imperfectivo,* llamados por Bello *desinente* y *permanente.* En el capítulo IV (§ 45) hemos hablado de las diferencias entre los verbos perfectivos e imperfectivos en lo que atañe a la significación misma del verbo; lo que allí quedó dicho nos ahorra insistir sobre el particular. Pero en el carácter perfectivo o imperfectivo de una acción concreta, influye tanto el tiempo en que se halla el verbo como su significado. Por esto se distinguen en Gramática los tiempos imperfectos de los tiempos perfectos.

En los tiempos imperfectos, la atención del que habla se fija en el transcurso o continuidad de la acción, sin que le interesen el comienzo o el fin de la misma. En los perfectos resalta la delimitación temporal. *Comía* es una acción imperfecta; *he comido* es un acto acabado, perfecto. Nótese que *perfecto* tiene en Gramática el riguroso sentido etimológico de «completo» o «acabado».

Son imperfectos todos los tiempos simples de la conjugación española, con excepción del pretérito absoluto *(canto, cantaba, cantaré, cantaría, cante, cantara o cantase, cantare)*. Son perfectos el pretérito absoluto *(canté)* y todos los tiempos compuestos; el participio, que va unido al verbo auxiliar, comunica a estos últimos su aspecto perfectivo.

La *Gramática* de la ACADEMIA se confunde al incluir entre los tiempos imperfectos el pretérito absoluto *canté*, aunque en una nota (§ 288) hace visible su vacilación diciendo que «este tiempo, como indefinido que es, no define la cualidad de la acción, o mejor, la expresa como acabada y como no acabada». Más adelante (§ 294) insiste en que no indica «si la acción está o no terminada», y añade que «como tiempo relativo expresa unas veces el hecho o acción como incipientes, y otros como terminados, según la significación del verbo. Así, cuando digo: *leí tu carta y en seguida hice la recomendación*, expreso que la recomendación fue hecha después de terminar la lectura de la carta; al paso que cuando digo *vio a su hijo y se echó sobre él*, indico que el acto de echarse se verificó al mismo tiempo que el acto de ver, en aquel mismo momento, sin esperar a ver del todo». Hemos citado literalmente y con alguna extensión el texto académico, para hacer ver que en él se confunde la perfección de un acto con su terminación en el tiempo. La acción incipiente puede ser tan perfecta como la terminada. Si digo *conocí que me engañaba* quiero signicar que mi conocimiento llegó a ser completo, acabado, perfecto, lo cual no es obstáculo para que el conocimiento del engaño continuara después y siga continuando ahora mismo, puesto que el verbo *conocer* es imperfectivo. Lo mismo ocurre en *vio a su hijo y se echó sobre él*, donde la acción de *ver* llega a ser completa o perfecta, sin que esto signifique que terminase en el tiempo, ya que es de suponer que siguió viendo a su hijo después de echarse sobre él.

Con verbos perfectivos, el pretérito absoluto indica la anterioridad de toda acción *(leí tu carta, disparé, firmé)*; con verbos imperfectivos expresa la anterioridad de la perfección *(conocí, vio)*, que no es lo mismo que la terminación en el tiempo. Es necesario, pues, adherirse a la opinión de BELLO considerando esta forma verbal como perfecta. El ejemplo que trae en su *Gramática* (§ 626) aclara por completo la cuestión: «Dijo Dios: sea la luz, y la luz fue», significa que la luz comenzó a tener existencia completa o perfecta, aunque la luz es y seguirá siendo; su existencia no ha terminado.

Nos hemos detenido algo en la refutación de la ACADEMIA, no sólo para establecer la verdadera cualidad o aspecto del pretérito absoluto, sino principalmente para aclarar ante el lector el concepto de *perfección* gramatical, que puede coincidir o no con el término de la acción en el tiempo. Designaremos por lo tanto a *canté* con el nombre de *pretérito perfecto absoluto*.

Hay casos en que la significación de la acción expresada puede coincidir con el carácter perfecto o imperfecto del tiempo que empleamos. En otros, por el contrario, la perfección o imperfección derivada del significado del verbo puede entrar en conflicto con el aspecto del tiempo en que se enuncia. De ello resultan refuerzos o interferencias de gran valor expresivo, los cuales serán estudiados cuando tratemos en particular de cada uno de los tiempos.

120. La expresión del tiempo. Hasta ahora sólo hemos estudiado en las formas verbales llamadas «tiempos» significaciones ajenas a las representaciones temporales. La intuición del tiempo se combina con el aspecto de la acción verbal, y aun parece que en los orígenes de la conjugación indoeuropea la expresión del tiempo en que ocurre la acción ocupaba un lugar secundario. En latín y en las grandes lenguas modernas de cultura, la situación relativa de la acción verbal, antes o después de nuestro presente, o en coexistencia con el momento en que hablamos, ha adquirido importancia primordial que justifica el nombre de «tiempos» del verbo, sin que esto quiera decir que con sólo la intuición del tiempo se expliquen los usos de todas las formas verbales conocidas con esta determinación.

Podemos medir el tiempo desde nuestro presente, y entonces todas las acciones verbales que nos representamos se hallan situadas mentalmente con anterioridad, con posterioridad o en coincidencia con el momento en que hablamos: de aquí el pretérito, el futuro y el presente, como tiempos fundamentales. En este caso medimos directamente el tiempo, y atribuimos valor absoluto a la posición que ocupan los diferentes «tiempos» del verbo en nuestra representación. Se trata por lo tanto de tiempos absolutos o directamente medidos y son en nuestra lengua el presente *(canto)*, el pretérito perfecto absoluto *(canté)*, el pretérito perfecto actual *(he cantado)* y el futuro absoluto *(cantaré)*, todos ellos de indicativo. Pronunciados aisladamente, sugieren en seguida la situación temporal precisa de la acción que expresan.

Los restantes tiempos de la conjugación son relativos o indirectamente medidos, porque su situación en la línea de nuestras representaciones temporales necesita ser fijada por medio de otro verbo o de un adverbio con los cuales se relaciona. Si pronunciamos aisladamente *cantaba, habré cantado* o *hubiera cantado*, nuestro interlocutor nos preguntará ¿cuándo?, porque el tiempo que estas formas expresan no es absoluto, sino que necesita determinarse con otra expresión temporal desde la cual se mide. Si decimos *ayer cantaba, habré cantado cuando tú llegues, hubiera cantado si me hubieseis aplaudido*, adquieren sentido temporal las formas que por sí solas no lo tenían.Esto no quiere decir que los tiempos absolutos no puedan ser también relativamente medidos desde otro tiempo *(escucho cuando tú cantas; en cuanto terminó se levantaron todos)*. En cambio los relativos sólo pueden funcionar como tales. La medición indirecta de los tiempos, en relación con adverbios u otros verbos, permite situar con admirable precisión en nuestro tiempo mental todas nuestras representaciones próximas o alejadas del momento presente.

La escala de proximidad o lejanía es mucho más segura en nuestras representaciones del pasado que en las del porvenir. Los recuerdos se suceden en nuestra memoria con escalonamiento preciso, en tanto que las acciones venideras son siempre más o menos borrosas o inciertas. Por esto los pretéritos son en mayor número que los futuros. Por esto también, el carácter inseguro y problemático de los tiempos futuros les hace confundirse a menudo con la irrealidad modal del subjuntivo hasta el punto de crear dificultad en discernir lo modal de lo temporal.

En las formas del subjuntivo llega a ser inadecuada la denominación de *tiempos*, porque el modo matiza de tal manera el concepto verbal, que las relaciones temporales desempeñan muy poco papel; y así ocurre que una misma forma puede servir para expresar el pasado y el futuro, como tendremos ocasión de ver en el capítulo XIII. No es de extrañar, por consiguiente, que los tiempos del subjuntivo sean todos relativos o indirectamente medidos.

Los tiempos no son, por lo tanto, valores fijos, sino modificaciones relativas del concepto verbal. Aun los que hemos llamado *absolutos* pueden desplazarse hacia el pasado o hacia el futuro, dentro de las conexiones temporales de la oración en que figuran. Así, por ejemplo, el pretérito *ha abandonado* se convierte en futuro en la oración: *Cuando veas que el mundo te ha abandonado, reflexionarás sobre la condición de los hombres.* Todos los tiempos son aquí futuros; *ha abandonado* es un futuro.

En el siguiente cuadro indicamos los valores más frecuentes pero no invariables, de los distintos tiempos [39]:

	Imperfecto		Perfecto	
	Absoluto	*Relativo*	*Absoluto*	*Relativo*
PRESENTE ...	leo	lea		
PRETÉRITO		leía / leyera o ... / leyese	leí / he leído	había leído / hube leído / haya leído / hubiera o hubiese leído
FUTURO ... leeré		leería / leyere		habré leído / habría leído / hubiere leído

---

39 Véase E. Alarcos Llorach, *Sobre la estructura del verbo español* (*Boletín de la Biblioteca de Menéndez Pelayo,* 1949, págs. 50-83), donde se esboza un interesante esquema de nuestra conjugación según los métodos de la Lingüística estructural. V. también la *Gramática estructural* del mismo autor, Madrid, ed. Gredos, 1951.

CAPÍTULO XII ✓

TIEMPOS DEL INDICATIVO

121. Presente. Expresa las acciones que coexisten con el acto de la palabra. En la realidad psicológica, el presente es como un punto en movimiento, que viene del pasado y marcha hacia el porvenir; por ello raras veces la acción expresada por el presente coincide estrictamente con el acto de enunciarla, sino que ha comenzado antes y continúa después. Ya hemos dicho en el capítulo anterior que es un tiempo imperfecto, que mira la acción en su transcurso. Cuando el verbo significa acción continua, el presente se llama *actual*, puesto que dentro de su duración se halla comprendido el momento en que hablamos: *yo leo; el niño duerme.* Si nos referimos a actos discontinuos que no se producen en este momento, pero se han producido antes y se producirán después, decimos que el presente es *habitual*, p. ej.: *me levanto a las siete; estudio Geografía* (pero no ahora mismo).

El empleo del presente en sustitución del pretérito recibe el nombre de presente *histórico*. Al actualizar la acción pasada, la presenta con más viveza al interlocutor, el que habla se traslada mentalmente al pasado, p. ej.: *Colón descubre América en el año 1492; Salgo de mi casa e inmediatamente me dirijo a su oficina; no le encuentro en ella, y entonces...* etc. También podemos emplear el presente refiriéndonos a hechos futuros, en una especie de acercamiento psíquico:

María se casa (por *se casará*); *el lunes embarcamos para Buenos
Aires* (por *embarcaremos*). En este caso significamos la intención
presente de realizar una acción futura: *Me voy* equivale a *He resuelto*
o *resuelvo irme*. En relación con el futuro se halla el uso español,
muy característico, del presente en forma interrogativa para pedir
aprobación. La realización del acto depende entonces de la contesta-
ción, p. ej.: *¿Me voy? ¿Le digo que pase? ¿Compro los periódicos?*

También usamos de este tiempo con significación de imperativo.
Es el presente *de mandato,* con el cual describimos, pintamos la acción
que otro ha de llevar a cabo por una orden nuestra, p. ej.: *Vas a las
Bárdenas — prosiguió con firme acento el de Lerín —, te presentas
al capitán de aventureros, y le dices: Señor capitán, los muy egregios
y muy esclarecidos príncipes de Foix y de Bearne me encargan de
manifestaros su voluntad* (NAVARRO VILLOSLADA, *Doña Blanca de
Navarra,* t. I, cap. XIV).

Como tiempo relativo, medido desde el futuro adquiere significado futuro, p. ej.: *Cuando veas que el puchero hierve, quítalo de
la lumbre. Ver* y *hervir* son coexistentes; pero mirado desde el
momento en que hablamos, *hierve* es futuro. Por esto en las oraciones
condicionales el presente de indicativo sustituye al futuro, p. ej.:
Si mañana hace buen tiempo saldré, donde *hace* designa acción venidera. La sustitución es obligatoria en la prótasis y potestativa en la
apódosis; así la oración anterior podría decirse *Si mañana hace buen
tiempo salgo,* sin que variase el sentido. En cambio no podemos decir
en la prótasis *Si hará buen tiempo.* La imposibilidad del futuro en la
prótasis es un resto del sentido obligativo que tuvo en su origen.

122. Pretérito perfecto absoluto[40]. En el capítulo anterior (**119**)
se ha explicado que nos servimos de este tiempo para las acciones

---

40 Sobre los pretéritos de indicativo se han publicado en los últimos años varias
monografías notables, que aportan nuevos datos, o amplían y discuten algunos puntos
de vista de nuestro libro: M. CRIADO DEL VAL, *Sintaxis del verbo español moderno.
Tiempos pasados de indicativo.* Madrid, 1948; E. ALARCOS LLORACH, *Perfecto simple
y perfecto compuesto en español (Rev. de Filología Española,* XXXI, 1947, págs. 108-
139); A. BADÍA MARGARIT, *Ensayo de una Sintaxis histórica de los tiempos. I. El pretérito imperfecto de indicativo (Boletín de la Real Academia Española,* XXVIII, 1948,
y XXIX, 1949).

pasadas independientes de cualquier otra acción. Es la forma absoluta del pasado. Con verbos perfectivos expresa la anterioridad de
toda la acción; con los imperfectivos, la anterioridad de la perfección. Si decimos, por ejemplo, *la moza abrió la ventana*, toda la acción
de abrir la ventana es anterior al presente; pero en *ayer supe la
noticia* nos referimos al momento en que mi saber llegó a ser completo
o perfecto, lo cual no se opone a que ahora y después siga sabiéndola.
De aquí el sentido perfectivo y «puntual», como dice LENZ, que
corresponde a este tiempo, como representante del aoristo indoeuropeo.

Este significado «puntual» que se refiere a la perfección del
acto, puede centrar totalmente la atención del que habla y dar lugar
a expresiones en las que se olvida su condición de pretérito. Cuando
en un viaje el tren va acercándose a la estación en que vamos a apear-
nos, podemos decir *¡Ya llegué!*, en una especie de anticipación mental.
Así se explica la frase chilena *Me fui,* pronunciada antes de irse,
para denotar la inminencia de la acción, anunciando la *perfección*
de la resolución tomada sin atender al *tiempo* en que se produce.
BELLO (§ 716) comenta un texto de SAMANIEGO en el cual una codor-
niz, que ha caído presa en el lazo de un cazador, lamenta la pérdida
de su libertad, y añade:

> "*Perdí mi nido amado
> perdí en él mis delicias;
> al fin perdílo todo
> pues que perdí la vida.*"

El último *perdí* — dice — se extiende a significar, no ya una
pérdida que ha sucedido, sino una que va a suceder, pero inminente,
inevitable.

El mismo gramático (§ 692) atribuye al pretérito absoluto la
propiedad de sugerir una idea de negación, relativa al presente. Decir
que una cosa *fue* es insinuar que no *es;* y cita a este respecto el siguiente ejemplo de CALDERÓN:

> "*Yo, señora, una hija bella
> tuve... ¡qué bien* tuve *he dicho!
> que aunque vive no la tengo,
> pues sin morir la he perdido.*"

Lenz (§ 294) se adhiere a esta opinión de Bello, pero limita este sentido de negación implícita al pretérito absoluto de los verbos imperfectivos. Ambos autores aducen ejemplos latinos como antecedentes de la significación que comentamos. Por nuestra parte estimamos que no se trata más que de un recurso estilístico basado en el contraste del pasado con el presente, y que el mismo efecto se obtiene en español con cualquier otro pretérito. *Creí que el accidente no tenía importancia* viene a decir «ya no lo creo»; pero el mismo contraste ofrecerían *he creído* y *creía*. *Supe latín, tuve una hija,* pueden equivaler a «ya no lo sé», «ya no la tengo», ni más ni menos que *he sabido latín, tenía una hija.* Nótese que el perfecto latino tiene los valores que corresponden a tres pretéritos castellanos, y que con todos ellos, y además con el imperfecto, puede lograrse la contraposición del pasado con el presente. Con el verbo *ser,* frases como *aquí fue, un tiempo fue,* son calcos literarios basados en frases latinas como *Fuit Ilium,* de sentido negativo por contraste con el presente; pero fuera de estas frases y tratándose de otros verbos, el español no demuestra preferencia por el pretérito absoluto para contraponer el pasado al presente.

123. Pretérito perfecto actual. Significaba en su origen el resultado presente de una acción pasada. *El pastor ha reunido el rebaño* expresaba la idea que hoy significaríamos con *El pastor tiene reunido el rebaño,* como resultado de la acción de reunirlo. *He guardado mucho dinero; Has escrito varias comedias,* equivalían a las expresiones modernas *Tengo guardado mucho dinero; Tienes escritas varias comedias.* Nació este empleo en la época prerrománica, a causa del significado del verbo *haber* equivalente a *poseer* o *tener,* y quedan ejemplos de él en los textos castellanos primitivos: *desfechos nos ha el Cid* (Cid, 1433) con el participio concertado con el complemento. A medida que se fue afirmando el carácter auxiliar de *haber* y se inmovilizó el participio en su forma neutra del singular (*tal batalla avemos arrancado:* Cid, 793), quedó la perífrasis convertida en un tiempo pasado que se halla en relación con el presente.

En español moderno significa la acción pasada y perfecta que guarda relación con el momento presente. Esta relación puede ser real, o simplemente pensada o percibida por el que habla. Por esto nos servimos de este tiempo para expresar el pasado inmediato (*he dicho* = acabo de decir) u ocurrido en un lapso de tiempo que no ha terminado todavía, p. ej.: *esta mañana me he levantado a las ocho; este año ha habido buena cosecha; durante el siglo presente se han escrito infinidad de novelas.* Es el *antepresente* de BELLO. Lo empleamos también para acciones alejadas del presente, cuyas consecuencias duran todavía: *la industria ha prosperado mucho* frente a *la industria prosperó mucho.* Entre *Fulano estuvo en París* y *Fulano ha estado en París* existe la diferencia de que en la primera oración enunciamos la estancia en París como un dato desprovisto de interés actual, mientras que en la segunda establecemos conexión con algo presente.

A veces la relación es afectiva: *Mi padre ha muerto hace tres años* repercute sentimentalmente en el momento en que hablamos; *Mi padre murió hace tres años* no es más que una noticia desprovista de emotividad. Por esto se ha dicho con razón que *canté* es la forma objetiva del pasado, en tanto que *he cantado* es su forma subjetiva.

Según todo lo que antecede, existen numerosos puntos de contacto entre los dos pretéritos cuyo empleo acabamos de reseñar. Sus diferencias son a veces matices estilísticos que no todos los que hablan el mismo idioma pueden captar en su fina expresividad. Por esta causa se han producido en las lenguas romances modernas, competencias entre los dos pretéritos, que determinan el predominio de uno u otro. En francés, por ejemplo, no se dice fuera de los libros *il parla,* sino *il a parlé.* El español moderno mantiene bien las diferencias que hemos expuesto, tanto en la lengua hablada como en la literaria. Sin embargo, algunas regiones, como Galicia y Asturias, muestran una marcada preferencia por el perfecto absoluto a expensas del perfecto actual. Frases como *Esta mañana fui al mercado* y *traje mucha fruta* se oyen a menudo en ambas regiones, contra el uso general español que en este caso diría *he ido* y *he traído,* por sentirse la proximidad temporal con el presente.

124. Imperfecto. La acción pasada que expresamos en pretérito imperfecto nos interesa sólo en su duración, y no en su principio
ni en su término. Si digo *llovía sin parar,* no me importa cuándo
comenzó la lluvia, ni que haya dejado o no de llover. En cambio
llovió y *ha llovido* son hechos acabados.

Por esta causa el imperfecto da a la acción verbal un aspecto
de mayor duración que los demás pretéritos, especialmente con verbos
imperfectivos, cuya imperfección refuerza. Compárese la diferencia
entre *lo quería mucho* y *lo quiso mucho.* Se emplea en narraciones
y descripciones como un pasado de gran amplitud, dentro del cual
se sitúan otras acciones pasadas: *Era la primavera, la tierra se
rejuvenecía...* De aquí su valor de *copretérito* o *pretérito coexistente,*
es decir, como presente del pasado, por ejemplo: *cuando entraste
llovía* (la acción de *llover* era presente cuando *entraste*); *les he saludado cuando iba a la escuela; mientras unos lloraban otros reían.*

Como se trata de un tiempo relativo, la limitación temporal
que pueden señalar otros verbos o expresiones temporales que le
acompañen llega a veces a anular su carácter imperfecto. Así se
explica que, en estas circunstancias, la lengua literaria lo use a
veces como un pretérito cualquiera, p. ej.: *Al amanecer salió el ejér-
cito, atravesó la montaña, y poco después establecía contacto con el
enemigo.* La relación con *poco después* neutraliza el valor imperfecto
de *establecía.* También cabría decir *salía,* y *atravesaba* por las mismas razones.

Con acciones perfectivas, el hecho de enunciarlas en pretérito
imperfecto significa que son repetidas, reiteradas, habituales; por
ejemplo: *saltaba los obstáculos con facilidad; escribía por la mañana; contestaba sin reflexionar.* Si en estos ejemplos sustituimos el
imperfecto por otro pretérito *(saltó, ha saltado; escribió, ha escrito;
contestó, ha contestado),* se entendería que la acción se produjo una
sola vez.

De tal manera se sobrepone el *aspecto* a la significación temporal, que a veces se emplea el imperfecto para acciones que no se han
producido todavía. Es el llamado imperfecto *de conatu,* por referirse
a hechos iniciados y no consumados, p. ej.: *Salía cuando llegó una*

visita; la salida no había comenzado, era una disposición o intención; *Le dio un dolor tan fuerte que se moría; hoy está mejor.* Si empleásemos en estos ejemplos otro pretérito *(salí, he salido; murió, ha muerto),* las acciones respectivas habrían acabado. El aspecto de acción verbal inacabada explica también que se use este tiempo en lugar del presente, en el llamado imperfecto *de cortesía.* Expresiones como *¿Qué deseaba usted?; Quería pedirle un favor; Me proponía hablar contigo,* se sienten como más amables que con el verbo en presente: *¿Qué desea usted?; Quiero pedirle un favor; Me propongo hablar contigo.* Sin embargo, el sentido temporal es presente en uno y otro caso. Enunciamos modestamente nuestra pregunta o nuestro deseo en imperfecto, como algo iniciado cuya consumación o perfección hacemos depender de la voluntad de la persona a quien nos dirigimos.

En las oraciones condicionales, se emplea con significado futuro sustituyendo a la forma *-ría* en la apódosis, y aun a las formas *-ra* y *-se* en la prótasis: *Si tuviera dinero compraba esta casa; Si tenía dinero compraría (o compraba) esta casa.* Este uso es raro en la lengua literaria, pero frecuente en la conversación: «*Se perdía bien poca cosa si se muriera. Es un solterón egoísta, que ha vivido siempre de chupar la sangre de los pobres*» (S. y J. ALV. QUINTERO, *Doña Clarines);* «*Si esto fuera así, resultaba que los tontos no lo eran tanto como parecen, pues supieron inventar eso*» (UNAMUNO, *Ensayos,* t. V). La sustitución de *-ría* por el imperfecto, y por consiguiente el empleo de éste como futuro relativo, es también posible fuera de las oraciones condicionales, p. ej.: — *Las señoras de Guadalema ¿son todas como Doña Clarines? — ¡Qué disparate! Lo que quisieran las señoras de Guadalema era saberla descalzar* (A. QUINTERO, *Doña Clarines); Otro Santo Oficio es lo que hacía falta para limpiar el país de esa contaminación* (VALLE INCLÁN, *Viva mi dueño,* lib. VIII).

125. Antepretérito. Es un tiempo relativo que expresa una acción pasada anterior a otra también pasada: *Apenas hubo terminado se levantó; Cuando hubieron comido emprendieron el viaje.* Los dos pretéritos se suceden inmediatamente, a diferencia del carácter mediato de la anterioridad expresada por el pluscuamperfecto. Es rarísimo en nuestros días el uso de este tiempo fuera del lenguaje literario. Además va siempre acompañado de algún adverbio de tiempo: *apenas, luego que, en cuanto, en seguida que, no bien, después que,* etc.

Opina BELLO con razón (§ 642) que en *luego que amaneció salí,* la sucesión inmediata la expresa el adverbio, y por consiguiente es un pleonasmo decir *luego que hubo amanecido salí,* puesto que nada añade al antepretérito. Cree en cambio que no hay pleonasmo en decir *cuando hubo amanecido salí,* porque *cuando* no significa sucesión inmediata. En el uso del idioma la diferencia entre *cuando amaneció salí* y *cuando hubo amanecido salí* es tan poco perceptible en lo que se refiere a lo inmediato de las dos acciones, que podemos decir que con cualquiera de los adverbios enumerados se consigue el mismo efecto. Esto explica el desuso progresivo del antepretérito en español, puesto que con otro pretérito perfecto (y especialmente con el pluscuamperfecto) acompañado del adverbio de tiempo, se expresa la inmediata anterioridad sin necesidad de usar para ello un tiempo especial del verbo.

En la época preliteraria tenía significación de pretérito perfecto, y de ello encontramos ejemplos en castellano medieval: *yo vos daría buen cavallo e buenas armas et una espada a que dicen Joyosa, que me ovo dado en donas aquel Bramant* (CRÓN. GENERAL, 321 a, l. 34) [41]. BELLO (§ 644) estima que en determinadas circunstancias el antepretérito daría fuerza particular al verbo, en sustitución del pretérito absoluto; pero de hecho no se usa en español moderno más que con el significado que acabamos de exponer.

126. Pluscuamperfecto. La anterioridad con respecto a un hecho pasado se expresa generalmente por el pluscuamperfecto. Entre los dos pretéritos puede haber transcurrido mucho tiempo, por ejemplo: *Vieron los edificios que habían construido en aquel barrio;* «*Dos noches atrás había sido robado un gallinero. Ayer mismo se*

---

[41] Edición de Menéndez Pidal. También R. J. Cuervo cita otro ejemplo medieval del uso del antepretérito sin adverbios de tiempo (nota 93 a la *Gram.* de Bello). Véanse ejemplos y bibliografía sobre esta evolución en Hanssen (§ 582).

contaba que dos hombres habían intentado atacar a un pastor para robarle una oveja» (César M. Arconada, *Reparto de tierras,* pág. 52). La anterioridad mediata puede convertirse en inmediata añadiendo alguno de los adverbios mencionados en el párrafo anterior. *Luego que había salido el sol partieron; Todos los días, en cuanto había terminado su trabajo, daba un paseo por la alameda.* En el primer ejemplo podría sustituirse *había salido* por *hubo salido;* en el segundo, no podríamos usar el antepretérito porque se trata de una acción reiterada. La mayor amplitud del pluscuamperfecto, unida a su posibilidad de significar la anterioridad inmediata con la añadidura de un adverbio de tiempo adecuado, ha hecho retroceder el uso del antepretérito, según hemos dicho más arriba.

Dentro de la relatividad de las expresiones temporales que conviven en una misma oración o período, el pluscuamperfecto puede adquirir significado de antefuturo: *«Le mandó que le aguardase tres días, y que si al cabo de ellos no hubiese vuelto, tuviese por cierto que Dios había sido servido de que en aquella peligrosa aventura se acabase su vida»* (v. Bello, § 675). *Había sido servido* es futuro en relación con *mandó que le aguardase,* pero anterior al futuro *tuviese por cierto.*

El pluscuamperfecto latino *(amaveram)* se ha convertido en el imperfecto de subjuntivo *amara;* pero durante largo tiempo *amara* conserva en español su sentido originario de pluscuamperfecto de indicativo, en competencia con la perífrasis romance *había amado.* En el capítulo siguiente expondremos esta evolución, a propósito de la forma en *-ra.*

127. Futuro absoluto. Significa la acción venidera independientemente de cualquier otra acción. Se formó por aglutinación del infinitivo con el presente del verbo *haber: cantar he = cantaré, cantar has = cantarás,* etc. En la Edad Media se escribían a menudo separados los dos componentes, y podían llevar pronombres interpolados: *encontrar te he = te encontraré, mirar lo has = lo mirarás.* Era por lo tanto una perífrasis verbal, una forma compuesta del verbo, que expresaba en su origen la obligación presente de realizar

10

un acto. Compárese el moderno *he de estudiar* (cap. VIII con *estudiar he*). Del significado obligativo se pasó a la designación del simple acto futuro.

Puede considerarse como un resto del sentido obligativo el llamado *futuro de mandato*, muy frecuente en 2.ª persona en sustitución del imperativo: *Saldréis a la calle y le diréis que le espero; Me traerás el pañuelo* (en vez de *salid, decidle, tráeme*). Se usa especialmente para indicar prohibición: *No matarás;* y con ello se da mayor realce a la voluntad que formula el mandato expresando seguridad en su cumplimiento futuro.

Con el *futuro de probabilidad* expresamos suposición, conjetura o vacilación: *estará en su casa* (supongo que está); *tendrá 20 años* (aproximadamente, probablemente los tiene). De aquí proviene el sentido concesivo que le damos cuando queremos replicar amablemente a nuestro interlocutor: *—Fulano es un sabio. — Lo será; sin embargo, se ha equivocado algunas veces; «Luego, con timidez, añade que Grano de Pimienta no es mal hijo. Andará extraviado en sus ideas; hará más tonterías que los otros muchachos, será atrevido y atolondrado fuera de casa. Pero en familia es afectuoso, dócil y diligente»* (PÉREZ DE AYALA, *El ombligo del mundo,* cap. 2).

En oraciones interrogativas y exclamativas se presenta a menudo como *futuro de sorpresa.* No indicamos con él una acción venidera, sino que damos expresión al asombro, sorpresa o inquietud ante un hecho conocido: *¿Se atreverá Ud. a negarlo?* (después de que el otro lo ha negado ya); *¿Será posible lo que me cuentas?; ¡Qué desvergonzado será ese sujeto!*

En la prótasis de las oraciones condicionales no puede emplearse el futuro absoluto. No podemos decir, por ejemplo, *Si serás bueno te llevaré al cine,* sino el presente *si eres; Si vendrás te esperaré,* sino *si vienes.* En las expresiones temporales se le sustituye generalmente por el presente de subjuntivo: *Cuando llegue el tren,* y no *cuando llegará; en cuanto salgas,* y no *en cuanto saldrás.* Esta última sustitución es muy general, como hemos dicho, pero no tan obligada como la de las condicionales: abundan ejemplos de empleo del futuro en textos medievales y clásicos («*Cuando los gallos cantarán»*, CID), y aun hoy, en algunas regiones, sobre todo en el lenguaje vulgar, se oyen expresiones como ésta: «*Horacio tomó el potrillo de la oreja, le dio unos samarreones. —Cuando querrá, h' ermano»* (GÜIRALDES, *Don Segundo Sombra*, VIII). La incertidumbre que más o menos envuelve a toda acción que, además de venidera es hipotética (condicionales) o eventual (temporales), entra en conflicto con la seguridad expresada por el futuro absoluto y determina su sustitución.

128. Antefuturo. Expresa la acción venidera anterior a otra también venidera: *Cuando lleguéis habremos cenado* (la acción de *cenar* es anterior a vuestra llegada). Es un tiempo perfecto y relativo, que guarda con el futuro absoluto la misma relación que guarda *he cantado* con *canté* en la serie de los pretéritos.

El *antefuturo de probabilidad* indica la acción dudosa o supuesta en el pasado, a diferencia del futuro simple que expresa la probabilidad en el presente: *Habrán dado las 10* (supongo que han dado); *No habré sabido explicarme* (es probable que no haya sabido); *Mucho habrán discutido* (supongo que han discutido). Como se ve por estos ejemplos, el antefuturo se convierte en antepresente.

El mismo desplazamiento hacia el pasado tiene lugar en el *antefuturo de sorpresa,* con el cual manifestamos maravilla o asombro ante un hecho pasado: *¿Habráse visto cosa igual? ¡Si habré tenido paciencia!*

129. Futuro hipotético. Se formó este tiempo por aglutinación del infinitivo con el imperfecto de indicativo contracto del auxiliar *haber: cantar + había; cantar hía, cantaría; cantar + habías, cantar hías, cantarías,* etc. Como hemos visto al tratar del futuro absoluto, era frecuente en la Edad Media escribir separados los dos elementos componentes y admtiir pronombres interpolados: *matar me ían = me matarían; fallar lo ías = lo hallarías.* Como consecuencia de esta formación, significaba en su origen la obligación en el pasado, de igual manera que *amar has* significaba la obligación presente. *Contar hía* era equivalente de nuestro moderno *había de contar.*

La acción es futura en relación con el pasado que le sirve de punto de partida: *Aseguraban que volvería; Me dijiste que escribirías. Volvería* y *escribirías* eran actos futuros cuando *aseguraban* y *dijiste*, respectivamente. Es el futuro del pasado. Como es un tiempo imperfecto, queda indeterminado el término de la acción, la cual, medida desde el momento en que hablamos puede ser pasada, presente o futura. Por ejemplo: en *Dijo que vendría*, el acto de venir es futuro desde el pasado *dijo*, que es su relación constante. Pero si lo miramos desde el presente, puede ocurrir que *dijo que vendría* y vino, cumplió su palabra (pasado); o *dijo que vendría* y viene en efecto (presente); o *dijo que vendría* y le esperamos (futuro). Por esta causa la relación con el presente es indeterminada y variable, en tanto que su relación con el pretérito es fija. De ahí que no haya contradicción en llamarle *futuro*, aunque visto desde el presente pueda significar acciones anteriores, posteriores o coincidentes.

Pertenece al modo indicativo, y no al subjuntivo como creía la Gramática tradicional, engañada por algunas equivalencias entre las formas *-ría* y *-ra*. Para convencerse de ello basta sustituir *dijo*, en la oración *dijo que vendría*, por cualquier verbo que exprese duda, posibilidad, necesidad o deseo, e inmediatamente tendremos que decir *viniese* o *viniera* en vez de *vendría*, p. ej.: *Era posible que viniese; mandó que viniese; me alegraré de que viniese*, etc. (v. BELLO, § 654). Si es inadmisible la inclusión de *cantaría* en el modo subjuntivo, lo es más todavía el *modo potencial* de la ACADEMIA, como veremos luego.

Corresponde también a este tiempo la expresión de la *probabilidad* referida al pasado o al futuro: *serían las 10* (probablemente eran); *tendría entonces cincuenta años* (aproximadamente los tenía); *me gustaría verle otra vez* (probabilidad o posibilidad futura); *sería sorprendente que mañana se presentase en casa* (íd. íd.) Con el futuro absoluto significamos la probabilidad presente *(serán las seis)*; con el antefuturo, la posibilidad pasada perfecta *(habrán dado las seis)*; con el futuro hipotético se expresa la posibilidad imperfecta, pasada o futura, según acabamos de ver. Como en el futuro absoluto, de aquí deriva el sentido concesivo de que nos servimos para rechazar amablemente un juicio sobre el pasado, por ejemplo: *Era un hombre muy rico.* — *Lo sería, aunque no daba muestras de ello. Sería fea, pero tenía una simpatía extraordinaria.* El pretérito imperfecto *había,* que entró en la composición del tiempo que estudiamos, le ha transmitido su carácter imperfectivo, y con él la indeterminación temporal que le hace apto para expresar las más variadas relaciones.

También procede del imperfecto originario el empleo del futuro hipotético *de cortesía* o *de modestia.* De igual manera que *deseaba hablar con Ud., quería pedirte un favor* (imperfectivo de cortesía), se sienten como más amables que los presentes *deseo* y *quiero,* los futuros hipotéticos *desearía, querría,* refuerzan la modestia de la expresión, y hacen más patente aún nuestra sumisión a la voluntad del interlocutor. Con los verbos *deber* y *poder* se hace muy visible el eufemismo y a veces la ironía: *Deberías trabajar* (por *debes*); *Juan podría ser más discreto* (por *puede*). Nótese que frecuentemente se le sustituye por el pretérito imperfecto de indicativo, sin que cambie para nada la relación temporal: *Debías trabajar; Juan podía ser más discreto.* Los verbos *querer, deber* y *poder* admiten también con este significado el pretérito imperfecto de subjuntivo en *-ra: quisiera pedirte un favor; debieras trabajar; Juan pudiera ser más discreto.* Esta es la primera equivalencia que notamos entre las formas *-ra* y *-ría,* perfectamente explicable a causa del carácter dubitativo que deliberadamente damos a tales oraciones. La mayor o menor intención dubitativa regula la preferencia por el indicativo o por el subjuntivo, puesto que se trata de un subjuntivo potencial en oraciones independientes, ni más ni menos que los estudiados en el capítulo X. Del mismo modo que cabe decir con el presente *acaso debes trabajar* y *acaso debas trabajar,* podemos también valernos del indicativo o del subjuntivo, según la menor o mayor intensidad de la duda que aparentamos, diciendo: *acaso debías* o *deberías* o *debieras trabajar;* y eliminando el adverbio de duda innecesario, decimos: *debías, deberías, debieras trabajar.* Con la forma plenamente subjuntiva *debieses,* tendríamos que emplear un adverbio de duda. Por esto *debieras* se halla aquí en una zona

indeterminada entre el subjuntivo y el indicativo, del cual históricamente procede [42].

Son también equivalentes las formas -ra y -ría en la apódosis
de las oraciones condicionales: v. gr.: *Si quisieran* (o *quisiesen*)
escucharme, les diría (o *dijera*) *la verdad de lo ocurrido*. En la lengua moderna, la forma en -ra en la apódosis se siente como afectada; raras veces se emplea fuera del estilo literario. En la conversación parecería hoy pedante decir: *Si tuviese* o *tuviera dinero
comprara esta casa;* lo usual es *compraría*. En los clásicos, el uso de
-ra o -ría parece indiferente. En el País Vasco y en algunas comarcas limítrofes de las provincias de Burgos y Santander, el habla
vulgar emplea -ría en la prótasis, p. ej.: *Si llovería estaríamos contentos; Si trabajarías no engordarías tanto*. Este uso tiende a propagarse, en la misma zona, a las oraciones subordinadas claramente
subjuntivas; p. ej.: *Usted me mandó que le avisaría* en vez de *avi-
sara* o *avisase*. No hay que entretenerse en la crítica de esta práctica
local, que no cabe en la lengua literaria, pero conviene mencionarla
para hacer ver por dónde son franqueables los límites que separan
el indicativo del subjuntivo.

La equivalencia de -ra y -ría en la apódosis se explica fácilmente, si se tiene en cuenta que -ra es en ella indicativo, supervivi-
cia del modo a que históricamente perteneció, como lo prueba el
hecho de no poderse sustituir como en la prótasis, por la forma -se,

42 La Academia Española registra en su *Gramática* (§ 385 *b*) la equivalencia del
futuro hipotético y el imperfecto de subjuntivo en oraciones subordinadas a verbos de
entendimiento que se hallen en tiempo pasado y lleven negación; v. gr.: *no creyó
(no juzgó, no imaginaba, no había pensado) que le pediría (pidiera o pidiese) alguna
fianza*. No hay motivo para considerar a estas oraciones como caso especial, porque los
verbos de entendimiento al llevar negación se convierten en verbos de desconocimiento,
ignorancia o duda; y ya hemos visto en el cap. X que el uso del subjuntivo potencial
subordinado a verbos de esta clase, está regulado por el matiz dubitativo mayor o menor
que se intenta expresar. Decíamos allí que en casos de negación débil o duda atenuada
se usa el indicativo o el subjuntivo según la intención dominante del que habla. Lo
mismo ocurre con el verbo *ignorar, desconocer* u otros de sentido negativo: *Hasta ayer
ignoré que tu padre volvería* (o *volviera, volviese*).

También el verbo *temer* y sus equivalentes pueden llevar el verbo subordinado en
-ría: *Temí que volvería; tuvimos miedo de que entrarían sin resistencia*. No por esto
hay que pensar que *volvería* y *entrarían* son subjuntivos. Se trata aquí de una supervivencia del sentido obligativo originario de estas formas. *Volvería* equivale a *había de
volver; entrarían* a *habían de entrar*.

históricamente subjuntiva. No podemos decir *Si estudiases* (o *estudiaras*) *se alegrase tu padre*, sino *se alegrara* o *alegraría*. A medida que -*ra* ha ido afianzando en la evolución del idioma su nuevo valor subjuntivo en las oraciones subordinadas, y alejándose del indicativo originario, se hace cada vez más raro su empleo en la apódosis, como hemos visto que ocurre en nuestros días en la lengua hablada corriente, de donde ha sido prácticamnte eliminado y sustituido por -*ría*, aunque la presión de la enseñanza gramatical y de la lengua clásica procuren mantenerla.

130. Con lo que llevamos dicho, huelga casi insistir en que consideramos al futuro hipotético como un tiempo del modo indicativo. Pero conviene examinar más detenidamente la cuestión, porque se presta a confusiones. La ACADEMIA ESPAÑOLA, hasta el año 1917, incluía a *cantaría* en el imperfecto de subjuntivo, sobrestimando tradicionalmente los casos, no muy numerosos, en que *cantara* y *cantaría* pueden sustituirse entre sí. Claro es que partía del supuesto de que *cantara* era siempre subjuntivo. Cuando en dicho año publicó su Gramática reformada, tuvo en cuenta, sin duda, las razones concluyentes que BELLO había dado en favor del indicativo, a las cuales se habían adherido numerosos gramáticos. Pero pareciéndole que, a pesar de ellas, subsistían los casos de equivalencia entre -*ra* y -*ría*, no se atrevió a romper con la tradición decidiéndose claramente por el indicativo, ni a mantenerla íntegramente. Tuvo entonces la idea de establecer un nuevo modo, el *modo potencial*, y desde entonces las ediciones de la Gramática académica, y a imitación suya muchas gramáticas destinadas a la enseñanza, dan a *cantaría* el nombre de *potencial simple* y a *habría cantado* el de *potencial compuesto*.

Si no se tratase más que de una cuestión de nomenclatura, podríamos aceptar fácilmente estas denominaciones, u otras cualesquiera, puesto que ya hemos dicho en el capítulo anterior que no puede haber para las formas verbales nombres que expresen sin residuo todas sus significaciones, pero la innovación académica toca al concepto mismo de la categoría gramatical de modo, y por ello, no puede ser aceptada por la Gramática científica. Dice la ACADE-

MIA (§ 285) que el modo potencial indica el hecho «no como real, sino como posible; v. gr.: *yo leería, vosotros escucharíais*», mientras que el subjuntivo «lo expresa como un deseo, o como dependiente y subordinado a otro hecho indicado por uno cualquiera de los otros tres modos...» El juicio problemático, es decir, el hecho considerado como posible (duda o posibilidad) se expresa, como hemos visto, en subjuntivo; si separamos la posibilidad objetiva de la duda, quebrantamos el concepto del subjuntivo tanto en latín como en español, y además cometemos un error, puesto que la primera se expresa también en subjuntivo: *es posible que nos veamos.*

De las definiciones confusas que hemos transcrito quizás pueda inferirse que la ACADEMIA se ha querido referir tan sólo a la forma en *-ría* de las oraciones independientes; pero también en ellas se usa el subjuntivo (dubitativas con adverbios: *quizás, acaso, tal vez,* etcétera) junto con el indicativo. La ACADEMIA olvidó en este caso que *-ría* es un tiempo relativo, indirectamente medido, como otros muchos tiempos del indicativo y del subjuntivo, y que, por consiguiente, no puede darse más que en conexión gramatical o mental con un punto de apoyo desde el cual se mide. Ahora bien: este punto de apoyo sitúa la acción de *cantaría* en su futuro, o establece una condición para su cumplimiento; y ya es sabido que tanto las acciones venideras como las condicionales, son de realización problemática. De aquí que el carácter de posibilidad no sea debido a un *modo* especial, sino al *tiempo* relativo de que estamos tratando.

Acaso debamos interpretar que la ACADEMIA se ha referido únicamente a los casos en que por modestia o por eufemismo la forma en *-ría* se usa como independiente y desprovista de su valor temporal *(el mueble podría ser mejor; querría hablar con Ud.)*; pero en ellos hemos indicado ya su carácter indicativo. Quizás nuestras palabras parezcan un poco oscuras a nuestros lectores, pero es que tratamos de impugnar con ellas un concepto del modo potencial que la ACADEMIA no ha llegado a definir con claridad, y por ello nos vemos obligados a interpretarlo. Si el hecho expresado por *cantaría* no es real sino posible, como dice la ACADEMIA, estamos en el caso del *modus irrealis.* Si por el contrario, el hecho está pensado

como real, aunque con realidad futura o condicionada y, por consiguiente, siempre hipotética, *cantaría* habrá de pertenecer al modo
indicativo. Para nosotros no hay duda en lo segundo, como hemos
tratado de hacer ver en este capítulo. Pero una u otra solución sería
mejor que ese incomprensible modo potencial.

Después del examen que acabamos de hacer, llegamos a la conclusión de que no existen, en nuestra opinión, diferencias modales
que justifiquen la separación de *cantaría* y *habría cantado* de los
demás tiempos del indicativo.

131. Antefuturo hipotético. Expresa una acción futura en relación con un momento pasado, si bien aquélla es anterior a otra
acción. Por ejemplo: *nos prometieron que cuando volviésemos habrían estudiado*. La acción expresada por *habrían estudiado* es futura
en relación con *prometieron*; pero es anterior a *volviésemos*. Es un
tiempo perfecto relativo.

Expresa, como la forma simple, posibilidad o suposición:
Habrían dado las diez (supongo que habían dado). Cabe también
darle el valor concesivo que tiene la forma simple para objetar amablemente a nuestro interlocutor u oponerle alguna discrepancia parcial, p. ej.: *Enrico habría tenido una vida borrascosa, habría cometido innumerables delitos, pero conservó siempre inalterable su fe*
(es decir, concedo que *había tenido*... y que *había cometido*).

También le es propio el matiz de modestia o cortesía, con la
particularidad de que puede sustituírsele por el pluscuamperfecto de
subjuntivo, tanto en la forma *-ra* como en la forma *-se*. *Habría (hubiera, hubiese) querido hablar con usted un momento; La habitación habría (hubiera, hubiese) podido ser más cómoda*. Los gramáticos cen-
suran el empleo de *hubiese*, pero de hecho se usa, a diferencia de lo
que ocurre con la forma simple, donde no cabe decir *Juan pudiese
ser más discreto*, sino precisamente *podría* o *pudiera*.

En las oraciones condicionales se emplea en la apódosis, pero
nunca en la prótasis. *Si hubieras* (o *hubieses*) *llegado a tiempo te
habríamos* (o *hubiéramos*) *invitado a comer con nosotros*. BELLO
(§ 721) considera incorrecto el empleo de *hubiésemos invitado* en la
apódosis, muy frecuente en algunos países sudamericanos. También

en España ocurre a menudo esta sustitución, que no sería posible con la forma simple [43]. Mientras se oye sin extrañeza *si hubieses querido te hubiesen pagado en el acto*, chocaría inmediatamente con el uso decir *si quisieses, te pagasen en el acto*; hay que decir *te pagaran*, y más corrientemente *te pagarían*. En las Provincias Vascongadas y algunas comarcas vecinas, el pueblo usa el antefuturo hipotético en la prótasis: *Si habríais trabajado como yo, no habríais sido tan pobres.*

Tanto en las oraciones condicionales como en las expresiones de modestia y cortesía, los límites entre el indicativo y el subjuntivo son más confusos en el antefuturo hipotético que en el futuro hipotético, sobre todo en la lengua hablada.

---

[43] La Academia Española (§ 300) califica de lamentable esta confusión. Cuervo (nota 99) la explica como resultado del paralelismo entre los dos miembros de la oración condicional. Del mismo modo que la forma en -*ra*, propia en un principio de la apódosis, pasó a la prótasis, en el caso presente la forma en -*se* se traslada, por la misma causa, de la prótasis, a la apódosis.

CAPÍTULO XIII

TIEMPOS DEL SUBJUNTIVO

132. El carácter de irrealidad que corresponde a las acciones verbales expresadas en subjuntivo, hace que las relaciones temporales de los distintos «tiempos», o formas, sean mucho menos claras que en el indicativo. Por otra parte, a nueve tiempos del indicativo corresponden prácticamente cuatro en el subjuntivo, puesto que han caído en desuso los dos futuros. Así resulta que a cada uno de los tiempos del indicativo corresponden por lo menos dos del subjuntivo. Por ejemplo: *no creo que llegue* es la expresión dubitativa de las oraciones *creo que llega* (presente) y *creo que llegará* (futuro). Esta reducción de formas subjuntivas ha dado lugar a que la *concordantia temporum*, que a veces era ya en latín más teórica que efectiva, se observe en español con muy poco rigor. La regla de la *concordantia temporum* dice que si el verbo principal está en pasado, el subordinado debe estar siempre en pasado: *le mandaron que estudiase*. Pero se dice igualmente *le mandaron que estudie*, refiriendo el acto de *estudiar* al presente o al futuro. Volveremos sobre este tema en el capítulo XX.

Todos los tiempos del subjuntivo son relativos, y si esa relatividad podía multiplicar las significaciones temporales del indicativo, en el subjuntivo la complicación habrá de ser mucho mayor, y hará

inseguras las relaciones de anterioridad, posterioridad y coexistencia.
Por todos esos motivos la denominación de «tiempo» es, con frecuencia, inadecuada para explicar los usos y significado de las distintas
formas del modo subjuntivo. En cambio el carácter imperfecto de las
formas simples y el perfecto de las compuestas, se mantiene con todo
vigor. En el siguiente cuadro resumimos los significados más generales:

FORMA	ASPECTO	SIGNIFICADO TEMPORAL	EQUIVALENCIA CON EL INDICATIVO
cante	imperfecto ...	$\big\{$ presente	canto
		futuro	cantaré
cantara o cantase...	imperfecto ...	$\big\{$ pretérito	$\big\{$ cantaba / canté
		futuro	cantaría
haya cantado	perfecto	$\big\{$ pretérito	he cantado
		futuro	habré cantado
hubiera o hubiese cantado	perfecto	$\big\{$ pretérito	había cantado
		futuro	habría cantado

Hube cantado no tiene equivalencia en subjuntivo. De las formas
cantare y *hubiere cantado*, apenas usadas en la actualidad, trataremos
aparte.

133. Presente.   Dado el carácter irreal del subjuntivo y el necesariamente eventual de las representaciones temporales del futuro,
es natural que el presente y el futuro se confundan en una sola forma.
Cuando decimos *no creo que hablen,* lo mismo podemos referirnos a
que no creemos que la acción de hablar se esté produciendo ahora,
como a que no se producirá en tiempo venidero. *Me han rogado que
hable* puede decirlo un orador en el momento de pronunciar su
discurso, o antes de levantarse a pronunciarlo, como anunciando

un hecho futuro. Por tratarse de un tiempo relativo, la acción se mide desde el momento que anuncia el verbo principal *(me han rogado, me ruegan, me rogarán que hable)* y se dirige hacia el futuro; pero como se trata también de un tiempo imperfecto, no importa el momento presente o futuro en que se produzca la acción de *hablar.* Si ésta se produce en pasado, habría que decir *me han rogado que hablase* o *hablara.* El límite temporal de *hable,* frente a *hablara* o *hablase,* consiste en que el primero no puede ser pretérito.

Esta identificación del subjuntivo con el futuro ha sido también la causa de que en las oraciones temporales el presente de subjuntivo sustituya al futuro absoluto de indicativo, según hemos dicho en el lugar correspondiente del capítulo anterior: *cuando llegue el tren serán ya las once* (en vez de *cuando llegará*). También el futuro de probabilidad establece contacto entre ambos tiempos: *estará enfermo* equivale a *supongo que está enfermo* o *es probable que esté enfermo.*

134. Imperfecto. La significación moderna más general de las formas *cantara* y *cantase* podría definirse del modo siguiente: El imperfecto del subjuntivo expresa una acción pasada, presente o futura, cuyos límites temporales no nos interesan. Corresponde principalmente al pretérito perfecto absoluto, al pretérito imperfecto y al futuro hipotético de indicativo: En *Deseaba que me escribiese,* la acción de escribir parte del pasado *deseaba* y marcha hacia el futuro, sin que nos importe señalar el momento pasado, presente o futuro en que se realice el acto de escribir.

Su diferencia esencial con el presente de subjuntivo consiste en que éste expresa acción necesariamente presente o futura, pero no pretérita. En cambio la acción del imperfecto de subjuntivo puede realizarse en cualquier tiempo. Ejemplos:

Me alegré de que no hablara o *hablase* (pretérito).
Convendría que vinierais o *vinieseis* (futuro).
¡Ojalá llegaran o *llegasen!* (presente y futuro).
Le han rogado que hablara o *hablase* (pretérito, presente y futuro).

El significado temporal depende enteramente de su relación en la oración y de la intención del que habla. Cuando el tiempo expresado por el imperfecto coincide con el que en su lugar expresaría el presente, no hace más que aumentar el carácter problemático propio del subjuntivo. Entre *¡Ojalá lleguen!* (presente y futuro) y *¡Ojalá llegasen!* (presente y futuro) no hay más diferencia que la mayor incertidumbre de la segunda frase (v. § 40).

135. La forma en *-ra* y la forma en *-se* no siempre pueden sustituirse entre sí. La primera procede del pluscuamperfecto de indicativo latino *(amaveram)*; la segunda, del pluscuamperfecto de subjuntivo *(amavissem)*. Una y otra absorbieron además significados propios de otros tiempos del indicativo y del subjuntivo respectivamente. Al fundirse *amara* y *amase* en el imperfecto de subjuntivo, los significados de ambas formas han quedado identificados; pero *amara* ha conservado además algunos empleos procedentes del indicativo originario, en las cuales no se identifica con *amase*. Veamos ahora los pormenores de esta evolución que sean indispensables para comprender con claridad el uso moderno de las formas *-ra* y *-se* [44].

Amara como pluscuamperfecto de indicativo equivalente al moderno *había amado*, predomina en los textos literarios primitivos: *«Fizo enbiar por la tienda que dexara allá»* (CID, 624). A medida que va adquiriendo significación subjuntiva, es sustituido en indicativo por el pluscuamperfecto perifrástico *había + participio*, el cual, como tiempo compuesto hacía más visible el carácter perfectivo de la acción. Parece que el número de casos de subjuntivo se equilibra con los del indicativo en el siglo XIV. En el siglo XV, aunque con muchas vacilaciones, predomina en general el empleo subjuntivo. Como pluscuamperfecto va haciéndose menos frecuente, hasta que llega a ser prácticamente esporádico en el siglo XVII. Los escritores románticos, por imitación de los textos antiguos y especialmente del Romancero, restauran el uso primitivo en muchos casos, sin que por ello se debilite el uso subjuntivo fuertemente consolidado. Esta restauración

[44] Para el estudio completo de este problema desde el punto de vista histórico, véase L. O. WRIGHT, *The -Ra verb form in Spain*, University of California Press; Berkeley, California, 1932.

literaria, ajena a la lengua hablada, persiste más o menos hasta nuestros días, especialmente en escritores gallegos, cuya lengua regional conserva vivo, como el portugués, el sentido latino de *amaveram*.

Ya en latín se encuentran ejemplos de *amaveram* usado como un simple pretérito, no pluscuamperfecto, de indicativo. El romance hereda esta significación, la cual va creciendo a expensas de la de pluscuamperfecto, y contribuye a debilitar este valor y a hacer más necesaria la perífrasis *había amado* como antepretérito mediato. Al restaurarse en el siglo xix el antiguo pluscuamperfecto en *-ra*, toma a menudo el carácter descolorido de simple acción pasada; p. ej.: *el acuerdo que ayer se tomara en la reunión ha sido ratificado* (en vez de *tomó*). Se trata hoy de un mero artificio literario que algunos escritores emplean, ya por afectar arcaísmo, ya con el afán de distinguirse del lenguaje corriente. En el siglo xix y comienzos del actual se extendió mucho esta práctica, tanto en España como en América; hoy parece que tiende a disminuir.

Otro valor indicativo de la forma en *-ra* es su empleo en la apódosis de las oraciones condicionales, como equivalente del futuro hipotético *cantaría: Si tuviese buenos valedores conseguiría* (o *consiguiera*) *el cargo que solicito*. De la apódosis pasó a la prótasis, haciéndose equivalente de *-se: Si tuviera* (o *tuviese*) *buenos valedores,* etc. El uso literario y las gramáticas definen el empleo moderno de estas formas según la regla siguiente: *-Ra* equivale a *-se* en la prótasis de las oraciones condicionales. *-Ra* equivale a *-ría* en la apódosis. De hecho, sin embargo, *-ra* se usa cada vez menos en la apódosis, especialmente en el lenguaje corriente, a pesar de haberse iniciado en ella su uso en las oraciones condicionales. En estilo literario su frecuencia es mucho menor que en la época clásica. Frases como *Si fuera* o *fuese conveniente lo dijera* se sienten hoy como afectadas; lo más frecuente es *diría*. En cambio en los clásicos se usaba con preferencia a *-se: Aunque no hubiera cielo yo te amara | y aunque no hubiera infierno te temiera*.

En el capítulo anterior quedó explicado el valor indicativo de *-ra* equivalente a *-ría*, con significado potencial o de modestia.

Fuera de los casos que acabamos de mencionar, la identificación entre -*ra* y -*se* es completa; lo cual equivale a decir que ambas formas pueden sustituirse entre sí siempre que sean subjuntivas.

136.   Ahora bien: la forma en -*se* procede, como hemos dicho, del pluscuamperfecto de subjuntivo latino *amavissem*. Al pasar a ser imperfecto, sustituyó al imperfecto latino *amarem;* pero arrastró consigo reminiscencias de su primitivo significado pluscuamperfecto. Esto explica frases como *Si estuviese en mi mano ya lo hubiera hecho,* donde lógicamente esperaríamos *Si hubiese estado en mi mano,* etc., puesto que la prótasis es un pasado anterior al pasado de la apódosis, es decir, un pluscuamperfecto. BELLO (696) dice que en las condicionales es muy común en nuestros buenos autores emplear por las formas compuestas las simples, cuando se habla de cosa pasada en sentido de negación implícita, y cita este ejemplo del P. ISLA: «*Esta noticia me desazonó tanto, como si estuviera enamorado de veras*», donde en rigor debiera decirse *hubiera* o *hubiese estado enamorado.* Otro ejemplo: «*Sancho dijo que sí hiciera, si le dejara el temor*» (*Quijote,* I, 20).

Por otra parte, el desuso creciente de los futuros en subjuntivo (*amare, hubiere amado)* ha hecho que buena parte de su significado haya pasado al imperfecto y al pluscuamperfecto de subjuntivo respectivamente, los cuales han adquirido así un valor de futuro que históricamente no tenían: *Si acaso vieses o vieras que mi enfermedad se agrava, no me lo ocultes; Si para fin de año no hubiera o hubiese pagado, denúnciale.* En estas oraciones nuestros clásicos hubieran preferido *Si acaso vieres, Si no hubiere pagado,* respectivamente.

137.   Cuando las formas -*ra* y -*se* son equivalentes, existen evidentemente preferencias regionales, y aun personales, en favor de una u otra. CUERVO (Nota 94) opina que entre los españoles predomina el uso de -*se,* en tanto que en Colombia -*se* es de raro uso en el habla ordinaria, y en lo escrito sólo la emplean los que imitan adrede el lenguaje de libros españoles. BELLO (655) había dicho que en conjunto parece predominar la forma en -*se,* sin especificar países; pero LENZ (289) le contradice en lo que se refiere a Chile. Nosotros creemos que en España predomina actualmente -*se* en la conversación ordinaria; pero -*ra* se usa mucho entre personas cultas y en la lengua escrita, sin que sea posible trazar una línea divisoria fija. Mirando al conjunto de los países hispánicos, no parece desacertada la opinión de LENZ al decir que cuando en una región o país predomina una de las dos formas en el uso corriente, la otra tiende a extenderse en el lenguaje culto y literario.

Por lo que se refiere a la lengua literaria del Siglo de Oro, creemos que CUERVO definió bien los empleos de -*ra* y -*se* del modo siguiente: «En nuestros clásicos, la forma en -*se* predomina (lo que no quiere decir que sea exclusiva) como verdaderamente subjuntiva después de verbos que rigen este modo, en frases finales, optativas, adversativas, concesivas, etc. (*para que, aunque, ojalá lo oyese*, etc.), y en la hipótesis de las oraciones condicionales (*si lo supiese, lo diría*); la en -*ra* en la apódosis, y en frases que pudiéramos llamar potenciales, en las cuales se representan los hechos como meramente posibles, y que son en cierto modo oraciones condicionales incompletas por faltarles una hipótesis vaga, que varía según los casos.» Notemos, sin embargo, que en los casos en que nota predominio de -*ra* es fácil ver su carácter indicativo, y lo que importaba era señalar la preferencia por una de las formas cuando ambas son plenamente subjuntivas. Cuando así ocurre, es también evidente el predominio de -*se* en la lengua clásica, con lo cual sigue en pie la opinión de CUERVO, aunque corregida en su última parte. El hecho es perfectamente explicable, puesto que -*se* ha sido siempre subjuntivo, en tanto que -*ra* ha ido adquiriendo esta función a lo largo de la vida del idioma, y es natural que cuanto más retrocedamos en la historia de -*ra*, menos han de ser sus valores subjuntivos.

138. Perfecto.   Su significación temporal es pretérita o futura, y expresa asimismo acción perfecta, con lo cual se diferencia de los tiempos que hemos estudiado hasta ahora en este capítulo. Corresponde en el indicativo al pretérito perfecto actual y al antefuturo:

Creo que ha llegado .... }
Creo que habrá llegado .... }   *No creo que haya llegado*

Observa BELLO (656) que a menudo empleamos el mero futuro cuando por las relaciones de tiempo pudiera tener cabida el ante-futuro, p. ej.: *Estamos aguardando a que se levante (se haya levan-tado) el bloqueo para poner nuestros equipajes a bordo.* Lo mismo ocurre entre el imperfecto y el perfecto usados con valor de pretéritos: *Es dudoso que Marco Antonio fuera* (o *fuese,* o *haya sido*) *un hombre tan disoluto y abandonado como Cicerón le pinta.* En ambos casos, la preferencia por la forma simple o por la compuesta está determinada por el interés que pongamos en enunciar la perfección del acto, puesto que el sentido temporal es el mismo.

139. Pluscuamperfecto. Indica en el subjuntivo las mismas re-laciones de tiempo que en el indicativo expresan el pluscuamperfecto y el antefuturo hipotético:

Creía que habría llegado ⎫
Creía que había llegado ⎬ *No creía que hubiera* o *hubiese llegado*
⎭

Su uso en las oraciones condicionales se rige por la misma norma que el imperfecto, es decir: *hubiera* o *hubiese + participio* en la pró-tasis, *hubiera* o *habría + participio* en la apódosis, p. ej.: *Si hubie-ras* o *hubieses estudiado te hubieran* o *habrían aprobado.* Así como en el imperfecto el uso de *-ra* en la apódosis es hoy poco frecuente fuera de la lengua literaria, en el pluscuamperfecto se usan indistin-tamente *hubieran* o *habrían aprobado* en el habla usual. Acerca del empleo de *hubiese cantado* en la apódosis como equivalente de *hubiera* o *habría cantado,* véase lo que dijimos sobre el antefuturo hipotético de indicativo en el capítulo anterior (131).

140. Futuros hipotéticos. Expresan acción venidera posible, *imperfecta* en la forma simple, *cantare; perfecta* y antefutura en la compuesta, *hubiere cantado;* v. gr.: «*Cuando pudiere y debiere tener lugar la equidad, no cargues todo el rigor de la ley al delincuente*» (*Quijote,* II, 42); *Si alguien infringiere esta disposición, será cas-tigado con arreglo al daño que hubiere producido.* El empleo de estos dos tiempos es tan raro en la lengua moderna, que prácticamente puede decirse que han desaparecido de la conjugación española, aunque los siguen estudiando los gramáticos por la frecuencia con que aparecen en los autores del Siglo de Oro. Hoy sólo se usan algo en la lengua literaria y en algunas frases hechas como *sea lo que fuere, venga de donde viniere*, y refranes: *adonde fueres, haz lo que vieres.* Aun en la época clásica, su uso estaba limitado a las oraciones condicionales y a las temporales y relativas a ellas equivalentes (v. § 247).

Todos los tiempos del subjuntivo son aptos para expresar acción futura, y por consiguiente han ido haciéndose innecesarios los futuros hipotéticos. El presente y el imperfecto han tomado las funciones de *cantare;* el perfecto y el pluscuamperfecto las de *hubiere cantado.* El presente de indicativo se emplea, como es sabido, en la prótasis de las oraciones condicionales con *si.* Por estos motivos el idioma ha ido abandonando el empleo de los futuros de subjuntivo, cuyo significado se confundía con algunos de los tiempos mencionados.

CAPÍTULO XIV

FORMAS NO PERSONALES DEL VERBO

141. Para que haya oración gramatical es necesario un verbo en forma personal, decíamos en el primer capítulo. Se llaman formas personales las que llevan consigo la expresión de la persona gramatical que realiza la acción. El infinitivo, el gerundio y el participio no son formas personales, puesto que no indican de por sí ninguna de las seis personas (tres del singular y tres del plural), que pueden ser sujeto de la oración. Por esto no forman oraciones, sino frases: *decir la verdad, comiendo fruta, contado un cuento*. En el capítulo VIII hemos estudiado el significado especial de algunas de estas frases; en este capítulo estudiaremos alguna más.

Infinitivo, gerundio y participio son indudablemente formas del verbo que se distinguen de las del indicativo, imperativo y subjuntivo, en no ser personales. Por esto las designamos en conjunto con la sencilla denominación de *formas no personales del verbo*, la cual nos parece más exacta que la de *formas nominales* empleada por la ACADEMIA, puesto que esta designación no es aplicable al gerundio con la misma propiedad que al infinitivo y al participio. LENZ propone para todos ellos el nombre expresivo de *verboides*, recomendable por su brevedad: aparte de la rareza de la palabra, tiene el inconveniente de que la terminación en *-oide* alude a una vaga semejanza o participación en la forma o en la naturaleza del primitivo al que se junta *(asteroide, alcaloide, esferoide)*, mientras que el infinitivo, el gerundio y el participio no son semejantes a verbos, sino que son formas del verbo mismo. Tampoco nos parece suficientemente clara la denominación de *derivados verbales* usada en algunas gramáticas, por ser también aplicable a los substantivos postverbales y a todas las palabras formadas con sufijo sobre una base verbal.

La función más general que corresponde a cada una de estas tres formas no personales queda definida diciendo que el infinitivo es un substantivo verbal; el gerundio, un adverbio verbal; y el participio, un adjetivo verbal. Además de ser formas no personales, tienen de común el no expresar por sí mismas el tiempo en que ocurre la acción, el cual se deduce del verbo de la oración en que se hallan, o de los adverbios que les acompañen. Son aptos, en cambio, para la expresión de la pasiva y del carácter perfecto o imperfecto de la acción que significan.

Los tres pueden construirse como elementos constitutivos de una oración *(construcción conjunta)* o pueden adquirir cierta independencia oracional equivalente a una oración subordinada. En este último caso se dice que forman *cláusula* o *construcción absoluta*. En cláusula absoluta forman un juicio lógicamente completo; gramaticalmente equivalen, como queda dicho, a una oración subordinada. Decimos que equivalen y no que son, porque para ser oraciones gramaticales les falta la presencia de un verbo en forma personal, aunque contengan, desde el punto de vista lógico, todos los elementos necesarios. Ejemplos: *Al anochecer, volvimos a casa* (subordinada temporal); *Viniendo tú, estaremos tranquilos* (íd. condicional); *Declarada la guerra, las comunicaciones eran inseguras* (íd. temporal).

INFINITIVO

142. El infinitivo como nombre. El infinitivo es un substantivo verbal masculino; es el nombre del verbo. BELLO (294) pensó que pertenecía al género neutro fundándose en que, al parecer, se repro-

duce por pronombres neutros. Lo razonaba del modo siguiente:
«*Estábamos determinados a partir, pero hubo dificultades en ello,
y tuvimos que diferirlo. Ello* y *lo* representan a *partir.* Si en lugar
de un infinitivo hubiésemos empleado otro substantivo; si hubiésemos dicho, v. gr.: *estábamos determinados a la partida,* hubiéramos
continuado así: *pero hubo dificultades en ella y tuvimos que diferirla.*
Y si en vez de *a la partida* se hubiese dicho *al viaje,* hubiera sido
menester que en la segunda proposición se dijese *en él,* y en la
tercera se hubiera podido poner *diferirle* o *diferirlo,* porque el acusativo masculino de *él* es *le* o *lo*». CUERVO (notas 56 y 70) hizo ver
la confusión de BELLO en este razonamiento, puesto que lo que se
reproduce con el neutro es la oración entera, y no el infinitivo solo.
Los infinitivos son masculinos, porque les acompaña el artículo o
adjetivos masculinos.

Algunos infinitivos han llegado a una substantivación permanente: *pesar, haber, deber,* y hasta admiten plural: *pesares, haberes,
deberes, andares, quereres, dares y tomares.* Todos los infinitivos
españoles pueden llevar artículo, demostrativos, posesivos e indefinidos masculinos: *el dormir, un suponer, este cavilar me atormenta,
mi parecer, ese es otro cantar.* Conciertan con adjetivos masculinos:
un buen callar, un hermoso amanecer. Sobre la concordancia de
varios infinitivos con un verbo o con un adjetivo, véase capítulo II.
Así como el francés limitó mucho, a partir del siglo XVI, el número de
infinitivos que pueden substantivarse, el español ha conservado entera
hasta nuestros días la libertad de substantivación de todo infinitivo.
Frases como *le lever du soleil* pueden construirse sólo con ciertos
infinitivos fijados por el uso. La lengua española substantiva además la
forma reflexiva: *el atreverse, un continuo moverse, el arrepentirse.*

Otro carácter substantivo consiste en construirse con preposición,
ni más ni menos que los demás substantivos, para expresar sus relaciones con los demás elementos sintácticos de la oración de que forman
parte: *difícil de decir, apto para estudiar, vienen a cobrar, la casa
sin barrer, se afana por entender.* Con algunas preposiciones forman
frases de sentido especial, como luego veremos.

143. El infinitivo como verbo.   Sin perder ninguno de sus caracteres substantivos, mantienen las siguientes cualidades verbales:

a) Pueden ser pasivos: *muchos codician ser estimados; se jactaba de haber sido aplaudido.* Para tener significación pasiva deben adoptar la forma de la pasiva, por regla general. Pero hay algunos casos en que sin el verbo auxiliar *ser* tienen sentido pasivo: *digno de alabar, río fácil de atravesar,* equivalen a *digno de ser alabado, fácil de ser atravesado.* Para la significación refleja impersonal, véase el punto *c).*

b) La forma simple expresa la acción imperfecta; la compuesta es perfectiva. Compárense por ejemplo *estudiar* y *haber estudiado; salir* y *haber salido.* No se trata de *tiempo* sino de *aspecto* de la acción. Podemos decir: *te premiaron por haber estudiado todo el curso anterior* (pretérito), o *si trabajas, te premiarán por haber estudiado* (futuro). La significación temporal no depende del infinitivo. En cambio, si en ambas oraciones sustituimos *haber estudiado* por *estudiar,* nuestro interés se fija en la continuidad de la acción y no en su término.

c) Admiten pronombres enclíticos: *he venido a verte; el decirlo tú me sorprende mucho.* La lengua medieval podía usar la proclisis del pronombre con el infinitivo: *para nos satisfacer.* En la lengua moderna, el pronombre va necesariamente pospuesto al infinitivo, lo mismo que al imperativo y al gerundio. Con la forma compuesta, el pronombre va detrás de *haber: siento haberos molestado.* Estos enclíticos pueden dar a la acción carácter reflexivo y recíproco, lo cual constituye otra cualidad verbal del infinitivo: *voy a lavarme; le mandaron marcharse de allí; el tutearse es prueba de confianza.* Con *se* pueden expresar reflejo impersonal: *cosa digna de verse.*

d) Cuando van substantivados admiten, sin embargo, la construcción verbal con adverbios, p. ej.: *Me cansa ese refunfuñar constantemente; El despuntar bellamente la aurora, nos animó a todos.* En alemán y en francés sería necesaria la construcción substantiva, equivalente a las españolas *ese refunfuñar constante, el bello des-*

puntar de la aurora, con adjetivos en vez de adverbios. CUERVO (nota 70) observó con acierto que la construcción verbal es más viva y animada que la substantiva.

e) Tienen sujeto tácito o expreso. Pueden ocurrir a este respecto los cuatro casos siguientes:

1.º Sujeto indeterminado, bien sea por su carácter general, bien por falta de interés hacia él: *querer es poder; Carlos III mandó construir este edificio* (no importa el sujeto de *construir*).

2.º El infinitivo como nombre puede llevar sujeto con la preposición *de* (genitivo subjetivo): *el murmurar de las fuentes; el dulce lamentar de dos pastores; el mentir de las estrellas.* También puede expresarse el sujeto por medio de un posesivo: *mi reír, su murmurar, vuestro charlar continuo.*

3.º El sujeto del infinitivo es el mismo del verbo principal: *pelearemos hasta morir; deseaban abandonar aquel país; vengo a pagar.*

4.º El sujeto del infinitivo y el del verbo principal son distintos: *Por no saber yo nada me sorprendieron; El dulce sonido de tu habla me certifica ser tú mi señora Melibea; el decirlo tú y entenderlo yo me causa nueva admiración y nueva maravilla* (CERVANTES, *Coloquio*). La expresión del sujeto del infinitivo en nominativo, como en los ejemplos anteriores, es uno de los rasgos más característicos de la lengua española.

Otros ejemplos de sujeto diferente: *te prohibo hablar; al salir el sol emprendimos la marcha; nos hicieron llorar.* Obsérvese que en los casos en que el sujeto del infinitivo está expresado, se coloca detrás de él: *ser tú mi señora, salir el sol,* y no *mi señora ser tú, el sol salir.* La colocación del sujeto delante del infinitivo es también posible, pero poco frecuente. Por ejemplo, oraciones como *por yo no saber nada me sorprendieron, veía los barcos venir,* son en prosa mucho menos usuales que *por no saber yo nada..., veía venir los barcos.* No es rara, sin embargo, en la lengua hablada, la construcción *sin yo saberlo.*

144. Infinitivo con preposición.   La variedad de construcciones
a que se presta el infinitivo español, se debe en gran parte a la
facilidad con que se combina con todas las preposiciones, conservando
su doble función substantiva y verbal. Otras lenguas, como el francés,
el alemán y el inglés, limitan el número de preposiciones que pueden
unirse al infinitivo, o bien restringen las construcciones verbales y
substantivas a que pueden aplicarse.

Cuando es *complemento directo* se construye sin preposición por
regla general. Suelen llevarlo los verbos de percepción y voluntad, p. ej.: *Oigo tocar las campanas; Te veo pasar todos los días;
Os prohibieron volver; Mandó encarcelar a los culpables*. Discurren
las gramáticas acerca de si el sujeto del infinitivo (en estos ejemplos
las campanas, te, os, los culpables) es complemento directo, al cual
se añade el infinitivo como complemento predicativo del mismo, o
bien si hay que interpretar al infinitivo como complemento directo
y a su sujeto como indirecto (véase ACADEMIA, 449). Con verbos de
mandato no hay dificultad, puesto que el infinitivo es la cosa mandada
y su sujeto es un claro complemento indirecto; pero con verbos de
percepción la cuestión resulta a veces difícil de resolver, porque hay
que ensayar la función que desempeña el complemento valiéndose
de pronombres reproductores o poniendo la oración en pasiva, cosa
que no siempre es posible. Se complica además con el uso de la
preposición *a* con complementos personales. Mirada la cuestión psicológicamente, el infinitivo y su sujeto forman una representación
conjunta que actúa en su totalidad como complemento directo del
verbo principal.

También se construyen con infinitivo complemento directo, sin
preposición, otros muchos verbos, como *poder, deber, osar, soler,
pensar, esperar, lograr, convenir, saber*, etc., etc. Con algunos de ellos
se forman frases verbales del tipo de las estudiadas en el capítulo VIII.

El infinitivo como *complemento indirecto* lleva las preposiciones
a o *para*, y a veces *por*. Equivale a una oración final, y tiene el mismo
sujeto del verbo de que depende; *salgo a pasear; vienen para ver las
fiestas; rabiaba Sancho por sacar a su amo del pueblo (Quijo-*

te, II, 19). Sobre el significado imperativo del infinitivo, con o sin la preposición *a*, véase capítulo X.

Con un infinitivo complementario de un substantivo, la preposición *por* equivale a *sin: la casa por barrer; esto está por decir; un problema por resolver.*

Como *complemento circunstancial* va unido el infinitivo a las mismas preposiciones que los substantivos que desempeñan este papel: *no quiso marcharse sin resolver el asunto que motivó su viaje; se contentaría con recibir una carta cada mes.*

Toma con algunas preposiciones significado especial, equivalente a oraciones subordinadas adverbiales. He aquí los casos más importantes por su frecuencia en la lengua moderna:

Preposición *a + el + infinitivo*, expresa coincidencia temporal: *al anochecer regresaremos; le encontré al salir de casa.*

Las preposiciones *a* o *de* con infinitivo forman frases de sentido condicional: *a no ser cierto, buen chasco llevaríamos; de seguir las cosas así, no sé adónde iremos a parar.*

La preposición *con + infinitivo* equivale a una subordinada concesiva: *Con tener tanto dinero, vive miserablemente.*

GERUNDIO

145.   Tiene dos formas, la simple *(cantando)* y la compuesta *(habiendo cantado)*. La primera es imperfecta, y expresa coincidencia temporal o anterioridad inmediata respecto al verbo de la oración en que se halla, p. ej.: *Paseando por el campo, vi aterrizar un avión de pasajeros; Encontrarás al niño jugando en el portal.* El pretérito *vi* y el futuro *encontrarás* son simultáneos con los actos de *pasear* y *jugar* respectivamente. Pero como el carácter imperfecto y durativo de los gerundios *paseando* y *jugando* envuelve temporalmente a los actos momentáneos de *ver* y *encontrar* dentro de su transcurso, es posible que la atención del que habla se fije en la anterioridad inmediata más que en la coincidencia. La anterioridad inmediata resalta vivamente cuando los dos actos se oponen entre sí por su significado, de manera que uno supone la cesación del otro: *Pa-*

*seando por la plaza, le detuvo la policía; Yendo en automóvil ha
sufrido un accidente.* Si el verbo principal expresa también acción
imperfecta, su coincidencia temporal con el gerundio se extiende a
toda la duración del acto: *veía a sus hijos jugando en el portal.* El
aspecto durativo expresado por el gerundio explica las frases verbales que forma con *estar, ir, venir* y otros auxiliares (v. cap. VIII) [45].

Según lo que antecede, la acción verbal que el gerundio indica
no puede ser posterior a la del verbo principal. De aquí el error, criti-
cado vivamente por BELLO (447), de construcciones como las siguientes: *el agresor huyó, siendo detenido horas después; las tropas se
hicieron fuertes en un convento, teniendo pronto que retirarse después
de una inútil aunque vigorosa resistencia.* El gerundio no es adecuado
para significar posterioridad, consecuencia o efecto, como dice el
gramático mencionado. Hay que decir, sin embargo, que tan censu-
rables construcciones van siendo frecuentes.

La forma compuesta se expresa con el auxiliar *haber* [46]: *habiendo estudiado la proposición de usted, me resuelvo a aceptarla.*
Significa anterioridad, más o menos mediata, y es perfectiva, como
todas las formas compuestas del verbo.

La única preposición que puede acompañarle es *en.* Con ella
expresa modernamente anterioridad inmediata: *en acabando de comer, saldré contigo.* En la lengua antigua significaba simultaneidad.
Su uso decrece visiblemente en nuestros días, a causa de que la
sustituyen con ventaja otras expresiones de la sucesión inmediata,
como: *luego que, en cuanto acabe,* etc.

El gerundio admite pronombres enclíticos, pero nunca proclí-

45 Para más pormenores sobre estas formas perifrásticas, véase CHMELICEK, *Die
Gerundialumschreibung im Altspanischen zum Ausdruck von Aktionsarten.* Hambur-
go, 1930, y la reseña de este libro por S. Fernández Ramírez en la *Rev. de Filología
Española,* XXII, 1935, págs. 195-97. Para el estudio general del gerundio español sigue
siendo básica la nota 72 de Cuervo a la *Gramática* de Bello.

46 Bello (714 y 715) considera también como gerundio compuesto las perífrasis
formadas por *teniendo + participio* y *estando + gerundio: Teniendo preparado el viaje
hube de diferirlo; Estando yo durmiendo, asaltó la casa una partida de ladrones.* En,
realidad se trata de las frases verbales ya explicadas en el cap. VIII. A ellas podrían
añadirse *ir, andar,* etc., seguidos de gerundio. Ya es sabido que dichas frases verbales
tienen su conjugación completa, y por lo tanto han de tener también su gerundio.

ticos en la lengua moderna: *diciéndome, levantándome, habiéndolo examinado.*

Procede del ablativo de gerundio latino, pero en español se ha extendido a otros usos, algunos de ellos vacilantes, que dan lugar a algunas incorrecciones frecuentes. En el estado actual del idioma el gerundio puede modificar el verbo principal y puede referirse al sujeto o al complemento directo del mismo, en calidad de participio activo. También se usa en construcción absoluta. Trataremos separadamente de cada uno de estos cuatro empleos posibles.

146. El gerundio como adverbio. La función más general del gerundio es la de modificar al verbo como un adverbio de modo: *contestó llorando, viene volando, pasa corriendo, hablaba gritando.* En estas frases, *llorando, volando, corriendo* y *gritando* expresan maneras de producirse la acción verbal a que se refieren. Se coloca generalmente detrás del verbo; pero puede ir delante, y en este caso la modificación adverbial que el gerundio significa, adquiere subjetivamente un relieve parecido al del adjetivo antepuesto al substantivo: *llorando contestó; corriendo pasa.*

Del mismo modo que algunos adverbios admiten sufijos diminutivos *(cerquita, lejitos)*, ciertos gerundios, en número limitado, pueden llevarlos también: *vino callandito hasta donde yo estaba; «Yo lo que hice fue arrimarle la lanza. Lo demás lo hizo el difunto; él mismo se la fue clavandito como si le gustara el frío del jierro»* (R. GALLEGOS, *Doña Bárbara*, p. I, cap. I). Estos diminutivos son frecuentes en el lenguaje familiar y popular, sobre todo en los países hispanoamericanos.

El gerundio en su significación adverbial no deja de ser verbo. Viene a ser una acción secundaria que se suma a la del verbo principal modificándola o describiéndola. El sujeto es, naturalmente, el mismo del verbo principal. En nuestra representación psíquica del hecho, puede sentirse predominantemente el gerundio como una cualidad del verbo (adverbio), o como otra acción atribuida al sujeto del verbo principal (participio activo). En *el perro huyó aullando,* la acción de *aullar* es ciertamente una modificación adverbial de *huir*, pero puede adquirir cierta independencia que la haga semejante a lo que expresaría el participio de presente *aullante,* si éste estuviera en uso.

Cuando no hay verbo principal a quien referir el gerundio, éste adquiere carácter de principio activo del sujeto. Por ejemplo, al pie de grabados y fotografías o en títulos de relatos y descripciones, es frecuente leer: *César pasando el Rubicón; El pueblo de París tomando la Bastilla; El Gallo toreando de muleta; Las ranas pidiendo rey.* Se alude en estos casos a la acción en transcurso, en su producirse, es decir, *mientras* o *cuando se producía.* Este sentido de acción cursiva explica también el gerundio independiente en oraciones exclamativas del tipo: *¡Mi hermana muriendo!, ¡Siempre amenazando!, ¡La ciudad prosperando!,* etc.; y que *ardiendo* e *hirviendo* hayan llegado a funcionar como adjetivos aplicables a cualquier substantivo sin perder por ello su significado de acción en curso imperfectivo: *agua hirviendo, un horno ardiendo.*

Con más motivo, si el gerundio está subordinado a un verbo principal con cuya acción coexiste, pasamos fácilmente del sentido adverbial al de principio activo, sin que pueda señalarse línea divisoria fija entre una y otra función, ni haya signo gramatical que expresamente la indique, puesto que son pocos los verbos castellanos que pueden tener participio de presente, y aun éste tiende a adjetivarse permanentemente en cuanto es aceptado de un modo general. Nace de aquí el empleo del gerundio como participio activo, referido unas veces al sujeto del verbo principal y otras al complemento directo del mismo.

147. Gerundio referido al sujeto. Cuando el gerundio se refiere al sujeto, tiene carácter explicativo: *El capitán, viendo que el barco se hundía, mandó preparar las lanchas de salvamento; Me puse a contemplar el paisaje, dejando a un lado mis preocupaciones.* En ambos ejemplos el gerundio enuncia una acción secundaria del sujeto, con la cual desenvuelve, explica la acción principal. Si tratásemos de particularizar o especificar al sujeto, el gerundio perdería su cualidad verbal para convertirse en adjetivo, y su empleo sería incorrecto. Por este motivo es contrario a la naturaleza del gerundio español su uso como atributo: *Era un hombre robusto, alto y gozando de buena salud; Vivía en aquel pueblo un hidalgo rico y viejo, teniendo hermosas fincas.* Si decimos *los alumnos, viviendo lejos, llegaban tarde* *a la escuela,* el gerundio explica la causa de su tardanza y nos referimos a todos los alumnos. Si suprimimos las comas y decimos *los alumnos viviendo lejos llegaban tarde a la escuela,* no nos referimos ya a todos los alumnos, sino sólo a los que vivían lejos; en este caso el gerundio no tiene carácter explicativo, sino especificativo, y por ello su uso se siente como incorrecto. Es un galicismo. Compárense para mayor claridad las oraciones anteriores con sus correspondientes de relativo.

Los alumnos, viviendo lejos, llegaban tarde a la escuela (explicativa).

Los alumnos, que vivían lejos, llegaban tarde a la escuela (explicativa).

Los alumnos viviendo lejos llegaban tarde a la escuela (especificativa e incorrecta).

Los alumnos que vivían lejos llegaban tarde a la escuela (especificativa).

Las oraciones de relativo explicativas, en su equivalencia con las que estamos estudiando, pueden servirnos de guía sobre el carácter explicativo del gerundio.

148. Gerundio referido al complemento directo. El sujeto del gerundio puede ser el complemento directo del verbo principal: *vi a una muchacha cogiendo manzanas; encontré a tu padre escribiendo. Una muchacha* y *tu padre* son complemento acusativo de *vi* y *encontré,* al mismo tiempo que sujetos de los gerundios *cogiendo* y *escribiendo.* La acción expresada por el verbo principal coincide temporalmente con la del gerundio.

Para ello es necesario que el gerundio exprese una acción, transformación o cambio en transcurso perceptible, y no una cualidad, estado o acción tan lenta que se asemeje a una cualidad por no ser perceptible el cambio que se produce. No podríamos decir, por ejemplo, *conocemos a un hombre siendo muy rico,* sino *que es muy rico;* ni *miro un árbol floreciendo,* sino *que florece;* ni *te envío una caja conteniendo libros,* sino *que contiene,* porque las cualidades, o transformaciones a ellas semejantes, no son compatibles con la idea de acción en curso, esencial del gerundio. Son adjetivos, y no verbos. Por esta razón sólo llevan gerundio los verbos de percepción sensible o intelectual (*ver, mirar, oír, sentir, notar, observar, contemplar, distinguir, recordar, hallar,* etc.), o de representación (*dibujar, pintar, grabar, describir, representar,* etc.), con los cuales enunciamos que el sujeto aprehende la transformación o cambio que el gerundio significa, p. ej.: *el autor describe a D. Quijote acometiendo a los molinos de viento.*

149. Gerundio en frase absoluta.   En construcción absoluta, el gerundio no se refiere ni al sujeto ni al complemento del verbo principal, sino que tiene por sujeto un nombre independiente: *Mañana, permitiéndolo Dios, comenzaremos el viaje; Con voluntad mía, siendo vosotros testigos de ella, le doy la mano de ser su esposa* (CERVANTES, *Galatea,* 4). *Dios* y *vosotros* son sujetos respectivamente de los gerundios *permitiendo* y *siendo,* y no se hallan en la oración principal. En esta construcción el gerundio puede hallarse intercalado en la oración principal, como en los ejemplos anteriores, o bien colocarse delante o detrás de ella: *Permitiéndolo Dios, mañana comenzaremos el viaje,* o *Mañana comenzaremos el viaje, permitiéndolo Dios.*

El sujeto del gerundio absoluto va siempre detrás de él: *Estando yo presente, no cometerán esa tontería; Habiendo entrado el Director, se pusieron todos a trabajar.*

El gerundio en construcción absoluta, además de expresar una acción que coincide temporalmente con la del verbo principal o es inmediatamente anterior a ella, puede tener los siguientes significados:

a)   *Causal: Nada temo, estando aquí vosotros.*

b)   *Modal: Por todas las vías posibles procuraban alegrarle, diciendo el bachiller que se animase y levantase* (*Quijote,* II, 74).

c)   *Condicional: Ayudando todos, acabará pronto la tarea.*

d)   *Concesiva: Siendo tan fácil el problema, pocos lo han resuelto al primer intento.*

Estos matices no son exclusivos de la construcción absoluta, sino que pueden acompañar a todo gerundio de carácter explicativo.

Por ejemplo: en la oración *El capitán, viendo que el barco se hundía, mandó preparar las lanchas de salvamento,* es fácil ver su significación causal.

PARTICIPIO

150. Participio con verbos auxiliares. Por su origen latino, el participio español contiene las ideas de pasiva y de tiempo preté· rito. Al unirse con el auxiliar *haber* para formar los tiempos compuestos de la conjugación en la época preliteraria, se sienten todavía ambos valores, y en los primitivos monumentos literarios subsiste con mucha frecuencia la significación pasiva junto a la del pretérito, como lo demuestra la concordancia del participio con el complemento directo del verbo: *las armas avién presas* (CID, 1001). A medida que el verbo *haber* va perdiendo su significado originario de *tener* o *poseer,* y se inmoviliza el participio en su forma neutra *(han escrito las cartas),* el participio pierde totalmente el sentido pasivo junto al verbo auxiliar, y queda sólo con significación de acción acabada o perfecta.

Con el auxiliar *ser* ocurre lo contrario. Forma la voz pasiva y oscurece, hasta perderlo, su sentido perfectivo, según hemos visto en los capítulos IV y IX.

Con los demás verbos auxiliares a los que se une para formar conjugaciones perifrásticas (*estar, tener, llevar, dejar,* etc.), conserva una y otra acepción: *Las obras están terminadas; Tengo pensada otra solución,* son frases verbales a la vez perfectivas y pasivas (véase capítulo VIII).

151. Participio independiente. Fuera de su construcción con verbos auxiliares, el participio es un adjetivo verbal, cuyo significado activo o pasivo, depende de la naturaleza del verbo de que procede, o de la acepción particular en que se use cuando éste se presta a más de una.

Los verbos transitivos dan lugar a participios *pasivos,* puesto que expresan el resultado de una acción sobre un complemento: *una casa edificada con ladrillos; persona amada; el peligro temido.* Cuan-

12

do los verbos transitivos tienen además uso reflexivo, a éste corresponde un participio *activo*. Por ejemplo, de *resolver un problema* nace un participio pasivo *(problema resuelto)*; pero de *resolverse* sale un participio activo *(un hombre resuelto)*. Por analogía se propaga este doble significado a otros participios de verbos transitivos que, aunque no tienen uso reflexivo, expresan acciones producidas por el hombre, y cuyo participio adjetivo designa costumbre o hábito de realizar determinados actos. Así el participio *leído* es pasivo en *un libro leído*, por referirse a una cosa, y es activo en *una persona leída;* en *una culpa disimulada* el participio es pasivo, pero pasa a ser activo en *un hombre disimulado.* Actúan conjuntamente en los participios de verbos transitivos para darles sentido activo, por una parte el uso reflexivo posible del verbo en cuestión; y por otra la posibilidad de ser aplicados a un ser humano que puede ser sujeto agente de la cualidad que el participio expresa. Históricamente ha ido creciendo el número de participios capaces de esta doble acepción. La ACADEMIA enumera los siguientes (461 b); *agradecido, callado, cansado, considerado, descreído, desesperado, desprendido, disimulado, encogido, entendido, esforzado, fingido, leído, medido, mirado, moderado, precavido, resuelto, sabido, sacudido, sentido;* y además (462 c) *almorzado, comido, bebido* y *cenado.*

El participio de los verbos intransitivos y reflexivos tiene significación *activa*, como es natural: *acostumbrado, arrepentido, atrevido, comedido, osado, parecido, porfiado, preciado, presumido, recatado, sentido, valido.*

152. Participio en frase absoluta. En estilo literario, y con menos frecuencia en la lengua hablada, se emplea el participio en las frases absolutas, que corresponden al ablativo absoluto oracional de la Gramática latina: *oídos los reos, el juez dispuso...; preparado el viaje, fue a despedirse de todos sus amigos; llegado el plazo, tuvieron que pagar a sus acreedores.* De igual manera se emplean adjetivos en lugar de participios: *limpias las armas; firme le voz; dudosa la victoria,* etc. Ordinariamente en la lengua moderna la frase se inicia por el participio, como en los ejemplos que preceden, salvo en algunas fórmulas breves y fijas que el uso ha conservado; p. ej.: *esto* *dicho,* junto a *dicho esto,* o en el refrán *comida hecha, compañía deshecha.* Cuando el sujeto es un pronombre personal, puede ir antes o después del participio; *después de yo muerto* o *después de muerto yo.* En la lengua antigua abundan los ejemplos de participio colocado en segundo lugar: *la casa cerrada* (LAZARILLO, II), pero este uso es cada vez más raro desde fines del siglo XVI, fuera de los casos que acabamos de mencionar y de las frases con sentido moral, de las que nos ocuparemos luego.

El participio lleva a menudo una oración complementaria introducida por *que: sabido que el enemigo se acercaba; visto que no queréis hacerme caso.*

La frase absoluta con participio significa fundamentalmente una circunstancia de tiempo anterior al del verbo de la oración principal, como puede observarse en cualquiera de los ejemplos que hasta ahora hemos aducido. La expresión temporal puede reforzarse con la añadidura de adverbios o preposiciones como *después de, luego, antes de, hasta: después de encendida la lumbre, comenzó a preparar su pobre comida; hasta terminado el plazo, no pueden presentarse reclamaciones.* Este tipo de frases temporales unido a las que contienen el *que* anunciativo, ha influido según HANSSEN (619) y la ACADEMIA (468 *a*) en las locuciones formadas por participio + *que* + un tiempo de los verbos *haber, tener, estar, ser* y *ver: conocido que hubo el engaño; herido que se vio; separados que fueron los combatientes; encendida que estuvo la lumbre;* todas se explican por influencia de *después que, ya que, luego que,* etc., y se emplean exclusivamente en la lengua literaria.

Del significado temporal procede el sentido concesivo que a veces adquiere la cláusula absoluta, especialmente con la locución conjuntiva *si bien: La obra, si bien retocadas algunas escenas, podría representarse con éxito.*

Fácilmente se pasa también del sentido temporal al modal. *Se presentó, erguida la cabeza, ante el tribunal que había de juzgarle.* Dice BELLO que en estas expresiones se sobrentiende la preposición *con.* Más exacto sería decir que la frase absoluta equivale en tales casos a un complemento circunstancial de modo con la preposición con: *En esta gruta se veían figuras de ninfas, hechas de piedra, los pies descalzos, los brazos desnudos hasta los hombros, los cabellos esparcidos sobre la espalda y la garganta, el traje ceñido a la cintura y una dulce sonrisa en entrecejo y boca* (VALERA, *Dafnis y Cloe*). Obsérvese que en esta significación modal, el sujeto puede preceder o seguir al participio o al adjetivo, tanto en la lengua antigua como en la lengua moderna.

De su uso en construcciones absolutas proviene el significado que tienen actualmente los participios pasivos *excepto* e *incluso*, el adjetivo *salvo* y los antiguos participios de presente *durante, mediante, obstante* y *embargante*. Antiguamente concertaban con el substantivo a que se refieren, p. ej.: *Ninguna nación, inclusa Italia había tenido un poeta lírico de igual mérito* (M. DE LA ROSA); *Lo que después se hace, mediantes los actos exteriores, es la ejecución desta determinación de la voluntad* (PALACIOS RUBIOS, *Esfuerzo bélico-heroico*, XXIV). En la actualidad estos vocablos se han inmovilizado, y así en los ejemplos anteriores habría que decir: *incluso Italia; mediante los actos exteriores.*

Hoy el participio *debido* tiende a inmovilizarse en la locución adverbial *debido a,* con el sentido de «a causa de», «en virtud de»: *la cosecha, debido a la sequía, era muy mala; los precios, debido a la escasez, han subido mucho.* Aunque muchos consideran estas construcciones como de legitimidad dudosa, parece que van ganando terreno en el habla usual y pueden verse impresas con cierta frecuencia. Nótese el contacto entre el valor de participio y su uso en la locución adverbial inmovilizada, en estos dos ejemplos: *los desaciertos debidos a su mala gestión eran tales, que... y los desaciertos, debido a su mala gestión, eran tales, que...*

153. Participio de presente. Desde sus orígenes, la lengua española dejó de usar como tales la mayor parte de los participios de presente latinos, y los convirtió en adjetivos. Sin embargo, en el lenguaje medieval se encuentran usados participios de presente de verbos que actualmente no pueden formarlos, de manera que la restricción inicial del idioma a este respecto ha ido creciendo a lo largo de su historia. Las funciones del participio de presente latino han pasado al gerundio castellano.

La ACADEMIA ESPAÑOLA enumera los siguientes participios de presente usados en función de tales: *abusante, bullente, complaciente, condescendiente, conducente, conveniente, concerniente, correspondiente, crujiente, equivalente, fascinante, obediente, participante, permanente, plasmante, presente, recurrente, tocante*. A ellos habría que añadir *ausente, querellante, firmante, solicitante* y algunos más. Pero téngase en cuenta que aun los participios mencionados se emplean ordinariamente como adjetivos, como ocurre siempre que figuran como atributo en oraciones con *ser* copulativo.

Son relativamente pocos los verbos que pueden formarlos. Una vez convertidos en adjetivos, algunos han llegado a substantivarse permanentemente, por ejemplo: *asistente, dependiente, escribiente, estudiante, figurante, presidente, sirviente*. Siguiendo la tendencia popular de dotar de terminación femenina a los adjetivos que históricamente no la tienen, algunos de estos participios substantivos admiten forma femenina cuando designan seres de este sexo: *asistenta, figuranta, presidenta, sirvienta*.

CAPÍTULO XV

OFICIOS DEL SUBSTANTIVO

154. Declinación. Sabido es que en latín las distintas funciones del substantivo en la oración se expresaban por medio de desinencias especiales que caracterizaban a los distintos *casos*. El conjunto de variaciones morfológicas determinadas por los casos constituía la *declinación*.

En romance se perdieron totalmente las desinencias de la declinación latina, excepto en el pronombre personal. Los substantivos españoles no tienen más flexión que la diferencia entre el singular y el plural. No existe, por lo tanto, declinación que nos haga reconocer la función sintáctica que corresponde a un substantivo dentro de su oración. El empleo de preposiciones y el orden de colocación de los elementos oracionales dan expresión gramatical a las relaciones sintácticas que las desinencias latinas significaban, según quedó expuesto en los capítulos IV y V.

Por tradición heredada de las gramáticas latinas que sirvieron de modelo a las castellanas, se distinguen en español los seis casos latinos: nominativo, genitivo, acusativo, dativo, vocativo y ablativo. Como en nuestra lengua el substantivo carece de declinación desinencial, tales casos tienen expresión sintáctica, no morfológica, y la significación de cada uno se hacía depender de su equivalencia con los casos de la declinación latina. Ya observó BELLO, en el prólogo de su *Gramática,* que si las gramáticas españolas se hubieran escrito siguiendo el modelo del griego, no hubieran registrado el caso ablativo, y las funciones que a él señalan hubieran quedado incluidas en el genitivo. Sin dificultad podría hablarse también de los casos locativo e instrumental, como en otras lenguas indoeuropeas, separando del ablativo algunos usos de las preposiciones *en, con* y *por.* Pero de cualquier modo que fuese, el esquema de nuestra declinación sintáctica sería mera traducción de las formas empleadas en el idioma cuya gramática sirviese de modelo. Además, los casos latinos expresan con frecuencia más de una relación sintáctica, que en español puede ser útil diferenciar. Por estas causas creemos necesario desentendernos de la nomenclatura latina y enumerar simplemente las funciones que corresponden al substantivo en español, sin preocuparnos de su ajuste con los casos de la lengua madre, ni sutilizar acerca de si una expresión castellana debe interpretarse como correspondiente a uno u otro caso latino. En la enseñanza elemental conviene desterrar por completo la declinación (excepto la muy reducida de los pronombres personales), lo cual no quiere decir que en el estudio superior de nuestra lengua no pueda emplearse a veces la nomenclatura latina como medio rápido y cómodo de entenderse y establecer útiles comparaciones. Así lo hemos hecho y seguiremos haciéndolo en este libro siempre que sea oportuno.

FUNCIONES SINTÁCTICAS DEL SUBSTANTIVO

155. Las clasificamos del modo siguiente:

1.º Sujeto.
2.º Atributo.
3.º Complemento del verbo. { directo, indirecto, circunstancial
4.º Complemento de otro substanvivo.
5.º Complemento de un adjetivo
6.º Vocativo.

156. 1.º **Sujeto.** Este es un uso esencialmente substantivo, hasta el punto de que BELLO definía el substantivo como vocablo «que es o puede ser sujeto de la oración». Aunque no sea posible admitir estas palabras como definición del substantivo, encierran sin embargo una de las características más importantes, puesto que toda palabra, frase u oración que sirva de sujeto, queda substantivada por este solo hecho. A los conceptos substantivos corresponde exclusivamente la función de sujeto.

En latín se expresaba en nominativo, y en castellano se construye sin preposición. La preposición *entre* puede acompañar al sujeto, pero en este caso pierde su valor prepositivo y se convierte en conjunción, o forma una locución conjuntiva con *y*, p. ej.: *Entre tú y yo llevaremos el equipaje; Entre todos los sujetaron.* En la lengua antigua hay ejemplos de vacilación, como *entre mí y ti,* desusados por completo en nuestros días (200).

157. 2.º **Atributo.** La significación de atributo o predicado nominal es netamente adjetiva, como hemos visto en el capítulo IV. Por consiguiente, el substantivo que desempeña el papel de atributo es considerado como portador de un conjunto de cualidades, es decir, queda adjetivado. En las oraciones *Andrés era soldado, mi hermano es médico,* atribuimos a los substantivos sujetos *Andrés* y *mi hermano* el complejo de cualidades que significan los atributos *soldado* y *médico,* respectivamente. Le correspondía en latín el caso nominativo, lo mismo que al sujeto. En español va sin preposición.

158. 3.º **Complemento del verbo.** Este oficio es esencialmente substantivo, tanto si se trata del complemento directo como del indirecto o de los circunstanciales. Toda palabra, frase u oración que desempeñe el papel de complemento del verbo, con preposición o sin ella, está substantivada necesariamente. El verbo sólo puede complementar su significación en conceptos substantivos.

En el capítulo V quedó expuesta la idea general de cada uno de los complementos verbales. Vamos a añadir ahora algunas consideraciones con el fin de precisar las diferencias que existen entre los complementos directo e indirecto en el estado presente de nuestro

idioma. Desde luego su coincidencia con los casos latinos, acusativo
y dativo respectivamente, dista mucho de ser total. Ya observó
Cuervo [47] que el dativo castellano había ampliado considerablemente
sus funciones a expensas del acusativo. La conciencia de las diferencias entre ambos casos se ha borrado incluso en los pronombres, como
veremos en el capítulo correspondiente, a pesar de haber conservado
esta parte de la oración una parte de la declinación orgánica. Prescin-
damos, pues, de los casos latinos y tratemos de examinar la cuestión
como si no tuviera antecedentes históricos, ateniéndonos exclusivamente a la sensibilidad lingüística moderna.

Todo verbo transitivo lleva por lo menos un complemento objetivo en el cual termina y se consuma la acción: *el mozo trae el equipaje; he visto a María.* Si no lleva más que un solo complemento, éste
es necesariamente directo, el cual, como ya sabemos, va sin preposición cuando es de cosa *(el equipaje)*, y con la preposición *a* cuando
es de persona o cosa personificada *(María)*, o puede confundirse
con el sujeto de la oración. Hablando en los términos de la gramática
latina diremos que un solo complemento objetivo es siempre acusativo [48].

El verbo forma con su complemento directo una unidad mental
compleja que puede llevar a su vez un complemento. En *el comerciante pagó su deuda* verbo y complemento pueden constituir una
representación conjunta *(pagar su deuda)* o, si se quiere, un concepto
verbal incrementado, aplicable a un nuevo objeto, p. ej.: *el comerciante pagó su deuda a Andrés.* En este caso entra en relación un

47 R. J. Cuervo, *Diccionario de construcción y régimen de la lengua castellana*
(estudio de la preposición *a*) y *Apuntaciones críticas sobre el lenguaje bogotano;*
R. J. Cuervo y R. Ángel Peña, *Cartas sobre apuntes gramaticales,* México, 1897 (pági-
nas 1-34). Véase también F. C. Tarr, *Prepositional Complementary Clauses in Spanish
with Special Reference to the works of Pérez Galdós,* en *Revue Hispanique* (1922, LVI)
y J. Vallejo, *Complementos y frases complementarias en español,* en *Rev. de Filología
Española,* XII, 1925, 117-132.

48 Nota la Academia (224 *a* y *b*) que a veces se calla el acusativo, por deducirse
fácilmente del contexto, y aparece sólo el dativo con el verbo transitivo; v. gr.: *Escribo
a mi padre (una carta); no quiero abrir al juez (la puerta).* Con verbos intransitivos
puede haber un solo complemento de persona, animal o cosa, a quien se refiere la
acción, en el concepto general de daño o provecho, y por consiguiente más próximo
al dativo que al acusativo: *La función gustaba a todos; a muchos desagrada.*

nuevo complemento, que se llama *indirecto* porque no recibe la sola
acción significada por el verbo, sino la que expresa la unidad de éste
con su primer complemento.

Las definiciones tradicionales del acusativo y del dativo pueden
ser mantenidas a condición de restituirles su significación originaria.
El acusativo es, en efecto, la persona o cosa que recibe directamente
la acción del verbo; el dativo no recibe directamente la acción verbal,
sino indirectamente, puesto que al llegar a él va sumada a la del
acusativo formando un todo. Por esto se equivoca LENZ cuando trata
de poner en caricatura las definiciones mencionadas, diciendo que
en la oración *el padre dio una bofetada al niño*, el niño no recibe
indirectamente la acción, sino muy directamente. Esta broma indica
que el autor no se dio cuenta del sentido estrictamente gramatical
con que están empleados los términos *directo* e *indirecto*. *El niño*,
en efecto, recibe directamente la acción de *dar una bofetada* (complejo
de verbo y acusativo, pero no recibe la del verbo solo *(dar)* sino después de haberse incorporado su primer complemento, y por tanto es
objeto gramatical indirecto de dicho verbo [49]. El conjunto verbo +
acusativo tiene un complemento (el dativo), que es directo con relación
a dicho conjunto, pero indirecto con respecto al verbo solo. Si en el
ejemplo del párrafo anterior suprimimos el acusativo *(su deuda)*
y decimos *el comerciante pagó a Andrés*, el dativo *a Andrés* se convierte en acusativo por ser el único complemento.

Por consiguiente, la distinción entre los complementos directo
e indirecto no ofrece dificultades más que en los casos en que el

---

49 También en la *Gramática* de R. SECO (II, pág. 34) el autor sufre análoga confusión al comentar el siguiente ejemplo : *El cura ha regalado un libro a Andrés:* «La
designación de término indirecto que se da al dativo — dice — no parece propia, pues
no es *la persona o cosa que recibe indirectamente la acción del verbo*, como se acostumbra a decir : *Andrés* no recibe los efectos de la acción de *regalar* por modo indirecto,
como tampoco los recibe de modo directo el acusativo. No puede decirse que el *libro*
reciba la acción de *regalar;* quien la recibe propiamente es Andrés, a cuyas manos
viene a parar el libro.» Sin embargo, ve claro el problema cuando añade : «Lo que
ocurre es que el acusativo complementa la acción del verbo, y el dativo complementa
la acción del verbo después de incrementada en el acusativo. El dativo *a Andrés* es
complemento, no de *regalar*, sino del conjunto *regalar un libro*, que forma el predicado
y su acusativo.» Todo se reduciría, pues, a sustituir la palabra *recibir* la acción, que
se presta a esta mala inteligencia, por *completar*, más expresiva; pero los términos
directo e *indirecto* conservan su validez.

primero lleve la preposición *a*, puesto que no queda entonces signo gramatical que distinga uno de otro. En tales ocasiones el idioma suele valerse de dos recursos principales: o bien suprimir la preposición *a* del acusativo, aun cuando sea de persona, o bien colocar el acusativo junto al verbo y antes del dativo, p. ej.: *Prefiero Luisa a Petra; «Si yo voy contigo, ¿a quién dejaré encomendada nuestra hermana Gordiana?»* (FR. L. DE GRANADA, *Guía* I, 24); *Di a Diana a Don Sancho* (TIRSO, *El celoso prudente*, II, 7); *Allí se daría orden de llevar a Dorotea a sus padres* (*Quijote*, I, 29). Pero como estos recursos no se emplean de un modo constante, queda simpre un pequeño margen de posible ambigüedad en los casos en que el sentido no baste para distinguir un complemento de otro.

Los complementos circunstanciales iban en latín en caso ablativo. En español pueden llevar cualquier preposición.

No puede haber ambigüedad en cuanto a los complementos circunstanciales, puesto que las preposiciones que los acompañan indican su carácter sin lugar a dudas. Aun las preposiciones *a* y *para*, que pueden juntárseles, ofrecen tan visible su significado local, que no hay confusión posible con el acusativo ni el dativo: *Estaba sentado a la sombra; Salgo para Barcelona.* Algunas veces van sin preposición, como en *Pedro ha llegado esta tarde.*

Los complementos circunstanciales que expresan relaciones de lugar, tiempo y modo equivalen a los adverbios. *Andar con facilidad* expresa lo mismo que *andar fácilmente;* el substantivo *mañana* en la oración *ha llegado esta mañana*, pasa a ser adverbio en *mañana llegará.* Así ha ocurrido que muchos adverbios son antiguos substantivos adverbializados por hallarse frecuentemente usados en complementos circunstanciales; y así se han formado también numerosas frases adverbiales con preposición y substantivo, como *de golpe, de vez en cuando, a bulto, al revés, en el acto, en efecto, en resumen, en fin,* etc., etc.

159. 4.º **Complemento de otro substantivo.** Un substantivo puede determinar, aclarar o precisar el significado de otro substantivo, ya sea juntándose simplemente con él a manera de atributo calificativo o determinativo (*El rey soldado; Lima, capital del Perú*), ya relacionando ambos substantivos por medio de una preposición (*puente de hierro; un día sin pan*). En el primer caso se dice que el substantivo complementario está en *aposición*. En el segundo, es un complemento con preposición.

En frases como *Toledo, la ciudad del Tajo; Carlos I, el Emperador; Danubio, río divino*, los substantivos *ciudad, Emperador, río*, se hallan respectivamente en aposición con *Toledo, Carlos I* y *Danubio*. Pero el substantivo complementario nada añade a la idea que tenemos formada del nombre a que se refiere. Se limita a hacer resaltar una nota o aspecto que nos parece característico o particularmente interesante. La aposición es explicativa. En cambio en las frases *el rey soldado, el molinero alcalde*, la aposición es especificativa, puesto que determina y distingue al *rey soldado* entre otros reyes, y al *molinero alcalde* entre los molineros que no lo sean. El nombre en aposición explicativa suele separarse por una pausa en la pronunciación y por una coma en la escritura, como puede comprobarse en los ejemplos anteriores.

El substantivo en aposición puede tener género y número distinto: *vivía con sus tres hijas, báculo de su vejez; «Copas y cubiertos de oro, | Vajilla que cinceló | Diestro artista a quien por ella | Dieron riqueza y honor»* (ZORRILLA).

Históricamente la aposición ha dado lugar, por un lado, a la formación de compuestos de dos substantivos que se escriben juntos o separados, del tipo *bocamanga, aguanieve, pájaro mosca*, ya incorporados al diccionario; por otro, a la adjetivación del segundo substantivo: *un día perro; noticia bomba*.

Los objetos que se designan con dos nombres, uno genérico y otro específico, se expresan por aposición especificativa: *el río Guadalquivir, los montes Pirineos*. Cuando se trata de islas, cabos, estrechos, etc., y de ciudades, calles, plazas, meses, años, o de edificios o instituciones, es característicamente española la construcción del nombre específico con la preposición *de*, p. ej.: *la isla de Puerto Rico, el cabo de Palos, el estrecho de Magallanes, la ciudad de México, calle de Alcalá, provincia de Vizcaya, el mes de Abril, año de 1942, el teatro de Apolo*, etc. En la actualidad hay cierta tendencia a suprimir la preposición: *teatro Calderón, Instituto Cervantes, el año 1942, el cabo San Vicente, avenida Alvear.*

160.   La relación entre dos substantivos se expresa más frecuentemente por medio de una preposición. Todas las preposiciones pueden usarse con los substantivos complementarios: *amor de madre; árbol sin fruto; café con leche; viaje a los Andes; una marcha a pie; excursión en automóvil; lucha por la vida; papel para cartas; miel sobre hojuelas,* etc. La preposición y su término forman un concepto adjetivo que califica al substantivo al cual complementa. Así *un árbol sin hojas* equivale a *un árbol deshojado;* el *amor de madre* es equivalente al *amor materno; agua con azúcar* a *agua azucarada.* No siempre puede hacerse esta sustitución, por no tener el idioma en uso todos los adjetivos equivalentes, pero es evidente el carácter adjetivo de la frase preposicional complementaria de un substantivo.

Todas estas relaciones, que en español se expresan con preposición, se expresaban en latín por medio de los casos genitivo y ablativo. Correspondía al primero la relación de propiedad, posesión, pertenencia o materia, que en castellano expresamos con la preposición *de: la casa de Pedro; las virtudes del sacerdote; un reloj de oro.* El ablativo latino equivale a todas las relaciones que designamos en castellano con cualquier preposición, excepto *de* con los significados antedichos: *casa con dos puertas; un viaje en tren; mi salida de Cuba,* etc., etc. Por consiguiente, en español no hay diferencia funcional de ninguna clase que justifique el separar determinadas significaciones de la preposición *de* de otras acepciones de la misma preposición, o de las que se expresan con las preposiciones restantes. La equivalencia latina es la única razón para distinguir en nuestras gramáticas los casos genitivo y ablativo. Los mismos motivos habría, como ya hemos indicado, para considerar aparte un caso locativo con la preposición *en,* y un caso instrumental con algunos significados de las preposiciones *con* y *por.* Podríamos separar además otros muchos casos, tantos como relaciones o grupos de relaciones podamos descubrir en nuestras preposiciones. En su consecuencia, trataremos de las expresiones equivalentes al genitivo latino cuando hablemos de los significados que corresponden a la preposición *de* (190).

161. 5.º **Complemento de un adjetivo.** La cualidad que expresa un adjetivo respecto al substantivo a que se refiere, puede limitarse o concretarse mediante un substantivo precedido de preposición. Si digo, por ejemplo, que *mi maestro es sabio,* la cualidad de *sabio* se la atribuyo de un modo general; pero si digo *sabio en Jurisprudencia,* restrinjo la significación del adjetivo. De este modo los substantivos con preposición completan o determinan a los adjetivos: *apto para el estudio; amable con las damas; atento a las órdenes; procedente de Galicia; serio sin afectación.* En el mismo caso se hallan los infinitivos: *cansado de esperar; dispuesto a replicar; paciente en sufrir; apto para mandar.* Estos substantivos complementarios de adjetivos se expresaban en latín con los casos dativo y ablativo.

El significado restrictivo del complemento con preposición explica frases como *una moza pequeña de cuerpo, pero recia de voz,* en las cuales el adjetivo concierta con el substantivo principal y no con el que le sirve de complemento. He aquí otro ejemplo: «*Servía en la venta una moza asturiana, ancha de cara, llana de cogote, de nariz roma, de un ojo tuerta y del otro no muy sana*» (*Quijote,* I, 16), donde los adjetivos *ancha, llana, tuerta,* y *sana,* que en realidad califican a *cara, cogote* y *ojo,* van gramaticalmente atribuídos a *moza.* Se da al todo la calificación que corresponde a una parte; y así *una moza de cogote ancho* pasa a ser *ancha de cogote,* puesto que la restricción que el complemento con preposición produce en el adjetivo, mantiene el significado invariable, a pesar de la concordancia gramatical y de que la calificación se amplíe al todo.

Más difíciles de explicar son construcciones como *el bueno del conserje, el tonto de Pedro, la pícara de la muchacha.* Parece que hay en estos casos una intensificación del adjetivo, unida a un sentido de compasión, ironía o menosprecio, en paralelismo con los adjetivos que teniendo estos significados se construyen con complemento pronominal: *pobre de mí, de ti, de ella; infelices de nosotros.* En cambio no se dice (más que dialectalmente) *dichosa de ti,* sino *dichosa tú,* ni hemos oído nunca *feliz de mí, bienaventurados de vosotros,* sino *feliz yo, bienaventurados vosotros.* Cuando el adjetivo es elogioso, toma en estas expresiones un claro significado irónico: *el sabio de Fulano, el valiente de Mengano.* No acertamos a explicarnos cómo ha podido llegarse históricamente a estas construcciones [50].

162. 6.º **Vocativo.** El vocativo no es complemento de ninguno de los componentes de la oración, ni guarda con ellos relación gramatical alguna. Por esto va sin preposición. Los vocativos son, como las interjecciones, palabras aisladas del resto de la oración por medio de pausas, refuerzos de intensidad y entonación especial en el lenguaje hablado, y de comas en el escrito. Pertenecen a la función apelativa del lenguaje.

El vocativo es el nombre de la persona o cosa personificada a quien dirigimos la palabra. No suele llevar artículo ni palabras determinativas: *Juan, abre la puerta; ¡cielos, ayudadme!* Puede ir acompañado de interjecciones: «*Para y óyeme, ¡oh sol!, yo te saludo*» (ESPRONCEDA).

Su colocación al principio, en medio o al fin de la oración, es gramaticalmente indiferente, pero no tiene el mismo valor expresivo. Al principio, llama la intención del interlocutor hacia lo que va a decirse, generalmente un mandato, súplica o pregunta. En medio o al fin de la oración, es casi siempre enfático; su papel suele limitarse a reforzar la expresión o a suavizarla, según los matices que la entonación refleje.

En la lengua literaria, como de ordinario el lector no es la persona a quien se refiere el vocativo, es mucho más frecuente que en el habla ordinaria la colocación en medio o al fin, y a veces no tiene el vocativo más objeto que el de dar a conocer al lector la persona o cosa personificada a quien el escritor imaginariamente se dirige.

---

50 En latín, expresiones de este tipo se construyen en acusativo, p. ej.: *me miserum!*, que procede probablemente de frases como *videte me miserum.* Con interjecciones que denotan compasión o amenaza suele usarse el dativo: *hei mihi! Vae victis!* En español llevan también la preposición *de; ¡Ay de ti!* Es curioso registrar lo mismo en la frase corriente entre los clásicos: *¡Ah de la casa!*, a pesar de que es una simple llamada sin ninguno de los matices expresivos a que aludimos.

CAPÍTULO XVI

OFICIOS DEL ADJETIVO

163. Consiste la función peculiar del adjetivo en determinar o calificar al substantivo, cualquiera que sea el oficio que éste desempeñe en la oración. Hemos visto en el capítulo IV que la determinación o cualidad propia del adjetivo puede expresarse, bien por simple atribución asindética *(hombre estimable; fruta madura)*, bien por medio de una oración atributiva con verbo copulativo *(este hombre es estimable, la fruta estaba madura)*.

164. Posición del adjetivo. En nuestra lengua, como es sabido, el adjetivo puede preceder o seguir al substantivo a que se refiere; pero su valor expresivo no es el mismo en uno u otro caso. El adjetivo antepuesto supone por parte del que habla mayor atención hacia la cualidad que hacia el substantivo: *verde prado, altas torres, buena persona,* frente a *prado verde, torres altas, persona buena,* matizan subjetivamente la expresión envolviendo al substantivo que sigue en la representación previa de la cualidad. Por eso se dice que el adjetivo antepuesto tiene carácter *subjetivo* o *afectivo;* es signo de estimación preferente de la cualidad. Algunas gramáticas le llaman *epíteto;* pero esta denominación tomada de la Preceptiva literaria no parece propia, puesto que el epíteto puede también seguir al substantivo a que se aplica.

13

El adjetivo pospuesto viene a sumarse por simple añadidura a la representación previa del objeto, el cual asume el interés principal. Expresa una cualidad más o menos característica, pero no la realza mentalmente. Tiene por ello carácter *objetivo*. Ahora bien: el realce de la cualidad puede conseguirse también en el adjetivo pospuesto, separándolo del substantivo por una ligera pausa: *el jardín, abandonado, evocaba otros tiempos*. En este caso el adjetivo rompe su unidad de acento y de entonación con el substantivo, y adquiere relieve propio.

Desde el punto de vista lógico, el elemento que sigue determina la extensión del que precede. En *un hermoso edificio*, el substantivo restringe la cualidad enunciada al aplicarla a un objeto determinado. Por el contrario en *un edificio hermoso*, el adjetivo excluye de la imagen general de *edificio* a todos los que no sean hermosos. Este es el motivo que guió a ANDRÉS BELLO para decir que el adjetivo antepuesto es explicativo, y el pospuesto es especificativo. Por esto resultaría chocante la posposición de un adjetivo que designe cualidades inseparablemente asociadas al substantivo: *las ovejas mansas, los leones fieros;* decir *su madre viuda* equivaldría a decir que la persona a que nos referimos tiene también una madre que no es viuda. En tales casos la posposición exige separar el adjetivo del substantivo por medio de una pausa, para quitarle el carácter restrictivo: *las ovejas, mansas; los leones, fieros; su madre, viuda.*

Sin embargo, es necesario observar que en todos los ejemplos del párrafo anterior, como en los que han manejado los gramáticos que se han ocupado de esta cuestión [51], existen palabras determinativas (artículos, posesivos, etc.), y a ellas se debe gran parte de la significación determinativa del elemento pospuesto. Bastaría dejar solo al adjetivo con el substantivo para que, al quedar indetermina-

51 Bello (47 y 48), y a imitación suya la Academia (223 *a* y *b*). Hasta Lenz mismo (115 y 116), que trabajó basándose en los capítulos que dedicaron a este asunto Gröber y Hanssen, no emplea más que ejemplos acompañados de artículos determinados o indeterminados, con lo cual limita su visión del problema, lo mismo que los autores en que se fundaba. Por esto todos ellos, aunque acertaron en la interpretación de conjunto, no llegaron a hacerse cargo de la parte de verdad que había en las explicaciones de Bello. Véanse las nuevas y penetrantes observaciones de SALVADOR FERNÁNDEZ, *Gram. Esp.*, §§ 82-84.

dos, no rigiesen los valores lógicos antedichos, se atenuase el significado explicativo o especificativo y reapareciese el sentido subjetivo
o afectivo del adjetivo antepuesto: *hermoso edificio, mansas ovejas,
fieros leones, viuda madre,* o el puramente objetivo del pospuesto:
edificio hermoso, ovejas mansas, leones fieros, madre viuda. No obstante, es poco frecuente que el substantivo y el adjetivo formen una
unidad aislada sin determinación alguna; en aposición, como vocativos o en oraciones exclamativas, suele presentarse con alguna frecuencia; también pueden hallarse incorporados plenamente a la oración formando un elemento sintáctico de la misma, v. gr.: *valiosos
cuadros adornaban el salón* (o *cuadros valiosos*); *esperamos tiempos
mejores* (o *mejores tiempos*), donde la calidad estética de lo expresado dicta la colocación del adjetivo. Lo corriente es que los conceptos
estén más o menos determinados dentro de la oración, y entonces la
significación lógica viene a sumarse al valor estilístico que rige
permanentemente la colocación del adjetivo. Si decimos *aquellos valiosos cuadros adornaban el salón* señalamos que todos los cuadros
eran valiosos; pero al decir *aquellos cuadros valiosos...* excluimos
a los que no tenían esta cualidad.

En resumen, la explicación de BELLO no es inexacta más que
en el sentido de que está supeditada a la determinación con que estén
usados en cada caso los conceptos de substantivo y adjetivo. En casos
de completa indeterminación, actúa de un modo exclusivo la vivencia
estética con que la frase se profiere. La preferencia por una u otra
posición, cuando las condiciones lógicas no exigen colocación fija,
es un elemento de caracterización de un estilo, siempre que esté internamente vivida; porque ocurre a veces que por el solo afán de dar
al lenguaje un empaque literario propio del estilo elevado y declamatorio, algunos escritores principiantes, o poco sinceros, anteponen
sistemáticamente los adjetivos. Si no interviene este factor retórico,
el efecto de conjunto consiste en que los adjetivos antepuestos contribuyen a dar al estilo carácter sintético, mientras que los pospuestos
revelan más bien una posición analítica.

Cuando sean varios los adjetivos que califican a un substantivo,
su colocación e interpretación dependerán de cómo se agrupen rítmica

y fonéticamente, de que se enlacen o no por medio de conjunciones, de su mayor o menor determinación y de la calidad expresiva de lo mentado. Los casos esporádicos de concordancia gramaticalmente anómala, suelen ser muy reveladores a este respecto (v. cap. II).

165. Los adjetivos determinativos se anteponen normalmente al substantivo: *veinte vacas, primer premio, esta casa, sus hermanos, muchos hombres, algunos amigos, otro día.* Hay, sin embargo, las siguientes excepciones:

a) Los numerales cardinales, cuando se emplean como ordinales, van necesariamente pospuestos: *día 15; el siglo XX; León XIII.* Alguna vez se posponen los cardinales en frases proverbiales, o enfáticamente en lenguaje poético: *Al cabo de años mil, vuelven las aguas por do solían ir; en abril aguas mil; gracias mil o mil gracias; Pasaron bandadas ciento.* En estos casos los numerales *ciento* y *mil* significan cantidad indeterminada, pero crecida.

b) Los ordinales pueden anteponerse o posponerse, pero los que indican sucesión de reyes o papas van siempre pospuestos, a causa de su carácter especificativo: *el primer día* o *el día primero; cuarta fila* o *fila cuarta; Alfonso tercero; Pío nono.*

c) El partitivo *medio* va delante cuando no hay otro numeral *(media hora),* pero se coloca detrás del substantivo si se añade a otro número: *dos horas y media.*

d) Los demostrativos y posesivos van ordinariamente antepuestos; pero se posponen cuando llevan además artículo u otra palabra determinativa: *la casa esa; el día aquel; un pariente mío; aquella amiga vuestra.* Fácilmente puede notarse que los demostrativos *este* y *ese* tienen, cuando van pospuestos, un claro significado despectivo, sobre todo si se trata de personas: *la señora esta; el hombre ese.* El matiz coincide con el que también adquieren en su uso nominal, según veremos en el capítulo siguiente.

La lengua antigua anteponía los posesivos adjetivos, aunque fuesen precedidos del artículo: *la tu casa, la mi hermana, un mi amigo;* de ello conservamos una supervivencia en el Padrenuestro: *el tu reino.* El posesivo *mío* se pospone también comúnmente en

España, aunque no lleve otra palabra determinativa, en los vocativos y oraciones exclamativas: *¡madre mía!; Te digo, amigo mío, que no fue así; señor mío*, etc. En numerosos países hispanoamericanos es muy frecuente la anteposición del posesivo en estas condiciones: *¡Mi vieja!; Oiga, mi amigo; mi hijita, ven acá.*

e) El indefinido *alguno*, en oraciones afirmativas se antepone casi siempre al substantivo: *dijo algunas palabras* o *algunas palabras dijo;* pero puede también separarse del substantivo y colocarse detrás del verbo: *hemos visto alguna caza,* o *caza, hemos visto alguna.* En este último caso está muy cerca del valor substantivo, y suele separarse el primer substantivo del resto de la oración por medio de una pausa. Si la oración es negativa, se coloca detrás del substantivo: *No tiene motivo alguno para enfadarse;* no podríamos decir *no tiene algún motivo.* El adjetivo indefinido *ninguno* puede anteponerse o posponerse cuando la oración comienza por un adverbio de negación: *No he leído ningún periódico; No he visto periódico ninguno; Nunca tuve enfermedad ninguna* o *ninguna enfermedad.* Puede ir también al comienzo de la oración: *Ningún libro tengo.*

166.   Finalmente, hay que considerar algunos adjetivos calificativos cuyo significado varía según el lugar que ocupan con respecto al substantivo, y que, por lo tanto, tienen excepcionalmente colocación fija:

ADJETIVOS	SIGNIFICADOS		EJEMPLOS
	ANTEPUESTO	POSPUESTO	
cierto..	indeterminado	verídico, seguro	*cierta noticia* y *noticia cierta*
pobre..	compasión, desdén ...	necesidad, es-[casez	*pobre hombre* y *hombre pobre*
simple.	sencillo	tonto	*simple soldado* y *soldado simple*
triste..	humilde, sin categoría ...	melancólico	*triste empleado* y *empleado triste*
nuevo.	de uso reciente	recién hecho	*nueva casa* y *casa nueva*

El adjetivo *mero* va siempre delante: *el mero parecer. Negro* se antepone en expresiones particulares en las que significa: aciago, desdichado, p. ej.: *mi negra suerte; la negra honrilla.*

Para el lugar que ocupa el adjetivo cuando va atribuido al substantivo por medio de los verbos *ser* y *estar*, véase el capítulo VI.

167. Adverbialización. Los adverbios coinciden con los adjetivos en ser palabras calificativas o determinativas, aunque las modificaciones que significan afecten específicamente al verbo, al adjetivo o a otro adverbio, y no al substantivo, como los adjetivos.

Nada tiene de extraño que muchos adjetivos se adverbialicen, aun sin añadidura de sufijos *(claro, limpio, recio, mucho, poco, demasiado)*, y que se produzcan también adjetivaciones de adverbios primitivos *(un hombre así)*. Estos cambios de función, aunque se hayan formado por la situación sintáctica de la palabra, pertenecen ya a la Lexicología, y tienen su lugar propio en los diccionarios. A la Sintaxis interesa principalmente estudiar las condiciones en que se producen adverbializaciones ocasionales de adjetivos, con las cuales se explican las que de un modo permanente se hallan ya incorporadas al léxico usual.

La transición entre ambas funciones puede observarse en las oraciones formadas por verbos de estado e intransitivos: *el niño duerme tranquilo; mis hermanos viven felices*. Los adjetivos *tranquilo* y *felices* califican al sujeto y conciertan con él; pero es evidente que constituyen también una calificación modal del verbo, igual a la que se obtendría con los adverbios morfológicos *tranquilamente* y *felizmente*. En el capítulo V vimos que esta clase de oraciones tienen carácter atributivo, como lo demuestra la concordancia del atributo con el sujeto, y sólo se diferencian de las atributivas propiamente dichas en que el verbo no es una mera cópula vacía de significado, sino que guarda significación propia. Podríamos repetir las mismas observaciones con otros ejemplos: *llegaron hambrientos; la yegua viene cansada,* etc. Todos estos adjetivos, a los cuales llama la ACADEMIA *predicados de complemento*, ofrecen una amplia zona de contacto entre las funciones adjetiva y adverbial.

En oraciones como *este niño come poco pan, poco* es un adjetivo que califica a *pan* concertando con él, como concertaría si el complemento directo tuviese otro género y otro número, p. ej.: *este niño come pocas legumbres*. Si callamos el substantivo complemento directo y decimos *este niño come pocas,* refiriéndonos a las legumbres nombradas anteriormente en la conversación, *pocas* sería substantivo. Si decimos que *come poco,* seguirá siendo substantivo si pensamos en un complemento substantivo *(alimento),* pero si queremos expresar que come escasamente, deficientemente, con parquedad, sin pensar en la cosa comida, tendremos un claro adverbio de cantidad que modifica al verbo *comer.* De este uso proceden los adverbios *hablar claro, jugar limpio, pasear demasiado,* etc., invariables por haberse inmovilizado en su forma neutra. Es natural que con verbos intransitivos, que no llevan asociada la idea de un complemento directo, este empleo sea mucho más frecuente.

Acompañados de preposición, algunos adjetivos han dado lugar a la formación de frases adverbiales: *a ciegas, a oscuras, a tontas y a locas, de nuevo, por último, por junto,* etc.

168. Substantivación. Toda cualidad considerada en abstracto y no atribuida por consiguiente a ningún ser, se convierte en un concepto substantivo, el cual puede expresarse, bien con un cambio de sufijo (de *amargo, amargura*), bien substantivando el adjetivo por medio del artículo, o de un adjetivo determinativo, como ya es sabido. También los adjetivos, con o sin artículo, pasan a menudo a ser nombres concretos, cuando por callarse el substantivo a que se refieren asumen ellos solos la significación de la representación compleja que ambos expresaban. Estas substantivaciones permanentes, incorporadas ya al vocabulario usual, tienen su lugar propio en la Semántica. A la Sintaxis interesan las condiciones en que un adjetivo toma transitoriamente en la oración el papel de substantivo.

Para que la substantivación se produzca no es indispensable que el adjetivo vaya acompañado del artículo. Basta con que desempeñe en la oración cualquiera de los oficios que en el capítulo anterior hemos señalado como propios del substantivo, o sea: sujeto, complemento directo y término de una preposición. Ejemplos: *Buenos y malos se alegrarán de su victoria; no perdonaban profano ni sagrado; No lo dijo a sordo ni a perezoso; Los edificios de esta ciudad nada tienen de grandioso.* La presencia de artículos en estos ejemplos determinaría el concepto, lo mismo que si se tratara de substantivos léxicos, pero no aumentaría en nada el grado de substantivación.

Con el artículo o con demostrativos se substantivan los adjetivos *(los buenos)*, las frases adjetivas *(los aficionados al teatro)* y las frases relativas *(el que tú sabes, esos que conoces tanto)*.

169. Entre las lenguas románicas, el español es la única que ha conservado un artículo neutral e invariable, con el cual se substantivan los adjetivos, que de este modo adquieren la significación del neutro latino. La substantivación con *lo* da al adjetivo carácter abstracto y colectivo, mientras que con el artículo masculino (definido o indefinido) tiene significación concreta e individual: *lo bueno*, puede significar *la bondad* en abstracto, o referirse a un conjunto de cosas buenas; *lo útil* puede aludir a *utilidad* o designar colectivamente un grupo de objetos útiles. *El bueno, el útil*, se aplican en cambio a un ser determinado que posee la cualidad respectiva. No puede existir línea divisoria fija entre una y otra manera de considerar la cualidad, y por ello ciertos adjetivos en número limitado, que ordinariamente aparecen como abstractos o colectivos por su significado, pueden presentarse substantivados con el artículo masculino, tanto en la lengua vulgar como en la culta, según el grado de individualización concreta que en cada caso se les atribuya. Ejemplos vulgares: *el largo, el ancho, el alto, el bajo*. Ejemplos cultos: *el sublime, el ridículo, el infinito, el abstracto, el vacío*, y otros muchos, empleados como tecnicismos o en acepciones particulares, generalmente más restringidas que las que corresponderían a *lo sublime, lo ridículo, lo absoluto*, etc. A veces la diferencia entre la substantivación neutra y la masculina ha derivado hacia acepciones no precisamente restrictivas, sino distintas: en *el vacío* falta toda materia; en *lo vacío* puede haber aire. En este caso la substantivación masculina es absoluta y la neutra relativa, pero en cambio aquélla es inaplicable a los colectivos. Algunos filólogos han pensado que en la substantivación con *el* de los adjetivos abstractos cultos, ha podido haber galicismo o latinismo. MEYER-LÜBKE [52] piensa en influencias locales e individuales. Es indu-

---

[52] *Gram. des langues romanes*, t. III, pág. 11.

dable, sin embargo, que el fenómeno es tan extenso y antiguo, aun en la lengua vulgar, que hay que considerarlo como autóctono, aunque en algún tecnicismo particular pueda hallarse influencia latina o francesa. Algunos de los que registran las gramáticas no pasaron de ser una moda transitoria que ha desaparecido en los libros de nuestra época, por ejemplo *el patético, el trágico, el cómico*, reemplazados nuevamente por la substantivación, con *lo*, o por substantivos como *patetismo, comicidad*.

170. Modificaciones y determinaciones del adjetivo. Las cualidades pueden aparecer modificadas en su intensidad por medio de adverbios: *casi blando, bastante serio, muy fuerte, nunca tonto, extremadamente arriesgado, demasiado severo*, etc. Por medios morfológicos se modifica también la intensidad con el sufijo, llamado superlativo, en *-ísimo*, o con los aumentativos y diminutivos: *feísimo, grandón, bajito, pequeñín*. El lenguaje familiar emplea también el prefijo reiterativo *-re (resalada)*, a veces repetido con variación de las consonantes *(reteguapa y requeteguapa)*. El mismo sentido tiene la repetición del adjetivo con un *que* enfático: *tonto que tonto, terco que terco*. Con ello se denota la persistencia de la cualidad. En los verbos es asimismo frecuente este medio para expresar la continuación o repetición de un acto, a veces haciendo seguir a *que* el refuerzo de *te*, p, ej.: *duerme que duerme* o *duerme que te duerme, come que te come, salta que te salta*.

Aunque lo más frecuente es que las modificaciones producidas por el adverbio sean intensivas, no es raro que expresen también modificaciones cualitativas formando así un concepto complejo de dos cualidades: *groseramente serio; ridículamente tacaño; presuntuosamente necio*.

171. La determinación de la cualidad puede hacerse por comparación con otros substantivos que también la poseen. Tenemos en este caso la gradación de los adjetivos, es decir, el comparativo y el superlativo relativo. Los sufijos comparativos latinos fueron substituidos por las perífrasis analíticas *mas... que* (superioridad), *menos... que* (inferioridad) y *tan... como*, excepto en los pocos comparativos orgánicos que el español ha conservado (*mejor, peor, mayor, me-nor,* etc.).

El único superlativo español es el que atribuye a un objeto el grado máximo de la cualidad entre los demás objetos con que se le compara. Se expresa por medio de los adverbios *más* y *menos* prece-didos del artículo *(el más, el menos)* y seguidos de la preposición *de,* como corresponde al carácter positivo de la expresión, p. ej.: *la más bonita de la casa, el menos conocido de los tres, los más traviesos de la clase.* Los pocos superlátivos orgánicos heredados del latín signi-fican, unas veces el grado más alto de una cualidad *(tiempo máximo, plazo mínimo, Juez Supremo),* y otras una simple intensificación de la misma, equivalente a la que se expresa con el adverbio *muy* o con el sufijo *-ísimo.* Ordinariamente, al decir que un vino es *óptimo* o *pésimo* no queremos decir que es *el mejor* o *el peor,* sino que es *muy bueno* (o *bonísimo*) o *muy malo* (o *malísimo*).

Para las modificaciones y determinaciones del adjetivo por me-dio de un substantivo seguido de preposición, v. § 161.

CAPÍTULO XVII

PRONOMBRES Y ARTÍCULOS

I. — PRONOMBRES PERSONALES

172. Son los pronombres personales las únicas palabras que han conservado un resto de la declinación latina, es decir, una diferencia de forma que corresponde a su empleo como sujeto o como complemento. Dentro de los complementos existen también formas diversas, en cuyo uso sintáctico sobreviven, aunque muy confusamente, algunas de las diferencias que separaban entre sí los casos latinos complementarios.

Pronombre sujeto. En el capítulo II señalamos el poco empleo que hacemos en español del pronombre sujeto, a causa de que la claridad de las desinencias personales del verbo lo hace innecesario casi siempre. En inglés y en francés se perdieron u oscurecieron las desinencias personales, lo cual ha contribuido quizás a que sea obligatoria desde hace siglos la anteposición del pronombre, a no ser que el sujeto aparezca nombrado junto al verbo. Parece ser que en francés el pronombre sujeto se antepuso en su origen al verbo por motivos rítmicos. Cualesquiera que sean las causas históricas del fenómeno,

el resultado ha sido que ambas lenguas substituyen hoy casi totalmente las desinencias personales por un sistema de pronombres prefijos. En la enseñanza de nuestra lengua a extranjeros es indispensable corregir su tendencia a enunciar todos los verbos con su sujeto
pronominal, a fin de evitar la redundante pesadez que esto comunica
al estilo. Convendría que en las gramáticas elementales se enseñara
desde el primer momento que, por ejemplo, el presente del verbo
cantar es *canto, cantas,* etc., y no *yo canto, tú cantas,* etc., como suelen hacerlo aun las mismas gramáticas destinadas a españoles e
hispanoamericanos, entre ellas la de la ACADEMIA.

En primera y segunda persona el pronombre sujeto es enfático,
y significa insistencia particular en hacer resaltar el sujeto: decir
yo canto es llamar expresamente la atención del oyente acerca de que
soy precisamente yo, yo mismo, y no otro, el que realiza la acción.
La traducción correcta de *I shall sing* es *cantaré,* y no *yo cantaré,* a
no ser que queramos insistir especialmente en el sujeto.

En tercera persona puede haber ambigüedad, puesto que las
terceras personas posibles son muchas, mientras que la 1.ª y 2.ª son
únicas y están bien determinadas para los interlocutores. Por esto
usamos con mayor frecuencia del pronombre sujeto de 3.ª persona,
siempre que por el contexto no esté suficientemente determinada
aquella a que nos referimos, entre las varias a que pudiera aludirse.
Decir *él, ella se presentó en seguida* supone por parte del que habla
el deseo de eliminar una falsa interpretación posible. Si no es así, el
pronombre sujeto de 3.ª persona es tan enfático como los de 1.ª y 2.ª,
y denota como ellos la intención de destacar expresamente el sujeto
por algún interés especial.

Como quiera que los motivos de énfasis son variadísimos y a
veces borrosos o poco perceptibles, no deben interpretarse las observaciones precedentes de un modo absoluto. En la conversación y en
los textos hallamos de vez en cuando sujetos pronominales redundantes, o que por lo menos lo parecen para el que escucha o lee. En los
pronombres complementarios encontramos casos análogos de redundancia, como, p. ej.: *a mí me parece,* que fueron enfáticos cuando se
crearon, pero que hoy se repiten como frases hechas, sin que nos

propongamos insistir particularmente en el pronombre. En los tiempos que tienen iguales las personas 1.ª y 3.ª del singular (*cantaba, cantaría, cante, cantara,* etc.), la necesidad lógica de distinguirlas impone con alguna frecuencia la enunciación expresa del sujeto; de aquí ha podido propagarse a otras formas verbales en las que no aparece visible aquella necesidad. Puede haber además costumbres individuales o locales que, dentro de ciertos límites, tienden a emplear el pronombre sujeto redundante más a menudo que en el uso general del idioma, sin que el que habla lo perciba, ni se proponga manifestar interés especial hacia el agente.

173.   Desde el punto de vista sintáctico no hay que hacer observaciones particulares sobre el uso de las formas del singular, salvo la concordancia en 3.ª persona de los tratamientos de 2.ª persona *usted, usía, Majestad, Excelencia,* etc., de la cual nos ocupamos en el capítulo III. Únicamente conviene hacer notar, por no hallarse registrado en las gramáticas, que tratar de *usted* a una persona a la cual tuteamos ordinariamente, significa enfado o resentimiento hacia ella, como queriendo hacer visible que no tiene ya nuestra confianza. Un padre trata de *usted* a su hijo en son de reprimenda.

El plural *nos* fue sustituido desde fines de la Edad Madia por la forma reforzada *nosotros (nos + otros),* al principio enfática para poner la primera persona en contraste con otras, y después usada como forma única del plural [53]. *Nos* ha sobrevivido en el llamado *plural mayestático,* ya anticuado *(Nos, el Rey, decretamos...). Nosotros* representa a un sujeto singular en el *plural de modestia,* como el que emplea, por ejemplo, un escritor al hablar de sí mismo, diluyendo en cierto modo la responsabilidad de sus palabras en una pluralidad ficticia: *nosotros creemos,* en vez de *yo creo.* Hoy parece ganar terreno el uso del *yo,* pero muchas personas lo estiman insolente y pedantesco. Notemos además el poco uso del femenino *nosotras,* que LENZ ha observado en varios países hispanoamericanos. En España no suena raro que una mujer diga *nosotras* refiriéndose sólo a mu-

---

53. Véase nuestro artículo *Nos-otros, Vos-otros,* en la *Rev. de Filología Española,* XXX, 1946, págs. 108-117, y las aclaraciones y reparos de L. Spitzer en la misma revista, XXXI, 1947, págs. 170-175.

jeres, pero no es desde luego una norma general. Siendo obligatoria
la concordancia masculina cuando se alude a personas de diferente
sexo, es natural que *nosotros* se use mucho más que *nosotras,* y que
haya que fijarse especialmente en que todas las personas designadas
son femeninas, para emplear esta última forma. Por eso, si no repara
en ello, tiende una mujer a decir *nosotros,* sin que produzca extrañeza en los oyentes. En cambio sería imposible decir: *Nosotros, las
hijas de Eva.*

Vos y *vosotros* han tenido históricamente la misma relación
que acabamos de señalar para el plural de primera persona, pero
hay que hacer algunas observaciones especiales respecto a su empleo.
En gran parte de la América hispana *vosotros* ha sido sustituido por
ustedes, y sólo aparece en estilo declamatorio o notoriamente afectado.
Puede decirse que se ha consolidado *ustedes* como plural normal
de *tú.* España, en cambio, mantiene la diferencia entre el plural de
confianza *vosotros* y el de respeto, *ustedes,* con el mismo valor que
para los singulares respectivos.

Vos, como tratamiento, distinto del *tú* que se aplica sólo a personas consideradas como inferiores o iguales en un plano de gran
confianza, se mantuvo en España hasta después del Siglo de Oro.
Vuestra merced > *usted* y sus formas intermedias, eran tratamientos
de gran respeto reservados a personas nobles. A medida que *usted*
fue haciéndose general, iba quedando sin empleo el tratamiento de
nos, el cual está hoy limitado en la Península a los casos en que quiere
imitarse el lenguaje arcaico, por ejemplo en las obras de teatro que
representan épocas pasadas. Por el contrario, en gran parte de América, al extenderse el tratamiento de *usted,* descendió *vos* al plano de
confianza entre iguales o para inferiores en que se usaba *tú,* el cual
quedó sin aplicación y dejó de usarse. No ha desaparecido, sin embargo, el caso complementario *te,* y por ello se oyen en estos países
construcciones chocantes como *a vos te parece bien, vos te coméréis*
(o *comerés* o *comerás*) *este pastel.* Puede decirse que en los países
donde la sustitución ha sido completa, se emplea *vos* como sujeto y
como término de preposición, y *te* como complemento sin preposición.
El fenómeno está en evolución más o menos consolidada en gran par-

te del dominio geográfico de la lengua española en América. Mientras México, Antillas, Perú y Bolivia mantienen generalmente el tuteo como en España, Argentina, Uruguay, Paraguay y buena parte de Centroamérica, practican el *voseo* general. En otros países aparecen en lucha ambos usos [54]. La lengua literaria y la presión escolar procuran mantener el *tú* tradicional, y en algunos países, como Chile, han hecho retroceder considerablemente el voseo entre las clases cultas.

Todas las formas de pronombre sujeto llevan acento propio. Las de los pronombres complementarios pueden ser acentuadas o inacentuadas.

174. Formas tónicas de los pronombres complementarios.   Su empleo no ofrece lugar a dudas: son siempre términos de una preposición y, a condición de que la preposición las acompañe, pueden representar complemento directo, indirecto o circunstancial. Son las siguientes: *mí, ti* (*vos* en el voseo americano), *usted, él* y *ella* para el singular, *ello* para el neutro singular y plural; *nosotros, nosotras, vosotros, vosotras, ustedes, ellos* y *ellas* para el plural; *sí* para el uso reflexivo de 3.ª persona en singular y en plural. Hay que añadir las formas especiales con la preposición *con: conmigo, contigo* y *consigo*. En latín la preposición *cum* iba pospuesta al pronombre y se decía *mecum, tecum, secum*. El resultado fonético de estas formas fue *migo, tigo* y *sigo;* pero como la sílaba *go*, representante del latín *cum*, se había diferenciado demasiado de *con*, se les volvió a añadir anteponiéndola, y así nacieron las formas *conmigo, contigo* y *consigo*, por no reconocerse a *go* como la misma preposición pospuesta.

Es aquí enteramente aplicable cuanto hemos dicho sobre los tratamientos a propósito del pronombre sujeto.

Con frecuencia aparecen usados con la preposición *a* en unión de los pronombres átonos, o de los substantivos a que representan, formando así una expresión pleonástica: *a mí no me han visto; mucho os deben a vosotros; estoy mirándote a ti; a ese señor no lo*

---

54 Para los pormenores de este fenómeno en su estado actual, véase el mapa «Geografía del *voseo*», publicado por E. F. Tiscornia y P. Henríquez Ureña en el tomo III de la *Biblioteca de Dialectología Hispanoamericana*, Buenos Aires, 1930.

conozco; a María la encontrarás siempre en su casa. Se trata, pues, de una repetición del mismo complemento, la cual se inició como expresión enfática para poner de relieve el concepto, y se ha propagado después por analogía, perdiendo en muchos casos el énfasis originario.

Esta construcción va ganando terreno en nuestros días, y es de rigor que la forma átona vaya pegada al verbo, como corresponde a su carácter enclítico o proclítico, mientras que la tónica, por su mayor independencia fonética, puede hallarse distanciada de él. Esta independencia relativa ha venido a dotar a las formas tónicas de nuevos valores expresivos que han contribuido a la propagación del fenómeno: cuando inician la oración significan *en cuanto a, en lo que se refiere a, sobre, acerca de (a ese señor no lo conozco; a mí no me han visto; a María la encontrarás siempre en su casa)*, y no es raro que vayan separadas del resto de la oración por una ligera pausa. Son entonces verdaderos ablativos, y la forma átona es el único complemento acusativo o dativo, según los casos. Cuando siguen al verbo los complementos nominales o pronominales tónicos pueden tener carácter especificativo, como determinación del concepto representado por el pronombre átono: en *les ataban las manos a los prisioneros* tan dativo es *les* como *los prisioneros*, pero el segundo determina al primero y precisa su significado. La indeterminación del personal *se*, invariable para el género y el número, suele corregirse añadiéndole una forma tónica del mismo pronombre: *se lo di a él, a ella, a ellos, a ellas, a Luisa.* Los matices son muy variados según los casos; pero aunque a menudo parezcan un simple pleonasmo propagado por la analogía, las formas tónicas en apariencia redundantes adquieren también con frecuencia significado propio, lo cual nos hace guardarnos de considerarlas en todos los casos como una mera repetición del mismo complemento.

175. Formas átonas.   Se emplean siempre sin preposición, y las de tercera persona conservan diferencias heredadas de los casos latinos acusativo y dativo. Son las siguientes: 1.ª persona: *me* y *nos;* 2.ª persona: *te* y *os* (antiguo *vos*); 3.ª persona: *lo, la, le (se)* y sus plurales *los, las, les (se);* forma reflexiva e impersonal para ambos números: *se.* Acerca de la 1.ª y 2.ª persona no hay observaciones particulares que hacer: se emplean como formas únicas de los complementos directos o indirectos sin preposición.

La significación que según su origen latino corresponde a los pronombres átonos de 3.ª persona es la siguiente: *lo, la, los, las,* complemento directo (acusativo); *le, les (se),* complemento indirecto (dativo). Este estado parece ser que se ha conservado íntegramente en la América hispana, o por lo menos en gran parte de ella, según el testimonio de Cuervo reafirmado después por otros gramáticos. En España, y muy especialmente en Castilla, al borrarse en el habla corriente la categoría gramatical de caso, se han producido alteraciones del estado originario, que han llegado a influir en la lengua literaria. Aparte del olvido de los casos, ha contribuido a crear esta confusión la tendencia a distinguir el masculino del femenino en el dativo, cuyas formas *(le, les)* son únicas para ambos géneros, mientras que las del acusativo son distintas para cada uno. *Le* ha tendido, por otra parte, a asimilarse a las formas de primera y segunda persona, *me, te,* las cuales no ofrecen variación entre el acusativo y el dativo. El neutro reproductor *lo* ha entrado en competencia con el acusativo masculino. Finalmente, la distinción entre complementos de personas y complementos de cosa, tan viva en el empleo de la preposición *a* con el acusativo, ha ayudado también al oscurecimiento del valor primitivo de los casos pronominales.

Esta cuestión del *leísmo* y el *laísmo* ha suscitado discusiones desde hace mucho tiempo entre los gramáticos españoles. La Academia transige con el empleo de *le* como acusativo masculino de persona, a diferencia de *lo,* que sería acusativo de cosa. Según esto, la oración *busco a Juan y no lo encuentro,* puede expresarse diciendo *busco a Juan y no le encuentro.* En cambio no puede decirse *busco un libro y no le encuentro,* sino precisamente *busco un libro y no lo encuentro,* por tratarse aquí de un complemento directo de cosa. En nuestra opinión, esta tolerancia académica representa bien el promedio del uso literario español en nuestro tiempo, y puede aceptarse como norma, lo cual no quiere decir que no abunden en la misma lengua literaria los ejemplos de leísmo y laísmo que rebasan con mucho este criterio restrictivo, pero al fin y al cabo transaccional,

14

entre el uso que corresponde al origen de estos pronombres y la dispersión de su empleo efectivo en la lengua hablada. En las últimas ediciones de su *Gramática* (246 c), la ACADEMIA ESPAÑOLA mantiene la norma mencionada, pero, movida sin duda por la autoridad que en este aspecto del idioma significa el uso hispanoamericano, recomienda a los escritores que se atengan a la norma etimológica, esto es: *lo, la,* siempre acusativos y *le* siempre dativo, procurando evitar, en lo posible, aun el empleo de *le* como acusativo masculino de persona.

Como quiera que los fines normativos son ajenos al propósito de este libro, vamos a limitarnos a describir lo más exactamente que podamos el estado presente de los hechos lingüísticos y a explicarlos hasta donde se nos alcance. Entre todas las regiones españolas es Andalucía la que se mantiene más cerca del uso latino. En ella actúa únicamente como factor principal de alteración de los casos la tendencia a distinguir los complementos de persona de los de cosa: *le* puede sustituir a *lo* como acusativo masculino de persona, pero como dativo no admite sustitución en ninguno de los dos géneros. Es decir, que esta región (y con ella Canarias y el sur de Extremadura) se halla en general dentro de la norma que la ACADEMIA admite como aceptable. Aragón presenta un estado de leísmo más avanzado, puesto que (sin llegar a ser de empleo general) menudean los casos de *le* acusativo de cosa: *este libro no te le doy.* Algunas provincias leonesas ofrecen el mismo grado de leísmo: *No les quiero* puede referirse tanto a personas como a objetos. Es notable también el empleo aragonés de *ya se les he dicho* en lugar de *ya se lo he dicho* (a ellos, a ellas). En este caso el *se* personal dativo va acompañado de un *les* acusativo, con la particularidad de que éste no concierta con el objeto que representa (singular o neutro colectivo), sino con una pluralidad que correspondería realmente a *se,* si éste tuviera plural. A la frase leísta *el cesto, se le he regalado a un chico,* corresponde *el cesto, se les he regalado a unos chicos.*

En Castilla la Nueva rige también el *le* como complemento directo de persona masculina, lo mismo que en Andalucía; pero la confusión de los casos adquiere un grado mucho mayor. El *le,* dativo, invariable para los dos géneros, se ha especializado como masculino: *le regalaron una bicicleta* (a él); y cuando es femenino ha sido sustituido por *la,* procedente, como se sabe, del acusativo: *la regalaron una bicicleta* (a ella). Este es el uso madrileño espontáneo en todas las clases sociales, a no ser entre personas cuya instrucción gramatical, o la procedencia de otras regiones, lo corrija más o menos. La influencia de la capital irradia su laísmo hacia otras provincias del Centro y del Norte, llegando a vencer a menudo la resistencia del lenguaje literario. El vulgo madrileño va todavía más allá: el *lo* sustituye con frecuencia a *le* como dativo: *lo pegaron una bofetada.* Sin embargo, este *loísmo* se siente en todas partes como extremadamente plebeyo, y no ha logrado salir del habla achulapada.

Esta es a grandes rasgos la situación presente del uso de los pronombres átonos de 3.ª persona en España. En la *Gramática española* de Salvador Fernández (cap. VIII) hallará el lector información bibliográfica y recuentos practicados en textos de distintas épocas. Los estudios de Geografía lingüística podrían darnos mayor precisión con respecto al momento en que se recogieran los datos; pero como el fenómeno está en plena transformación, algunas de sus conclusiones quizá no fuesen ya válidas para la generación siguiente a la nuestra.

176. El *se* personal es independiente por su origen y por su uso moderno del *se* reflexivo, aunque hayan llegado a ser fonéticamente iguales. Procede del dativo latino *illi,* lo mismo que *le,* del cual se ha separado en cuanto al sonido, a causa de su suposición en la frase. La evolución puede representarse con el siguiente ejemplo: *dio lle lo, dio ge lo* y *dio se lo.* El sonido palatal de *ll* pasa al palatal fricativo sonoro de *g* (como la *j* francesa); y finalmente este último se confunde con la *s,* ya desde el siglo XIV. El *se* personal así formado tiene el mismo valor de dativo que le corresponde a *le,* del cual es en realidad una duplicación apta para ser usada en contacto con otras formas del mismo pronombre de 3.ª persona: *se la entregaron, se lo he repetido.* Como es invariable, se emplea para el singular y el plural: *querían que se lo dijese* (a él, a ella, a ellos, a ellas). A causa de esta ambigüedad, exige a menudo la presencia de las formas tónicas del pronombre o de los substantivos que representa, como ya hemos dicho arriba (174).

Sobre los valores sintácticos del *se* reflexivo e impersonal, tratamos con suficiente amplitud en el capítulo V.

177. Colocación de los pronombres átonos. En la lengua moderna la posición enclítica o proclítica de los pronombres complementarios se regula, en general, del modo siguiente:

Con imperativo, gerundio e infinitivo, el pronombre es necesariamente enclítico: *dame, diciéndote, buscarlo.* En la Edad Media y aun en la época clásica podía también anteponerse, p. ej.: *la verdad me di; no le hallando; vino a lo buscar;* pero esta anteposición fue haciéndose cada vez más rara desde la segunda mitad del siglo XVII, y acabó por desaparecer del todo.

Cuando el infinitivo y el gerundio están subordinados a otro verbo (v. cap. XIV) los pronombres enclíticos pueden separarse de ellos y pasar, atraídos, al verbo principal, p. ej.: *quieren molestarte* o *te quieren molestar; iban diciéndole* o *le iban diciendo.*

Con las demás formas verbales, los pronombres pueden ser proclíticos o enclíticos: *me dijo* o *díjome; lo encuentro* o *encuéntrolo; se hará* o *haráse.* Sin embargo, la posposición puede decirse que hoy pertenece exclusivamente al estilo literario; en la conversación se siente como afectada. Cuando en las comedias aparece un personaje que quiere hablar en tono doctoral, se le hace decir *díjome, encuéntrolo, haráse,* etc., y sólo con ello se obtiene un efecto cómico. En la lengua escrita se usa la enclisis; pero si se emplea con exceso, comunica al estilo un sello de afectación rebuscada, sobre todo con las formas compuestas del verbo, *habíale dicho,* y con todas las de los tiempos presentes y futuros (*paréceme, abriráse la puerta*). En Galicia, Asturias y León es más frecuente la enclisis que en los restantes territorios de lengua española, tanto en la conversación como entre los escritores, como lo fue también durante el Siglo de Oro en el uso general del idioma.

Un verbo puede llevar dos y aun tres pronombres átonos. En este caso van, o todos proclíticos o todos enclíticos, pero no es posible anteponer unos y posponer otros: *me lo rogaba* o *rogábamelo; ruego que se me lo busque*, o *búsquesemelo;* pero nunca podrá decirse *me rogábalo*, o *lo rogaba me.* Cuando concurren varios, *se* debe preceder a todos; el de segunda persona va siempre delante del de primera; y cualquiera de estos dos, antes del de tercera; *te me quieren arrebatar*, o *quieren arrebatárteme; me lo decían* o *decíanmelo.* En el lenguaje vulgar se oye con frecuencia *me se cae la capa, te se ve la oreja*, pero esta construcción es estimada en todas partes como plebeya, y no tiene el menor uso literario.

178. El neutro pronominal.   Aunque no existen en castellano substantivos neutros, la flexión pronominal ha conservado formas neutras destinadas a reproducir conceptos anteriormente aludidos en la conversación o en el contexto. Tales conceptos no pueden ser, naturalmente, substantivos morfológicos, puesto que éstos han de reproducirse por pronombres masculinos o femeninos en concordancia con el substantivo reproducido.

He aquí las formas que usamos exclusivamente como neutras:

Personales: *ello* (tónica) [55], y las átonas *le* y *lo*, con valor de dativo y acusativo respectivamente: *ello es cierto; tuve noticias de ello; le aplicaremos un remedio eficaz* (a eso); *Expliqué el éxito de mi viaje y la buena acogida que me hicieron: no querían creerlo.*

Demostrativos: *esto, eso, aquello.* Ejemplo: *Conocía muy bien aquello.*

Indefinidos: *algo, nada.* Ejemplo: *Algo me dijeron, pero no recuerdo nada.*

Casi siempre puede considerarse interrogativo *qué* como forma especial del neutro: *¿qué sabes tú?, ¿qué quieres?*

Además de estas formas especialmente destinadas a la expresión del género neutro, pueden usarse ocasionalmente otras que también pueden tener otros empleos, como son los demostrativos *tal, tanto;* los relativos *que, cual, cuanto;* los indefinidos *uno* y *otro*, y los cuantitativos *todo, mucho, poco, harto, demasiado, asaz, bastante.* Ejemplos: *sé tanto como vosotros; poco has averiguado.*

55 Sobre los usos antiguos y modernos de *ello*, véase un artículo de P. Henríquez Ureña en la *Revista de Filología Hispánica*, I, núm. 3, 1939, págs. 209-290.

Se reproducen por pronombres neutros: a) Los conjuntos de dos o más substantivos que no designen personas: *Disgustos, fatigas, estrecheces: todo lo había olvidado en un momento; por esto digo...* (*esto* es el conjunto de razones que acaban de ser alegadas);   b) Los conceptos que no se han expresado antes por substantivos, sino por verbos u oraciones enteras: *Me obligaban a declarar: no lo hice* (*lo* reproduce al infinitivo *declarar*); *Dices que has comido y no lo puedo creer* (reproduce un verbo en forma personal); *Les contaba nuestras hazañas en aquella expedición y lo celebraron mucho* (oración entera reproducida por *lo*); c) El atributo de una oración substantiva, ya sea substantivo, ya adjetivo o equivalente de adjetivo: *parecía un capitán, pero no lo era; eran ambiciosos y lo demostraban con sus hechos; El anillo es de oro. — No lo creas* (substantivo con preposición); *¿Es el que vino ayer tarde? — Acaso lo sea* (frase relativa equivalente de adjetivo).

Este carácter colectivo y de alusión indeterminada hace que usemos los pronombres neutros cuando no queremos determinar el concepto a que nos referimos, bien por ignorancia, bien por deseo de no aclararlo demasiado, y a veces por eufemismo: *¡tápate eso!; Vale más que no lo digas; No repitas eso; Hablemos otra vez de aquello.* Con los demostrativos neutros designamos las cosas cuyo nombre desconocemos u olvidamos momentáneamente (*¿Qué es esto? Dame el... eso*), y también las que suponemos desconocidas por nuestro interlocutor: *Esto es una máquinas trilladora.* En la fórmula con que suelen empezar los cuentos tradicionales: *Esto era... (un rey, una niña,* etc.), *esto* alude al conjunto del relato que va a comenzar.

Como no pueden referirse a personas, el hecho de designar con ellos a personas singulares o colectivas supone menosprecio: *Mira eso, ¡Vaya un mamarracho!; Aquello es gentuza.*

El mismo valor tienen ciertas expresiones substantivadas con el artículo neutro: *Nos reímos de lo que ha entrado por aquella puerta* (refiriéndose a una o varias personas).

De las consideraciones que anteceden y de cuanto quedó explicado en el capítulo anterior acerca de la substantivación de adjetivos o sus equivalentes por medio de *lo,* se deduce con facilidad que el género neutro existe sólo en nuestra lengua para la reproducción pronominal, de acuerdo con las observaciones de ANDRÉS BELLO, en el § 292 de su *Gramática*, y la nota aclaratoria de CUERVO con respecto al supuesto género neutro de los infinitivos (v. cap. XIV).

II. — POSESIVOS

179.   Tanto por el significado como por la función gramatical, los pronombres posesivos son casi siempre adjetivos. Pueden substantivarse por el procedimiento normal de todos los adjetivos *(el mío, los suyos,* etc.). Decir *el grande, el pequeño, lo bueno,* supone un substantivo pensado, ni más ni menos que lo que generalmente ocurre con *el mío, la tuya, lo mío* y *lo ajeno.* La decisión de si es adjetivo o substantivo corresponde en cada caso al hecho de que haya o no un substantivo en la mente del que habla, no en el análisis lógico a que después podemos someter lo hablado. Existen algunas frases hechas que, en circunstancias especiales, adquieren significado propio con predominio del valor substantivo del posesivo, p. ej.: *he recibido la suya* (carta), *los míos* y *los suyos* (familiares). Sobre la naturaleza del pronombre en general, y particularmente de los posesivos, véase A. ALONSO y P. HENRÍQUEZ UREÑA, *Gramática castellana,* 4.ª edición, Buenos Aires, 184, I, págs. 222-230.

Los posesivos se sienten en estrecha relación con los personales, por expresar la posesión o pertenencia atribuida a una de las seis personas gramaticales; sus formas están históricamente emparentadas con las de los pronombres personales. Por otra parte, existe un enlace psicológico entre unos y otros, en cuanto los personales participan en la acción verbal como sujetos o como complementos, y los posesivos pueden expresar también una participación más o menos estrecha en la misma, hasta el punto de poderse enunciar acciones verbales con su sujeto por medio de posesivos acompañados de infinitivos o de substantivos. Entre *salgo a las seis, mi salir a las seis* y *mi salida a las seis* hay pocas diferencias psicológicas, aunque sea distinta la forma de expresión. Lo mismo ocurre hablando de unos rosales, cuando decimos que *florecen,* o mencionamos *su florecer* o *su florecimiento*. En todos los casos se percibe una acción con su sujeto, aunque la construcción sea substantiva, y no verbal.

180. Los posesivos se emplean en español mucho menos que en francés, inglés y alemán. Al leer escritos redactados por extranjeros de alguna de aquellas lenguas, se percibe en seguida el contraste. Frases como *he dejado mis guantes sobre mi mesa* o *puso su mano en su bolsillo*, sin ser gramaticalmente incorrectas, se sienten como pesadas por su redundancia. En redacción española se diría con preferencia *he dejado los guantes sobre la mesa, puso la mano en el bolsillo*, con el artículo en vez del posesivo, a no ser que quisiéramos recalcar especialmente la posesión advirtiendo que son *mis guantes* y no otros, o *su bolsillo* y no el ajeno. Cuando se quiere expresar la participación en la acción y aun la idea misma de la posesión, la lengua española prefiere emplear el dativo ético de los pronombres personales y reflexivos: *me he dejado los guantes; se puso la mano en el bolsillo*. En vez de *sus ojos se llenaron de lágrimas, los ojos se le llenaron de lágrimas*.

181. El posesivo de tercera persona, especialmente en su forma apocopada *su*, ofrece en nuestra lengua evidente ambigüedad, en contraste con la variedad de formas del inglés, y más aún del alemán. Al decir *su casa* podemos referirnos a la casa *de él, de ella, de ellos, de ellas, de usted* o *de ustedes*. Aun el neutro mismo no tiene forma distinta: *su dificultad* puede ser *la dificultad de ello*. Para remediar esta vaguedad, el idioma se vale, desde antes de la época clásica, del recurso de añadir a *su* el nombre del poseedor, o el pronombre que lo representa, acompañado de la preposición *de*, siempre que pueda haber duda: *su casa de Luis; su casa de ellos; su madre de usted*, etc. Esta práctica se mantiene en el habla moderna, pero con visible tendencia a limitarla a *su de usted* y *de ustedes: su hermana de usted, su padre de ustedes*. Ordinariamente *su* sin indicación del poseedor alude a una tercera persona, tanto en España como en América [56].

El desuso en que ha quedado *vosotros* ha producido en América

56   Véase: F. TISCORNIA, *La lengua de Martín Fierro*, Buenos Aires 1930, § 98.

la eliminación del posesivo *vuestro* y su sustitución por *de ustedes: la casa de ustedes* en vez de *vuestra casa,* que es afectación. Quizás este hecho influya en la sustitución de *nuestro* por *de nosotros (este rancho es de nosotros),* que se observa también en extensas zonas de la América hispana, aunque no con el carácter general con que se ha consumado la desaparición de *vuestro,* y sin que llegue a sentirse *nuestro* como afectado.

En el capítulo anterior ha quedado explicada la colocación de los posesivos con y sin artículo. En la lengua literaria y en el habla general los posesivos antepuestos son hoy átonos, con excepción de Asturias y gran parte de León y Castilla la Vieja, donde se dice *mí padre, sú casa* [57].

Paralelamente al *nosotros* de modestia, ha tenido y tiene todavía mucho uso el posesivo *nuestro* con el mismo sentido. Al decir *en nuestra opinión,* un escritor se incluye en una pluralidad ficticia, en la cual no aparece tan en primer término como si dijese *en mi opinión. Nuestra casa,* es más amable para los demás familiares que *mi casa,* aunque el que lo diga sea el cabeza de familia o el propietario; aquí naturalmente, la pluralidad no es ficticia sino efectiva, y la modestia de la expresión resalta por compartir la posesión con otros.

Las particularidades sintácticas de los demostrativos, indefinidos e interrogativos han sido o serán tratadas en otros capítulos. Los relativos no se usan solos, sino que introducen siempre una oración subordinada de carácter adjetivo. Por esto los estudiaremos en la tercera parte de este libro (cap. XXII).

III. — ARTÍCULO

182. El artículo es, histórica y funcionalmente, un adjetivo demostrativo de significación debilitada; no expresa localización, como los demostrativos, ni puede usarse independientemente de los substantivos [58]. Con razón dice LENZ (§ 172) que, más que una clase

57 Véanse más pormenores en R. MENÉNDEZ PIDAL, *Manual de Gramática histórica española,* 7.ª edición, Madrid 1944, § 95.
58 Véase AMADO ALONSO, *Estilística y Gramática del artículo en español,* en *Volkstum und Kultur der Romanen* VI, 1933, pág. 189-209.

especial de palabras, los artículos son un accidente gramatical de los substantivos.

El substantivo, en cualquiera de las funciones que le son propias, puede hallarse completamente indeterminado, o aparecer con diversos grados de determinación. El primer caso tiene lugar cuando va sin artículo: *compraremos libros, bebimos vino*. En estos ejemplos podemos añadir al substantivo, adjetivos o complementos con preposición, que lo determinen cualitativamente, pero subsistirá la indeterminación cuantitativa: *compraremos libros recientes, bebimos vino de Rioja*. Esto ocurre a menudo cuando se trata de substantivos de materia *(dame agua)*, que se dejan en su indeterminación natural, o con los conceptos plurales cuyo número no interesa señalar *(quiero naranjas)*. Los abstractos suelen dejarse también indeterminados, como corresponde a su naturaleza no mensurable: *tenía audacia, lograrán éxito*. Los concretos en singular, que no tengan carácter colectivo, adquieren cierto sentido general o abstracto cuando se usan sin determinación: *tiene usted asiento* (lugar donde sentarse), *buscaban criado* (hombre que les sirva).

183. Los artículos *un, una, unos, unas*, representan un segundo grado de indeterminación. De aquí su nombre de artículos *indeterminados*. Significan que nuestro interlocutor puede pensar en cualquier individuo o grupo de individuos entre los de la especie designada por el substantivo: *se acerca un caballo; pasaremos la tarde en un jardín; han traído unos claveles*. Pueden usarse con énfasis para indicar que el substantivo se considera en todas sus cualidades más características: *No podía atreverse a competir con un Lope de Vega; Vuestra conducta es incomprensible en unos estudiantes*. Significación enfática semejante tienen cuando se aplican a un substantivo acompañado de adjetivo, para encarecer o intensificar la cualidad. Compárese la diferencia expresiva entre *tenía una gracia sorprendente* y *tenía gracia sorprendente; era de un valor indomable* y *era de valor indomable*.

No es propio de la lengua española el empleo excesivo del artículo indeterminado, y mucho menos su repetición en enumeraciones. La influencia del francés, y sobre todo del inglés, se percibe en seguida en la redacción de anuncios como los siguientes: ”*«Fortia»*, *Un específico contra la anemia*”; ”*«Vidas errantes», Una película de emoción, una intriga interesante, una realización espléndida...*” En redacción originalmente española no se pondría ninguno de estos artículos.

184.   Los artículos *el, la, lo, los, las*, señalan que el substantivo a que se refieren es ya conocido. Si decimos *dame la pluma*, es porque suponemos que la persona con quien hablamos sabe de qué pluma se trata; de lo contrario diríamos *dame una pluma*, es decir, cualquier pluma. Si el objeto designado no es previamente conocido por el lector o el oyente, hay que completar la determinación por otros medios, p. ej.: *dame la pluma que está sobre la mesa*. También puede referirse al substantivo con carácter genérico, bien refiriéndose a todos y cada uno de los individuos de su clase *(el hombre es mortal)*, bien al conjunto, pero no a cada uno de ellos en particular *(el hombre señorea la tierra)*. En el primer caso puede sustituirse a veces por el artículo indeterminado *(una mujer honesta es corona de su marido, o la mujer honesta...)*, y aun expresarse el substantivo sin artículo en ciertas frases proverbiales *(dádivas quebrantan peñas; hombre pobre todo es trazas)*. Cuando se refiere al género, pero no a los individuos, no cabe sustitución alguna, ya que no sería lo mismo decir *el hombre señorea la tierra* que, *un hombre señorea la tierra*, a causa del carácter individualizador que corresponde al artículo indeterminado.

Los nombres propios de personas no llevan artículo, puesto que están bien determinados. En el lenguaje vulgar se usa, sin embargo, el artículo con nombres femeninos: *la Juana, la Felisa*. Con nombres masculinos, el empleo del artículo supone desprecio *(el García, el Pérez)*, a causa de que así quedan equiparados a los apodos, los cuales han de llevarlo por su calidad adjetiva: *el Cojo, el Rubio, el Gallo*, etc. Cuando se trata de apellidos de mujer, es frecuente ponerles artículo, aun entre personas cultas, para determinar el sexo: *la Bárcena, la Xirgu, la Pardo Bazán, la Avellaneda*. No podría decirse, en cambio, sin expresión despectiva, *el Pérez Galdós, el Darío*. Por italianismo se aplica el artículo a los apellidos de algunos italianos célebres, sobre todo si son antiguos: *el Petrarca, el Tasso, el Ariosto*. En el lenguaje judicial es costumbre referirse a las personas que figuran en el proceso, y que han sido ya nombradas, con el nombre o el apellido precedido del artículo: *el Felipe declaró, la López contestó*, etc.

Los nombres geográficos no llevan artículo por regla general, a no ser que el artículo forme parte permanente del nombre, o que haya elipsis, p. ej.: *El Perú, El Ecuador, La Coruña, El Escorial, Los* (montes) *Pirineos, el* (río *de las*) *Amazonas, el* (río *de la*) *Plata, la* (República) *Argentina*. Es, pues, galicismo enunciar con artículo los nombres de países que no lo lleven permanentemente *(la España, la Colombia, la Bélgica)*, si no llevan ningún determinativo, como en *la España de hoy, el antiguo México*. Hay algunos nombres vacilantes, como *China* y *la China, África* y *el África*, etc.

Cuando en una enumeración se quieren determinar los substantivos, basta con que lleve el artículo el primero de ellos: *Los jefes, oficiales y soldados combatieron con gran valor*. Repetir el artículo en cada substantivo es construcción pesada, y a menudo galicista, a menos que haya alguna contraposición entre ellos *(se arruinaron los vencedores, los vencidos y los neutrales)*, o se haga con intención de ir reflexionando lentamente sobre cada uno de los miembros de la enumeración: *el lugar, la hora, el silencio de la tarde, favorecían sus planes*. Pero en uno y otro caso cabe expresarse sin ningún artículo, con menor énfasis, pero con sentido idéntico: *fastidiaba a tirios y a troyanos; señálame día, lugar y hora para vernos*.

CAPÍTULO XVIII

LAS PREPOSICIONES

185. Al final del capítulo V expusimos el esquema general de la oración posible, es decir, los elementos sintácticos que pueden entrar en una oración que, respondiendo a un patrón ideal, los hubiera desarrollado todos. Rarísimas veces se ofrecerá en la realidad el tipo esquemático máximo que allí indicábamos, pero es indudable que caben dentro de él cuantas oraciones podamos hallar en el uso lingüístico efectivo: sujeto, verbo, complementos de ambos, y complementos de estos complementos.

La relación mental que existe entre un elemento sintáctico cualquiera y los complementos que lleve, puede expresarse por signos gramaticales diversos (véase final del cap. VII). Uno de ellos es el empleo de palabras de relación: preposiciones y conjunciones. El estudio de la relación conjuntiva tiene su lugar propio en los capítulos que dedicaremos a la oración compuesta. La relación prepositiva pertenece esencialmente a la oración simple. Aunque no sea posible en todos los casos separar absolutamente las conexiones lingüísticas que una y otra clase de partículas significan, y a sabiendas de que existe entre ambas una zona de delimitación borrosa, mantendremos la diferenciación tradicional por motivos de claridad expositiva y porque responde a una realidad funcional evidente.

186. Término de la preposición. La función propia de toda preposición consiste en servir de nexo entre un elemento sintáctico cualquiera y su complemento. Designaremos a este último con el nombre de *término de la preposición,* de acuerdo con la nomenclatura de Bello, porque en él termina y se consuma la relación que la preposición establece. El elemento sintáctico relacionado es *inicial* de la relación; su complemento es *terminal,* cualquiera que sea el orden con que uno y otro se construyan. Podemos decir, por ejemplo, *pintaban las paredes con cal* o *con cal pintaban las paredes,* sin que *pintaban* deje de ser el elemento inicial, y *cal* el término de relación. Por esto la preposición va siempre unida a su término, formando con él una unidad sintáctica y fonética que no puede destruirse sin alterar el sentido. Aun en los casos de hipérbaton más extremado, la preposición permanece unida a su término, p. ej.: *Aquí de Elio Adriano, | De Teodosio divino, | De Silio Peregrino, | Rodaron de marfil y oro las cunas* (Rodrigo Caro).

Las preposiciones carecen de acento propio y se usan siempre en proclisis con su término, con lo cual se fortalece y expresa la unidad de ambos [59]. El conjunto así formado puede unirse a otra preposición, dando lugar a complejos muy característicos de nuestro idioma, en los que la aglomeración de preposiciones expresa una variedad de relaciones no alcanzada por ninguna otra lengua moderna. Ejemplos: *de entre unas breñas; la sacaron de con sus padres; desde por la mañana; hasta con sus amigos; para entre nosotros; por de pronto.* La Academia (263) da una lista de preposiciones que suelen aparecer unidas, y con seguridad no las agota, puesto que a veces llegan a reunirse tres, p. ej.: *hasta de con sus padres fueron a buscarle; desde por entre los árboles nos espiaban sin ser vistos.* Según la Academia, la preposición *a* no se antepone a ninguna otra, y por ello califica de solecismo vulgar el *a por* tan frecuente en la

59 Véase T. Navarro Tomás, *Palabras sin acento,* en *Revista de Filología Española,* 1925, XII, 335-384.

lengua hablada *(voy a por agua, iremos a por ti)*. Se explica, sin embargo, que la preposición *a*, característica de los verbos de movimiento a los cuales acompaña con frecuencia, se haya interpuesto en las expresiones *ir por, venir por*, a causa de un cruce con frases del tipo *voy a casa, vengo a buscarte*. Esto no quiere decir que recomendemos el *a por*, que es, en efecto, de empleo muy poco frecuente en la lengua literaria y entre personas cultas.

Además de las preposiciones que registran los diccionarios como tales, existen numerosas *frases prepositivas* en las cuales figuran ordinariamente un substantivo o un adjetivo: *alrededor de, encima de, dentro de, junto a, frente a, enfrente de*, etc., y otras muchas que ocasionalmente pueden crearse para precisar así la relación, a veces poco definida, de las preposiciones solas. De esta manera, y con la combinación de dos o más preposiciones arriba indicada, compensa con creces la lengua española el número relativamente escaso de preposiciones propias que tiene en uso.

BELLO, HANSSEN, LENZ y otros hablan de *preposiciones pospuestas* del tipo *calle arriba, río abajo, tierra adentro, mar afuera*. HANSSEN (734) piensa que son adverbios que se han convertido en preposiciones. LENZ (334) los considera como verdaderos adverbios, que a lo sumo funcionan *casi* como preposiciones. Nótese que todos llevan prefijada la preposición *a*, lo mismo que *adonde, atrás, adelante*, etc., y que la palabra a la cual ésta se prefija tiene existencia independiente en el idioma; por ello se sigue sintiendo como término de dicha preposición. No pueden interpretarse estas frases como locuciones prepositivas pospuestas, porque si así se sintiesen no podrían ponerse detrás de su término.

El término de la preposición es necesariamente un substantivo, o una palabra o frase a él equivalente. Por el solo hecho de ser término de una preposición se substantivan todos los vocablos o expresiones: Ejemplos: *Sortija de oro* (substantivo léxico); *Está entre los santos* (adjetivo substantivado); *Amable con ellas* (pronombre); *Acaba de llegar* (infinitivo); *Desde entonces, Hasta aquí* (adverbios con valor pronominal); *El deseo de que llegasen me impacientaba* (oración subordinada substantiva).

El carácter substantivo de cualquier término de preposición únicamente puede ofrecer dudas cuando se trata de adjetivos que conservan un significado propio, por ejemplo: *pasar por sabio, caerse de bueno, dar en pedante.* Tales casos, particularmente frecuentes con adjetivos predicativos, se explican por cruce analógico, de una parte con las construcciones con verbo copulativo: *pasar por (ser) sabio; dar en (ser) pedante;* de otra con las de tipo : *de bueno que es,* o *de lo bueno que es; no se aprovechaba de la ocasión por tonto, por lo tonto que era; Estas palabras no son para (ser) escritas* [60]. El infinitivo del verbo copulativo o la oración atributiva, que están latentes, son el término real de la preposición.

187. Elemento inicial de la relación. Hemos dicho que la relación prepositiva se establece entre un elemento sintáctico cualquiera y su complemento (término) y que este último ha de ser siempre un concepto substantivo. Como quiera que todas las palabras conceptuales pueden ser elementos sintácticos, todas ellas podrán ser punto de partida de la relación que estudiamos. Así podrán serlo: 1.º los substantivos *(café con leche);* 2.º los pronombres *(alguno de vosotros);* 3.º los adjetivos *(apto para estudiar);* 4.º los verbos *(se tapan con la capa);* 5.º los adverbios *(lejos de la patria),* y 6.º algunas interjecciones que llevan la preposición *de (¡ay de mí!).* Este último caso está en relación con los adjetivos que denotan compasión, desprecio o amenaza (v. 161).

Las gramáticas antiguas decían que el elemento inicial *rige* determinada preposición. Con este pensamiento se daban reglas, más o menos inspiradas en la Gramática latina, a fin de saber cuáles son las preposiciones que rigen determinados grupos de verbos y adjetivos, según su significado. Tales reglas estaban llenas de excepciones, y mostraban a menudo contradicciones que las hacían prácticamente inútiles. La ACADEMIA ESPAÑOLA, desde la edición de 1917, ha dejado de hablar en su Gramática de *régimen* de las preposiciones, y da una lista bastante extensa de palabras que se construyen con

---

60 Los ejemplos que trae LENZ (§ 324) formados con *antes de, después de (antes de nacido; después de declarada la guerra)* y otras frases parecidas, se explican por cruce de las frases absolutas con participio.

preposición. Estas indicaciones, sin embargo, tienen en el Diccionario lugar más adecuado que en la Gramática.

La creencia de que ciertas palabras rigen determinadas preposiciones no es en sí misma errónea, pero es incompleta. Es indudable que la naturaleza de la relación que una preposición establece no puede depender únicamente del elemento inicial de la relación, sino de los dos elementos relacionados y de la preposición que los enlaza. El significado y el carácter de la relación nace de la concurrencia de tres factores, y no del régimen de uno solo.

Aun en el supuesto de que cada una de las preposiciones españolas hubiera servido en su origen para expresar una sola relación, el contacto con los elementos relacionados por ella habría diversificado la relación misma. Como quiera que las preposiciones latinas tenían ya múltiples usos, la acción de la analogía ha multiplicado las relaciones que, desde el latín vulgar y a través de la historia del romance, expresan nuestras preposiciones; en especial las más frecuentes, precisamente a causa de su frecuncia.

188. Uso de las preposiciones. Comprendiendo la dificultad de encerrar en fórmulas fijas la significación de las preposiciones, Cuervo se propuso, en su *Diccionario de construcción y régimen de la lengua castellana,* inventariar los empleos que cada una de ellas ha tenido, del mismo modo que registraba los valores semánticos y sintácticos de las demás palabras que en él incluía. El artículo que dedicó a la preposición *a* es una monografía admirable, que seguirá siendo por mucho tiempo un modelo de precisión y sentido del idioma. Desgraciadamente para nuestras letras, el *Diccionario* quedó interrumpido en sus comienzos. Hoy por hoy no estamos en condiciones de superar su método, y acaso el tratamiento científico de las preposiciones no puede hacerse más que intentando explicar históricamente las relaciones que cada preposición expresa en nuestros días. Hanssen (686-738) enfocó del mismo modo el extenso capítulo que les dedica.

Lenz esboza una clasificación psicológica, no de las preposiciones, sino de las relaciones que ellas significan (328-333). Esto le obliga a examinar el concepto de relación, y de su análisis concluye que las relaciones existentes en el espíritu son esencialmente tres:

15

locales, temporales y condicionales (tomando la *condición* en el sentido general de circunstancia). Estas condiciones se subdividen en: 1) causa, 2) modo, 3) fin, y 4) medio. Claro está que son pocas las preposiciones que expresen una sola de estas relaciones; la mayor parte tienen que incluirse en varios de estos grupos. Con este intento se propone el autor superar el casuismo habitual en este capítulo de la Gramática y dar a su estudio un contenido más científico. Su pensamiento quizá marque una dirección metódica que a continuación aprovecharemos, pero está lejos de lograr resultados que aclaren el problema. Por esta razón preferimos explicar monográficamente el uso y significado moderno de cada una de las preposiciones más importantes.

a

189.   Expresa fundamentalmente idea de movimiento material o figurado: *voy a Granada, una carta dirigida a ella, aspirar a capitán.* De aquí su empleo para indicar el fin: *útil a sus amigos, vengo a enterarme.*

En la lengua antigua se hallan ejemplos abundantes de verbos de movimiento con la preposición *en (íbamos en Italia),* como en latín y otras lenguas romances; pero en la actualidad *en* ha sido sustituida totalmente por *a* en estos usos. Quedan algunas supervivencias, como *caer en el mar* junto a *caer al mar;* en el primer caso prevalece la representación del final del movimiento, en el segundo, la del movimiento mismo.

En los párrafos 5, 51 y 52 ha quedado explicado el empleo de la preposición *a* con los complementos directo e indirecto.

Los infinitivos que son complemento de un verbo de movimiento llevan *a: vengo a preguntar* (v. cap. XIV). Cuando se trata de movimiento o tendencia espiritual (sentido final) la llevarán también según el grado en que tal movimiento se sienta: *aprendo a nadar, enseña a leer;* pero en *quiero nadar, deseo leer,* son verbos de voluntad sin significado final.

Las relaciones locales y temporales pueden expresarse con la preposición *a,* pero siempre con cierta vaguedad: *le cogieron a la puerta, estaba a la derecha, a la cosecha pagaré, a la noche nos veremos, sentados al fuego.* Esta imprecisión desaparece o se atenúa cuando otras palabras determinan el lugar o el tiempo: *a la puerta de tu casa, a las siete te espero.* Cuando se trata de distancias o de medidas de tiempo, el sentido local o temporal se combina con la idea de movimiento: *de un lado al otro, de diez a doce.* El punto de partida está bien determinado por la preposición *de;* el punto terminal del espacio o del tiempo va marcado por la preposición *a,* pero lo estaría con más precisión por *hasta:* compárese *de aquí a tu casa* y *de aquí hasta tu casa.* Lo mismo ocurre en expresiones como *le llegaba el agua a la cintura* o *hasta la cintura.*

Tiene también significación modal: *a la francesa, a estilo de mi tierra, a usanza de Castilla, a imagen suya.* De él provienen los significados de medio, instrumento y precio: *a mano, a palos, a fuego lento, al cinco por ciento, a tres pesetas el litro.* En estrecha relación con ellos se halla el empleo causal: *a petición del público, a instancia del juez.*

Sobre las frases verbales que forma con los infinitivos, véase el capítulo VIII. En los capítulos XV y XVI nos hemos referido a las frases adverbiales que origina con substantivos *(a bulto)* y adjetivos *(a oscuras).* Puede observarse que tales frases adverbiales proceden del uso modal y causal que indicamos más arriba.

de

190. Corresponden los empleos de esta preposición a los casos genitivo y ablativo latinos. Sus relaciones se han mezclado de tal modo, que parece conveniente agruparlas según la significación presente, desentendiéndonos de su formación histórica. Las clasificaremos en seis grupos de relaciones análogas:

1.º POSESIÓN Y PERTENENCIA. Expresamos la posesión por medio de pronombres posesivos, o bien por medio del nombre del poseedor precedido de la preposición *de,* que equivale al genitivo latino: *el vestido de María; las gafas de papá.* Muy semejante es la pertenencia. Con ella significamos, no la relación entre propietario y cosa poseída, sino los objetos o atributos que están contenidos en una persona o cosa, *los árboles de este jardín; la autoridad del alcalde; el azul del cielo; el atrevimiento de Juan.*

A imitación de la Gramática latina distinguen nuestros gramáticos entre genitivo *subjetivo* y genitivo *objetivo.* En la oración *la llegada de la madre me conmovió,* el sujeto de *la llegada* es *la madre,* es ella quien llegó (genitivo subjetivo); en *la contemplación de la madre me conmovió, la madre* es el objeto de la contemplación cuyo sujeto es *yo* (genitivo objetivo). En *el valor de Juan* tenemos un genitivo subjetivo, *Juan* es el valiente; en *el asesinato de Juan,* el genitivo es objetivo. Pero en este caso podríamos referirnos, no al asesinato de que Juan fue víctima, sino autor, y entonces tendríamos un genitivo subjetivo. Puede haber en este sentido algunas expresiones ambiguas, como el *amor de Dios,* que alude, bien al amor que tenemos a Dios, bien al amor que siente Dios por sus criaturas.

2.º MATERIA Y CANTIDAD PARCIAL. La materia de que está hecha una cosa; *reloj de oro; puente de piedra.* Por tropo atribuimos el contenido al continente: *un vaso de agua; un plato de arroz.* Figuradamente ha pasado a significar materia o asunto de que se trata: *un libro de Geografía; hablan de interés; trataremos del siglo XVI;* y también, naturaleza, condición o carácter de una persona: *hombre de talento; entrañas de fiera; alma de niño; le acusaban de tacañería.*

Cuando nos referimos a parte de alguna cosa o cantidad, la preposición *de* comunica a la expresión sentido partitivo: *bebimos de aquel vino; algunos de vosotros; diez de los reunidos votaron en contra.* De aquí el uso comparativo cuando se trata de cantidades: *más de ciento; menos de dos docenas; más de dos horas.*

El genitivo partitivo tuvo en español antiguo un empleo más extenso que en la actualidad. Se conservan de él algunas supervivencias en frases hechas, como: *dar de cuchilladas, de palos, de bofetadas.* Significa aquí, no parte de una cantidad o cosa, sino número indeterminado.

3.º ORIGEN O PROCEDENCIA: *salir de Barcelona; venir de la Habana; descendiente de ilustre familia; salir de casa.* En sentido figurado: *de estas razones deduzco; de eso se infiere.* Fácilmente se

pasa en estos últimos ejemplos al significado causal, equivalente a *por*
(*por estas razones deduzco*), que adquiere plenamente en expresiones
como *llorar de gozo, temblar de miedo, quejarse de harto.* La significación de origen o procedencia equipara a menudo las preposiciones
de y *desde* cuando se trata de distancias locales y temporales, y metafóricamente, de diferencias físicas o morales: *de Veracruz a México;
de hoy en ocho días; de 9 a 12; de uno a otro; de la madre a la hija.*

4.º MODO: *andar de lado; caer de espaldas; obrar de buena fe;
hacer algo de intento; de buena gana.* En algunos de estos casos podría
sustituirse por *con.* Seguida del numeral *uno,* significa la ejecución
rápida de un acto: *de un salto; de una vez; de un trago; de un tirón.*
Este significado modal ha dado origen a numerosas frases adverbiales cuya acepción se halla registrada en los diccionarios: *de golpe,
de pronto, de perilla, de primera, de corrido, de balde.*

5.º TIEMPO en que sucede algo: *de día, de noche, de madru-
gada, de mañana, cosas de ahora.* El número de estas expresiones es
ilimitado. Se extiende a la acción de algunos infinitivos que se produce en un tiempo determinado: *hora de comer; tiempo de reír;
ocasión de hablar; momento de lucirse.*

6.º AGENTE DE PASIVA.   Este uso ya es bastante raro en nuestros días, aunque fue frecuente en los clásicos: *El que a muchos teme,
de muchos es temido* (SAAVEDRA FAJARDO). Hoy se prefiere generalmente *por; era aborrecido de todos,* se usa menos que *era aborrecido
por todos.*

Para expresiones como *la ciudad de Valparaíso,* véase 159.

Frases verbales con la preposición *de,* véase capítulo VIII.

Frases de menosprecio, ironía o amenaza del tipo *el bueno de
tu hermano, ¡pobre de ella!, ¡ay de ti!,* véase 161.

en

191.   1.º Predomina la idea general de reposo, tanto si se refiere al espacio como al tiempo. Podríamos decir que mientras *a*
establece una relación dinámica, *en* es la preposición de las relaciones

estáticas: *vivo en Madrid; estamos en verano; en la calle; en la mesa; en la juventud; en el año 1955.* El elemento inicial de la relación se percibe como incluido dentro de una realidad espacial, temporal o abstracta, sin traspasar sus límites. Por esto denota participación en conceptos abstractos y colectivos: *no le gana en bondad; sabio en Matemáticas; ignorante en todo; abundante en fruta; valiente en la pelea; admirado en la Academia; hábil en engañar.* De este sentido de participación en algo más amplio procede que algunos verbos de pensamiento hayan conservado la preposición *en* que tenían en latín tardío: *creer en, esperar en, confiar en, pensar en, dudar en, entender en.* Nótese, por ejemplo, que *creer a mi hermano* significa otorgarle crédito en lo que dice, mientras que *creer en mi hermano* expresa una creencia mucho más extensa, que abarca no sólo lo que dice, sino también su talento, su rectitud, todo el complejo de sus cualidades. Compárese el sentido más restringido de los demás verbos indicados, cuando lleva preposición distinta de *en: esperar a, confiar a, pensar de, dudar de, entender a,* o *de.*

2.º En español antiguo *en* se combinaba a menudo con verbos de movimiento, como en latín y otras lenguas romances: *ir en Italia.* La lengua moderna emplea en su lugar la expresión *a:* pero quedan restos del uso antiguo en expresiones como *pasar de mano en mano, ir de mal en peor, ir en casa de su madre* (dialectal); *caer en el agua, entrar en la iglesia, subir en un caballo,* expresan vagamente el final de movimiento, frente a *caer al agua, entrar a la iglesia* (textos antiguos y América), *subir a un caballo,* con las cuales nos representamos el movimiento mismo. Nótense asimismo las frases hechas *caer en gracia, venir en ayuda.*

3.º En significación <u>mod</u>al ha dado lugar a numerosas frases adverbiales: *en serio, en broma, en secreto, en general, en particular, en absoluto, en resumidas cuentas, en fin,* etc.; y las de origen culto: *en memoria, en venganza.*

4.º Significa también <u>medio,</u> <u>instrumento,</u> precio: *hablar en inglés; estar en pijama, en zapatillas, comprar o vender en 200 pesetas, viajar en tren, en avión.*

5.º Con infinitivos y gerundios forma frases verbales; véase capítulo VIII.

para

192. Expresa la dirección del movimiento: *ir para Bilbao; vienen para acá*. Pero la dirección es más indeterminada que la que expresa la preposición *a: ir a Bilbao*. HANSSEN (276) observa con acierto que esta indeterminación impide que pueda usarse *para* con verbos que significan el final del movimiento, como *llegar: llegaremos a Caracas*, y no *para*.

Se emplea también con relación al tiempo: *la fiesta ha sido aplazada para el jueves; para agosto volveremos*. En muchos casos, aunque el tiempo esté muy determinado en la frase, *para* le da significación aproximada: *para Navidad nos reuniremos* puede significar que poco más o menos aquél será el día de nuestra reunión.

Este sentido general de movimiento ha determinado su uso en al caso dativo (v. 158) lo mismo que la preposición *a*, a la cual añade la idea de fin. En las oraciones *trajeron una carta a Mercedes* y *trajeron una carta para Mercedes*, ésta añade o refuerza la expresión del fin o destino de la carta. Podríamos separar el receptor de la carta del destinatario, diciendo *nos trajeron una carta para Mercedes*, y en este caso la relación expresada con la preposición *para* ya no sería complemento indirecto del verbo, sino complemento de un complemento. La significación final ha llegado a ser la más importante de esta preposición: *para ti, para comer, para el trabajo; apto para estudiar; la tela para un vestido*.

La frase verbal *estar para* seguida de infinitivo, denota inminencia de la acción: *el tren está para salir; estaba para llover*. A veces se combina con el adverbio *como*, formando una frase modal bastante empleada familiarmente en nuestro tiempo: *la empanada estaba como para comérsela; la reunión estaba (o era) como para marcharse*.

por

193. 1.º TIEMPO Y LUGAR. Expresa vagamente relaciones locales y temporales: *ir por la calle; pasar por Zaragoza; un viaje por mar; por abril; por aquellos días.* Cuando el término es muy determinado, estas relaciones se precisan: *tener la sartén por el mango; sujetar el caballo por las riendas; entrar por la puerta; se suscribió por un año.*

2.º AGENTE DE PASIVA: *ha sido arrestado por el capitán; Pompeyo fue vencido por César; así se afirma por todos.* En la lengua moderna ha desaparecido casi enteramente el empleo de la preposición *de* con este significado.

3.º MEDIO: *por el hilo se saca el ovillo; oír una noticia por radio; llamar por teléfono; expresarse por escrito.*

4.º MODO: Forma frases adverbiales y conjuntivas: *por último, por fin, por lo general, por más que, por mucho que, por poco que.* Estos usos proceden de la preposición latina *per.* Veamos ahora los que proceden de *pro:*

5.º SUSTITUCIÓN, EQUIVALENCIA: *salúdale por mí; cambiar, vender, comprar por 10 pesos.* De aquí pasa fácilmente a significar *en favor de (hable Ud. por mí; trabajar por la causa; hacer algo por alguien);* al sentido moral equivalente a *como (querer por esposo, dar por resultado, pasar por listo);* y a la significación final *(ir por agua, preguntar por alguien).* Todos estos matices son a menudo poco diferenciados entre sí, y sólo el contexto puede darnos el sentido preciso en cada caso. El significado final está muy próximo al de la preposición *para.* En algunos casos es difícil establecer una divisoria entre ambas preposiciones, sobre todo en la lengua medieval y clásica. En nuestros días se ha consumado casi totalmente la distinción entre el sentido final de *para* y el causal de *por.*

6.º CAUSA: *por amor de Dios; por haber llovido mucho, los caminos están intransitables; por vosotros estamos aquí;* las fórmulas de juramentos y conjuros: *¡por Dios!, ¡por tu salud!* En oraciones como *vienen por ver las fiestas* la lengua actual siente *por* como expresión de causa o motivo, en tanto que en *vienen para ver las fiestas* es bien claro el valor final. *En me sacrifico por ti* significamos *por tu causa;* en *me sacrifico para ti,* queremos decir *en favor tuyo.* La diferencia es perfectamente clara para cualquier persona de nuestro idioma; pero los extranjeros, especialmente los de lengua inglesa, encuentran dificultad en distinguir estas dos preposiciones, porque la motivación interna de un acto y el fin que con él nos proponemos se confunden a menudo psicológicamete. Lo mismo ocurre con las conjunciones *porque* y *para que.*

7.º   Seguida de infinitivo puede tener dos significados. Uno es negativo, equivalente a *sin: la casa por barrer; libros vendidos y por vender; todos los habidos y por haber.* El otro significado corresponde a la frase verbal *estar + por + infinitivo,* que denota disposición más o menos dudosa para un acto: *estaba por decir* (dispuesto a): *estoy por salir; estuve por molestarme.* Las mismas frases con la preposición *para* expresan inminencia de la acción, como ya hemos dicho. He aquí una nueva diferencia de matiz entre *por* y *para. El barco está por zarpar* quiere decir simplemente que no ha zarpado, o a lo sumo que tiene hechos más o menos preparativos para hacerse a la mar; *el barco está para zarpar* significa que saldrá en seguida. Claro está que otras palabras determinativas pueden neutralizar estas diferencias, por ejemplo: *el barco está para zarpar de un momento a otro,* o *el barco está para zarpar pasado mañana.*

194.   Las restantes preposiciones no ofrecen dificultades gramaticales. Sus significados no se entrecruzan histórica y psicológicamente con la complejidad de las que acabamos de explicar, y por lo tanto pueden ser definidos por los diccionarios corrientes.

Muchas preposiciones adquieren valor de conjunciones en determinados casos, o entran en la formación de frases conjuntivas. Ya hemos dicho que los límites entre la relación prepositiva y la conjuntiva son imprecisos, como lo son también los que se señalan entre la oración simple y la compuesta.

TERCERA PARTE

LA ORACIÓN COMPUESTA

CAPÍTULO XIX

CONCEPTO DE LA ORACIÓN COMPUESTA
YUXTAPOSICIÓN

FUNCIÓN DE LAS CONJUNCIONES

195. Examinamos en el capítulo II el concepto de oración desde los puntos de vista psicológico, lógico y gramatical. Llegábamos allí a la conclusión de que la oración psíquica constituye una unidad intencional cuyo signo lingüístico es la curva de entonación. Allí donde la inflexión final descendente alcanza el intervalo habitual en el idioma (en español ordinariamente de quinta, por término medio), percibimos el fin de una oración. Desde este punto de vista llamamos oraciones a los conjuntos expresivos limitados por una inflexión de voz descendente, que recorra el intervalo necesario para ser comprendido como terminal. La oración puede subdividirse en dos o más grupos fónicos, los cuales casi siempre tienen final ascendente; algunas veces la voz se mantiene sin ascender ni descender al terminar el grupo fónico; en otros casos hay descenso final en ciertos grupos intermedios (por ejemplo en las enumeraciones), pero nunca alcanza este descenso el intervalo terminal medio.

La definición gramatical que hemos venido aplicando a lo largo de este libro es mucho más restringida. Llamamos oración al conjunto formado por un verbo en forma personal, con todos los elementos que directa o indirectamente se relacionan con él. En una elocución habrá, por consiguiente, tantas oraciones gramaticales como verbos en forma personal contenga.

Dentro de una oración psíquica puede haber una o varias oraciones gramaticales. Cuando hay una sola, decimos que la oración es *simple*. Cuando la oración psíquica contiene más de una oración gramatical, estamos en presencia de una oración *compuesta*.

Hasta el capítulo presente hemos estudiado cómo se enlazan entre sí los elementos constitutivos de la oración simple y la función que dentro de ella desempeñan las distintas partes de la oración. De aquí en adelante vamos a examinar cómo se expresan las relaciones que guardan las oraciones gramaticales contenidas en esta unidad lingüística a la cual denominamos *oración compuesta* o *período*.

196. Subordinación psíquica. Las oraciones gramaticales que forman parte de un período están mentalmente subordinadas a la unidad de intención y significado con que el período se articula. Dependen, pues, del conjunto psíquico que les da origen, y sólo dentro de él tienen la plenitud de su valor expresivo, de igual manera que las palabras adquieren solamente en la oración su verdadero contorno semántico y funcional. No se trata, por lo tanto, de dos o más oraciones simples que vienen a agruparse, sino de un contenido unitario que se estructura en varias oraciones gramaticales destinadas a expresarlo. Toda oración compuesta habrá de contener dos o más oraciones simples subordinadas a la intención subjetiva con que se profieren.

Por otra parte, cada una de las oraciones simples guarda con las demás de su período determinadas relaciones, en cuanto dependen todas de la unidad superior a ellas. Esta dependencia común es el factor principal de sus relaciones mutuas, y con ellas basta para establecer toda clase de conexiones expresivas, con o sin signo gramatical que las designe. El análisis lingüístico ha descubierto la útil diferencia entre oraciones yuxtapuestas, coordinadas y subordinadas, según contengan o no signos expresivos de la relación existente entre los componentes, y según la clase de relación que tales signos expresen. Nosotros habremos de servirnos también de esta división. Pero es evidente que con la simple yuxtaposición significamos constantemente las mismas conexiones que podemos expresar por medio de conjunciones y relativos. La historia del lenguaje demuestra que la coordinación y la subordinación gramatical son fases posteriores, y de ningún modo necesarias, de la evolución lingüística, como lo demuestra, además, el hecho de que en las lenguas modernas de alta cultura siguen sirviéndose de la yuxtaposición con tanta frecuencia como de las conjunciones, especialmente en el habla usual no literaria. En español, como en las demás lenguas romances, el número de conjunciones verdaderamente primitivas es muy escaso: la mayor parte de las que hoy usamos son palabras o frases de otro origen, habilitadas como conjunciones en época románica, después de haberse perdido la mayoría de las que se usaban en latín [61]. Muchas de ellas pertenecen exclusivamente al lenguaje culto, y son poco menos que desconocidas en el habla popular e infantil. Como vamos a ver en seguida, la coordinación o la subordinación existen siempre, aunque no se empleen conjunciones ni relativos. Por esto conviene estudiar la yuxtaposición con mayor espacio del que suelen dedicarle las gramáticas.

197. Yuxtaposición. Fijémonos en que estamos tratando de oraciones compuestas, las cuales forman, como ya hemos dicho, una unidad psíquica determinada por el intervalo descendente de la entonación final ante la pausa. Por consiguiente sólo entran en nuestra consideración las oraciones asindéticamente incluidas en una de dichas unidades psíquicas; queda por ahora fuera de nuestro estudio la simple yuxtaposición de oraciones psíquicas diferentes. Estas últimas pueden guardar entre sí relaciones ajenas a las de los componentes de una oración compuesta: de tales relaciones nos ocuparemos en el último capítulo de este libro. Si decimos, por ejemplo, *«la tarde había sido agitada en extremo; las tropas se retiraban a*

---

61 Véase R. MENÉNDEZ PIDAL, *Manual de Gramática histórica española*, 130 ; LENZ, 352-853.

sus cuarteles. Nuestro protagonista se aventuró a salir...» habremos
enunciado varias oraciones yuxtapuestas que no forman una oración
compuesta. Por el contrario, en *«Quería verte; no pude encontrarte
en todo el día»* tenemos una oración compuesta dividida en dos oraciones yuxtapuestas.

Para que esta última interpretación pueda tener lugar, es indispensable que la inflexión final del primer grupo fónico *(verte)* sea
ascendente, o que su entonación termine en semicadencia. Igualmente
si leyésemos el primer ejemplo *(La tarde,* etc.) prescindiendo de la
puntuación ortográfica y haciendo ascendentes todos los grupos fónicos menos el último, lo habríamos interpretado como una oración
compuesta constituida por tres oraciones gramaticales yuxtapuestas.
Esto equivale a decir que la diferencia entre una y otra yuxtaposición
pertenece principalmente al lenguaje oral no al escrito. En la lectura
de un texto, depende de la interpretación que le dé el lector. Sólo el
contexto y la puntuación pueden ayudarnos a determinar el sentido
que el autor le daba [62].

Por lo tanto, sería útil que para evitar confusiones posibles se
generalizase en nuestras gramáticas la práctica de reservar el nombre
de *yuxtapuestas* a las oraciones asindéticas que forman período, y
llamar sucesivas o independientes a las que no lo forman.

198. Esta distinción puede parecer baladí en un tratado de
Sintaxis. Estaría más en su lugar en un libro de arte de la Declamación. Sin embargo, en la yuxtaposición de oraciones sentidas como
componentes de una oración compuesta hallamos el primer grado de
coordinación y subordinación. Más allá de la unidad psíquica oracional, podremos encontrar todavía algunas relaciones psíquicas y
hasta gramaticales, pero no con la trabazón necesaria con que se articulan las oraciones compuestas del período.

Ciñéndonos a nuestro propósito, observaremos con unos cuantos ejemplos de asíndeton varias relaciones coordinadas y subordinadas:

62 Acerca del valor de la entonación y de las pausas como expresión de las relaciones sintácticas dentro de la oración compuesta, véase nuestro trabajo *Fonología del
período asindético,* en *Estudios dedicados a Menéndez Pidal,* Madrid 1950, págs. 55-67.

«*Fui ayer al teatro; volveré mañana*» (copulativa); «*Quería verte; no pude salir de casa*» (adversativa); «*No llueve; nada cogeremos*» (consecutiva); «*Le suspendieron; no sabía nada*» (causal); «*Os suplico no me dejéis en esta duda*» (substantiva objetiva); «*Haya vuelto o no, no importa*» (substantiva subjetiva); «*Tomamos chocolate; estaba muy rico*» (relativa); «*Escríbame; contestaré en seguida*» (condicional); «*Llegué; le encontré en su despacho...*» (temporal).

Estos ejemplos, a los que sería fácil añadir otros muchos, son asindéticos en el sentido de que no contienen conjunciones ni relativos, pero algunos contienen ciertas relaciones gramaticales que fortalecen su unidad. Por ejemplo: «*Fui ayer al teatro; volveré mañana*» tienen el mismo sujeto; «*Os suplico no me dejéis en esta duda*», el complemento del primer verbo, *os*, designa a la misma persona gramatical que es sujeto de *dejéis*. Estas relaciones pueden acentuarse con el empleo de pronombres, adjetivos o adverbios, o repitiendo en la segunda oración alguna palabra de la primera; ejemplos: «*Dijo que volvería; lo dudo*»; «*Quizás perdamos el tren; malo sería*»; «*Vaya al teatro esta noche; allí nos veremos*»; «*Enfermo le dejé; enfermo le he vuelto a encontrar*». Sería difícil ya llamar asindéticas a estas oraciones sólo porque no contienen ninguna conjunción propiamente dicha. Téngase en cuenta que la mayor parte de nuestras conjunciones o frases conjuntivas se han formado con adjetivos, adverbios y preposiciones en situación semejante a la de los ejemplos anteriores. Nos hallamos, por lo tanto, en el límite que separa la yuxtaposición de la coordinación y de la subordinación expresadas por medio de palabras especialmente dedicadas a este fin.

Al estudio de estas últimas dedicaremos los capítulos que siguen. Pero antes conviene tratar de otros aspectos de las oraciones yuxtapuestas.

199. Valor relativo de las oraciones yuxtapuestas en el período. Volviendo al tipo de yuxtaposición pura, sin palabras de enlace que la asimilen más o menos a la unión conjuntiva, es oportuno preguntarse si entre las oraciones yuxtapuestas en un período habrá alguna

16

que lógica o estéticamente predomine. La cuestión no puede resolverse *a priori*. Hay que investigar si existen medios expresivos capaces de significar tal predominio.

A primera vista parece que el orden de colocación de las oraciones yuxtapuestas indica preferencia por la que figura en primer lugar, de igual manera que en la oración simple veíamos que es frecuente que el elemento sintáctico prepuesto absorba el interés principal. Sin embargo, después de examinar numerosos textos, llegamos a la convicción de que con cualquier orden de colocación una de las oraciones puede concentrar el máximo interés del período de que forma parte. Así, por ejemplo, cuando una de ellas lleva un imperativo o un vocativo, destinados a llamar la atención del interlocutor, puede ir colocada al principio o al fin del período, sin que por ello se altere su fuerza intensiva: *Dame la cesta; la necesito,* o bien *Necesito la cesta; dámela*. En el primer caso tenemos una gradación descendente; en el segundo ascendente. Si fueran tres o más, cualquiera de ellas podría ser la más expresiva e interesante.

Hemos escogido ejemplos donde es evidente la supremacía de una de las oraciones. En una narración objetiva que no presente relieves lógicos o afectivos muy marcados, es difícil señalar dónde se halla el mayor interés de un texto escrito. El lector debe interpretarlo oralmente. En el lenguaje hablado o en la interpretación de lo escrito, los rasgos fonéticos de la elocución indican siempre la oración que se ha sentido como más importante del período. Estos caracteres fonéticos son los siguientes: 1.º, refuerzo del acento intensivo; 2.º, elevación de la entonación; 3.º, alteración del *tempo,* acelerando o retardando. Para entendernos pronto, diremos que en todo período hay una oración fonéticamente reforzada, y este refuerzo fonético expresa mayor importancia psíquica. No se relaciona, como ya hemos dicho, con el orden de colocación.

Estas conclusiones a propósito de la yuxtaposición, como forma más sencilla del período, se extienden también a los períodos coordinado y subordinado. La observación de múltiples casos revela que dentro del período hay siempre una oración psíquicamente dominante, a la cual se supeditan las demás. He aquí un factor rítmico, a la vez acústico y espiritual, que habrá de tenerse en cuenta en las investigaciones estilísticas. Por lo que se refiere a la Sintaxis, la hegemonía psíquica que una oración ejerce dentro de su período, hace desaparecer la línea divisoria entre yuxtaposición, coordinación y subordinación. Las diferencias que separan estas tres clases de períodos son puramente formales, lo cual no quiere decir que sean desdeñables.

200. Las conjunciones en la oración simple. Aunque nuestras definiciones establecen una separación tajante entre la oración simple y la compuesta, hemos tenido ocasión de notar más de una vez cómo nuestros conceptos gramaticales son incapaces de encerrar sin residuo la viva realidad del lenguaje. Se define la preposición como palabra que relaciona elementos de la oración simple; a la conjunción corresponde el enlace de oraciones dentro del período. Hemos visto, sin embargo, que buena parte de las conjunciones que hoy usamos se han formado históricamente de preposiciones y adverbios, los cuales, en su proceso de habilitación a su nuevo empleo conjuntivo, han tenido que pasar por fases intermedias en las que es dudoso definir su valor gramatical.

Aun sin apelar a la historia del idioma, podemos citar casos modernos de contacto entre las funciones prepositiva y conjuntiva. La preposición *con* desempeña a veces un papel copulativo, semejante al de la conjunción *y: el oficial con los soldados anduvieron muchos kilómetros,* no es una construcción inusitada en nuestros días, frente a la más usual *el oficial con los soldados anduvo.* En el primer caso, *con* equivale a *y;* y en el segundo mantiene su carácter de preposición. MEYER-LÜBKE nota que en todas las lenguas romances puede decirse *pater cum matre veniunt,* «lo cual no se diferencia en nada de *pater et mater veniunt,* sino que atestigua la asimilación completa entre dos substantivos; por el contrario, el giro igualmente posible *pater cum matre venit* expresa claramente, con el verbo en singular, la subordinación de *cum matre* a *pater»* [63]. Igualmente podríamos decir que en *Pedro y Juan cargaron el camión,* al colaborar

---

63 *Gram. des langues romanes,* t. III, 209.

dos sujetos en un mismo acto, la expresión no es únicamente copulativa, sino que da más la idea de asociación o compañía, como podría darla la preposición *con* en lugar de *y*.

El giro *entre... y* se siente hoy como una conjunción: *entre tú y yo copiaremos los apuntes,* con los pronombres en caso sujeto y sin actuar el régimen de la preposición. Pero antes de llegar a este estado moderno, ha habido una larga época de vacilaciones, atestiguadas, por ejemplo, en las *Sergas de Esplandián,* donde puede leerse: *entre él y mí, entre él y ti, entre ti y mí* [64].

201. El papel de enlace dentro de la oración simple no es exclusivo de las preposiciones, sino que las conjunciones lo desempeñan también. Ahora bien: la preposición, salvo los casos vacilantes e intermedios a que hemos aludido, subordina siempre el término al elemento inicial, en tanto que la conjunción se limita a coordinar elementos sintácticos de la misma clase: un sujeto con otro sujeto del mismo verbo, dos verbos del mismo sujeto, dos complementos directos, dos indirectos, etc. Ejemplos: *uno u otro lo dirá; comían y bebían sin tasa* [65]; *no estudia Medicina, sino Derecho; al volver traíamos siempre encargos, ya para los parientes, ya para los amigos.* En la oración simple, la conjunción une elementos sintácticos análogos coordinándolos entre sí. No puede subordinarlos uno a otro.

Por haberse preocupado demasiado con la definición tradicional de la conjunción, la mayor parte de las gramáticas interpretan las oraciones simples en las que figura alguna conjunción, como expresiones elípticas de dos oraciones coordinadas. Tal es por ejemplo, el parecer de la ACADEMIA ESPAÑOLA: para ella *uno u otro lo dirá* es elipsis de *uno lo dirá u otro lo dirá.* Hasta LENZ (351) que vio claro el papel coordinador de elementos análogos ejercido por las conjunciones, considera que tales elementos significan, según los casos,

64 *Biblioteca de AA. EE.,* t. XL, págs. 445 *b;* 454 *a* y *b;* 462 *b,* respectivamente.

65 Siendo dos verbos en forma personal los elementos que van unidos por la conjunción, tenemos que considerar este ejemplo como una oración compuesta, según nuestras definiciones, a pesar de que las oraciones componentes tengan elementos comunes. Pero hemos puesto adrede este ejemplo, para demostrar una vez más el convencionalismo forzoso de las definiciones gramaticales y los numerosos puntos de contacto entre la oración simple y la compuesta.

una ampliación o una restricción de la oración en que figuran; y propone los nombres de *oración ensanchada* y *oración contraída,* si corresponden a una sola representación psicológica o a varias, respectivamente. Pero su análisis del carácter unitario o múltiple de las representaciones psíquicas, basado en la Psicología de WUNDT, no da ordinariamente resultados satisfactorios sobre la cuestión que nos ocupa.

Aunque en los elementos análogos coordinados podamos ver equivalentes lógicos de oraciones elípticas, o ampliaciones de una unidad psíquica inicial, esto no nos autoriza para pensar que tales contradicciones o ensanches se producen en la mente del que habla. Una cosa es la equivalencia lógica, y otra la realidad expresiva.

Contentémonos, pues, con decir que en la oración simple hay a menudo elementos sintácticos análogos, los cuales se hallan coordinados entre sí, ya por simple yuxtaposición, ya por medio de conjunciones coordinantes. No hay motivo para sorprenderse de que un verbo pueda tener dos o más sujetos, o más de un complemento de la misma clase y con idéntica función sintáctica; ni es necesario suponer elementos tácitos ni complicaciones de una representación psíquica originaria.

202. Diferencias entre la coordinación y la subordinación. Después de lo que llevamos dicho en este capítulo, no hace falta insistir en que la distinción entre la coordinación, o *parataxis,* y la subordinación, o *hipotaxis,* se basa en diferencias puramente formales. Pero el punto de vista formal es el más interesante para el gramático, y por ello, a pesar de que la indiferencia entre las uniones paratácticas o hipotácticas es, desde hace tiempo, una adquisición en firme de la ciencia lingüística, sigue figurando dicha distinción en las gramáticas más modernas de todas las lenguas de cultura. La parataxis y la hipotaxis son formalmente distintas, son modos de expresión diferentes, aunque ambas hayan nacido de un mismo proceso biológico.

Toda forma de expresión es signo de algo, tiene un valor significativo. Este algo de lo cual son signo las conjunciones coordinantes y subordinantes está tan enraizado en el pensamiento del hombre culto, que sufriríamos una mutilación importantísima en la expresión si nos viésemos reducidos a las meras oraciones yuxtapuestas, o si desapareciesen los matices que separan la unión paratáctica de la hipotáctica. A fin de no volver a ocuparnos de ello en los capítulos que siguen trataremos de definir aquí sus diferencias.

Las oraciones coordinadas, lo mismo que las yuxtapuestas, dependen de la unidad psíquica intencional del complejo de que forman parte. En este sentido no hay oración simple que no esté subordinada al período, o lo que es lo mismo: todas las oraciones del período son subordinadas.

Pero además de esta dependencia común, existe también una subordinación interna. Ya hemos dicho anteriormente que en todo período, de cualquier clase que sea, hay una oración expresivamente más intensa (cuyo relieve señalan los recursos fonéticos), a la cual se adhieren las demás oraciones como a su centro de gravedad.

203. Hasta aquí llegan las semejanzas troncales entre la yuxtaposición, la parataxis y la hipotaxis, con las cuales se explica el camino recorrido en la evolución de las lenguas de cultura y el empleo constante que seguimos haciendo de la yuxtaposición para expresar relaciones coordinadas y subordinadas. Pero la unión asindética permite escasos matices para expresar la calidad de la relación. En un período enumerativo, por ejemplo, la ausencia de toda conjunción deja la enumeración incompleta: «*Las nubes cubrían el cielo por el norte, el bochorno era sofocante, algunas ráfagas de viento anunciaban la próxima tormenta*». Con la conjunción *y* antes del último miembro de la enumeración significaríamos que ésta ha terminado *(y algunas ráfagas...)*; sin ella queda la atención pendiente de lo que pueda seguir, a no ser que el descenso final de la entonación nos anuncie que el período ha terminado. La presencia de la conjunción permite estos recursos estilísticos, ayudados por los movimientos de la curva melódica; sin ella, la entonación tendría que decirlo todo.

«*Hace buen tiempo, saldremos*», expresa asindéticamente una condición; pero puede significar también causa *(porque)*, consecuencia *(por consiguiente)* o tiempo *(mientras)*. Con la entonación y la pausa mayor o menor entre las dos oraciones, señalaríamos algunos de estos matices sólo de un modo aproximado. «*Encontré tu carta sobre mi despacho; estaba abierta»*, puede indicar mera coexistencia temporal *(cuando encontré)*, o ser expresión adversativa *(pero estaba)* o relativa *(la cual)*. Con la unión asindética hay que apelar a todos los recursos fonéticos, y hasta mímicos, para dar a conocer la clase de relación que deseamos establecer. Las conjunciones precisan estas relaciones, permiten distinguir matices más numerosos, y son por ello un medio expresivo más intelectual que la yuxtaposición.

En presencia de las conjunciones, la entonación desempeña un papel coadyuvante, pero no único; puede debilitar su fuerza expresiva, y en ciertos casos extremos llega a desaparecer el rasgo característico de la entonación subordinada, sin que disminuya la firmeza del enlace sintáctico. Podemos decir, por ejemplo, la oración simple *Voy a contaros mi trabajo de hoy*, con el tonema o descenso final que corresponde a toda oración terminada; pero en aquel momento se nos ocurre ampliar la oración con otra expresión con la que no habíamos contado previamente: *para que veáis de lo que soy capaz*. Esta última oración se percibirá como subordinada final, sin que le perjudique la entonación descendente ya pronunciada en la oración principal.

Según las investigaciones a que aludimos en la nota del § 197, al papel que la entonación desempeña en la unión asindética coadyuva la duración relativa de las pausas. La asíndeton, por breve que sea la extensión del período, tiende a exigir la partición de las oraciones yuxtapuestas en grupos fónicos, y la pausa interior que los separa es, por lo común, más larga que la exigida en las mismas condiciones por las coordinadas y subordinadas con conjunción. Nótese la diferencia entre *No habla, escucha* y *No habla, sino que escucha*. En el segundo caso la pausa es mucho más breve, y en ocasiones se prescinde de ella.

204.   Entre la unión paratáctica y la hipotáctica, la diferencia consiste en que la subordinación que, como hemos dicho, existe siempre dentro de todo período con respecto a una oración sentida como más expresiva (la oración *principal)*, alcanza en la hipotaxis expresión gramatical en la trabazón de sus componentes. Cuando se dice que en la parataxis las oraciones son separables e independientes, y en la hipotaxis son inseparables, se atiende sólo a la estructura gramatical, pero se falsea la realidad expresiva. Los componentes de un período no pueden separarse nunca sin mutilación de lo expresado, puesto que ninguno de ellos tiene sentido perfecto más que dentro del período que les dio vida. En la oración *«quería ir a verte, pero no pude salir de casa»*, no se pueden aislar las dos oraciones sin que se pierda algo más que el sentido adversativo que tienen juntas. Gramaticalmente podemos separarlas y hacer con ellas dos oraciones independientes completas; pero expresaremos ya cosas distintas.

Ahora bien: en la hipotaxis, la oración principal se convierte en elementos sintácticos propios a las oraciones subordinadas, las cuales funcionan entonces como sujeto, atributo, complemento, etc. Es decir, que el período subordinado se analiza como una oración simple que tiene alguno o algunos de sus elementos sintácticos expresados con verbo en forma personal. En estas condiciones, la flexión, el régimen de las preposiciones y la dependencia toda de los elementos sintácticos, traban de tal manera la expresión, que al separarlas no sólo quedan las oraciones psicológicamente mutiladas, como en la parataxis, sino que por lo menos una de ellas queda formalmente incompleta. De igual manera que si en una oración simple intentásemos separar del verbo el sujeto o algún complemento, quedarían estos elementos, y a menudo el verbo mismo, como expresiones gramaticalmente vacías.

205. Existe, sin embargo, como veremos en los capítulos próximos, una amplia zona de indiferenciación en la cual es difícil decidir si las oraciones son coordinadas o subordinadas. Tal ocurre, por ejemplo, con las de relación causal y consecutiva. Tanto en la historia de las conjunciones causales como en el uso moderno del período causal, es casi siempre imposible distinguir la causa lógica (coordinativa) del motivo determinante de la acción (subordinativo). Por las razones que expondremos en lugar oportuno (§ 224), creemos que es inútil mantener esta diferencia, e incluimos todas las causales en el período hipotáctico, en cuanto expresan todas una acción complementaria del verbo principal.

206. Aunque la mayoría de las conjunciones se ha especializado en su papel coordinante o subordinante, la diferencia entre coordinación y subordinación no está tanto en la naturaleza de las conjunciones empleadas en cada caso, como en el grado en que la subordinación se haya incorporado a la principal hasta convertirse en elemento sintáctico de ésta. La hipotaxis significa, por ello, un fortalecimiento de las relaciones entre los componentes del período y mayor posibilidad de matices cualitativos en la expresión de tales relaciones. Por esta causa las conjunciones subordinantes son las últimas que aparecen en el lenguaje infantil, con excepción de la incolora *que*, simple nexo copulativo que nada dice sobre la cualidad de la relación. Fuera de ésta, las demás subordinantes se presentan con gran lentitud, en la medida que la cultura individual las va haciendo necesarias; y si la instrucción literaria es nula o escasa, muchas de ellas seguirán siendo desconocidas toda la vida.

Los maestros saben con cuánta dificultad aprenden sus alumnos a distinguir la oración *principal* dentro del período hipotáctico. Con frecuencia toman como principal a cualquiera de las subordinadas, y a veces tienen razón. Esta confusión nace de que alguna de las oraciones gramaticalmente subordinadas absorbe el interés expresivo dominante en el período; es subordinante psíquica, aunque sea formalmente subordinada. La sensibilidad espontánea del idioma lleva muchas veces a niños y adolescentes a señalar la mayor intensidad expresiva, cuando les falta el esfuerzo de abstracción necesario para percibir las relaciones puramente formales. Ambas clases de subordinación — psíquica y gramatical — pueden hallarse en desacuerdo; y esto prueba una vez más el carácter predominantemente intelectual de la hipotaxis.

CAPÍTULO XX

COORDINACIÓN [66]

207. En el capítulo anterior quedó explicado que las conjunciones coordinantes establecen la misma clase de relación entre oraciones distintas que entre elementos análogos de una misma oración. Por consiguiente, en la exposición y en los ejemplos que siguen nos referiremos indistintamente a uno u otro caso.

Los juicios, o los elementos oracionales coordinados, pueden sucederse unos a otros por simple adición (*coordinación copulativa*). Cuando empiezan a estimarse entre ellos diferencias de cualquier clase, van pasando por una serie de gradaciones que conducen a una copulación alternativa, bien por falta de simultaneidad, bien por diferencias lógicas (*coordinación distributiva*). Estas diferencias

66 El estudio más completo que se ha publicado sobre las oraciones coordinadas y subordinadas es el de la *Gramática* de la Academia Española, a partir de la edición de 1917. Los abundantes materiales que contiene, aunque expuestos en forma confusa y prolija, son de gran utilidad. También puede prestar buenos servicios la exposición de J. CEJADOR, *La lengua de Cervantes*, tomo I, Madrid 1905, además de las indicaciones de Bello, las anotaciones de Cuervo, y el estudio monográfico de algunas conjunciones en la parte publicada de su *Diccionario de Construcción y Régimen de la Lengua Castellana*. Desde el punto de vista histórico, véase R. MENÉNDEZ PIDAL, *Cantar de Mío Cid*. La parte que dedica Hanssen a las conjunciones es muy reducida. Se han publicado además algunas monografías sobre aspectos parciales de la parataxis y de la hipotaxis, las cuales serán citadas oportunamente.

lógicas pueden llegar hasta formular un juicio contradictorio *(coordinación disyuntiva)*. Por otro lado, los elementos simplemente copulados deben ser todos afirmativos o todos negativos. Si esta homogeneidad lógica se altera más o menos, se producen gradaciones de matiz con las cuales se llega a expresar oposición parcial o total entre ellos *(coordinación adversativa)*. Hablando en términos lógicos, diremos que partiendo de la pura coordinación copulativa, podemos llegar a la expresión de la contradictoriedad *(disyuntiva)* o de la contrariedad *(adversativa)* como casos extremos. Como en el lenguaje no se trata del puro contenido lógico, sino de su interpretación psicológica, los grados expresivos intermedios son numerosos; pero siempre se producen en una o en otra de estas dos direcciones. Este es, mirando en conjunto, el esquema de la parataxis, sindética o asindética [67].

208. Coordinadas copulativas. La conjunción *y* es la primera que aparece en el lenguaje del niño; *ni,* por encerrar una doble significación negativa y conjuntiva, es algo más tardía, pero es también de las primeras. Una vez incorporadas al lenguaje individual, se observa una larga etapa en la cual sustituyen a la yuxtaposición con mucha más frecuencia que en el habla del adulto: *y casas y árboles, y pájaros, y flores.* Hacia los siete años, aproximadamente, comienza a disminuir esta profusión de conjunciones; pero suele tardarse de 2 a 5 años, según la instrucción escolar que el niño reciba, en fijar el uso que el idioma siente como normal. El pleonasmo de *y* es la forma infantil y popular de las narraciones. En estas primeras fases del lenguaje, la conjunción *y* sirve para expresar muchas relaciones que más tarde se expresarán con otros medios; p. ej.: *pegaba y era malo* (porque); *y (ha) entrado y (ha) gritado* (cuando); *un hombre y es muy feo* (que), etc. En el habla adulta sobreviven con frecuencia significaciones parecidas a éstas.

En su empleo normal, las conjunciones copulativas expresan relación de simple suma: *y,* cuando las oraciones sumadas son afir-

[67] En el capítulo siguiente explicaremos las razones en que nos apoyamos para excluir de la coordinación a todas las oraciones causales y consecutivas, contra la costumbre general de las gramáticas.

mativas; *ni*, cuando son negativas. Es sabido que si los miembros afirmativos relacionados son más de dos, la conjunción precede únicamente al último: *niños, jóvenes y viejos se divertían mucho; cantaban, bailaban, jugaban y reían.* Varios miembros negativos pueden construirse del mismo modo: *Nunca piensa, dispone, ordena ni manda cosa contraria al bien público.* Pero lo más frecuente es que *ni* se repita delante de cada uno, a fin de hacer resaltar su carácter negativo: *no están tristes, ni descontentos, ni quejosos de su suerte.*

209. Dentro de estas normas generales caben casos particulares, los cuales, por contraste con el uso corriente, se convierten en recursos estilísticos. CERVANTES imita el habla rústica de Teresa Panza por medio de la repetición de *y*: «*Traed vos dineros, Sancho, y el casarla dejadlo a mi cargo, que ahí está Lope Tocho, el hijo de Juan Tocho, mozo rollizo y sano, y que le conocemos, y sé que no mira de mal ojo a la mochacha, y con éste que es nuestro igual estará bien casada, y la tendremos siempre a nuestros ojos, y seremos todos unos padres y hijos, nietos y yernos, y andará la paz y la bendición de Dios entre nosotros, y no casármela vos ahora en esas cortes y en esos palacios grandes*» (*Quijote,* II, 5). Fuera de la imitación del lenguaje popular e infantil, significa la polisíndeton una intensificación creciente de sumandos: *hubo fiestas, y toros, y vino y jaleo; es amable, y honrado, y formal, y valiente.* Este valor intensivo se funda en que después de la conjunción esperamos, como de costumbre, el último miembro de la enumeración; al añadírsele otros, produce el efecto de una enumeración ilimitada o muy crecida. Puede reforzarse aún más la intensidad formando una gradación que termina anteponiendo al último miembro expresiones ponderativas como *y aún, y hasta, y además, ni siquiera, ni tan sólo,* etc: *tuvimos procesión y música y fiesta, y hasta toros; no dejaron mesas, ni sillas, ni camas, ni siquiera cerraduras en las puertas.* Las expresiones finales *y todo, ni nada,* cierran la enumeración con una síntesis: *hubo aplausos y felicitaciones y regalos y todo; no comimos ni bebimos, ni nos divertimos, ni nada* [68].

68 Véase *Rev. de Filología Española,* IV, 1917, pág. 285.

El uso de la conjunción al comienzo de la cláusula significa enlace lógico o afectivo con lo anteriormente dicho o pensado: *¡Y dirán
que no hay dinero!* «*Y dejas, Pastor Santo, tu grey en este valle
hondo, oscuro...*» (FR. LUIS DE LEÓN).

La asíndeton deja la enumeración indeterminada en su final. La
entonación queda sin el descenso acostumbrado; en la escritura puede haber o no puntos suspensivos después del último miembro, según
la intención del autor, la costumbre de la época y el carácter más o
menos patético que quiera darse a lo expresado. El efecto estilístico
es el de una representación psíquica a la cual pueden añadírsele
imaginariamente nuevos componentes en la trayectoria mental que
señalan los miembros que han sido mencionados: *pasé junto a su
jardín abandonado, sombrío, silencioso; nunca pudieron torcer su
voluntad ruegos, amistades, dádivas.*

210.   Cuando dos oraciones se suceden copulativamente de manera que el tiempo de la primera sea anterior al tiempo de la segunda,
tienden a interpretarse en relación consecutiva; es decir, la secuencia
temporal y expresiva se convierte en consecuencia lógica: *le permitían
hablar y habló; te buscaba y te encuentro;* con simple yuxtaposición:
quería oírle; le escuché muy atento. El lenguaje practica en estos
casos el sofisma que los lógicos refutan: *post hoc, ergo propter hoc,*
pasando de la sucesión temporal a la consecuencia causal. No otra
cosa ha ocurrido con la conversión de la preposición latina *post* en la
conjunción romance *pues,* consecutiva y causal, según veremos al estudiar el período subordinado. Aquí es interesante observar en su
base la relación consecutiva en períodos yuxtapuestos y coordinados.

Para que la coordinación copulativa pueda tener lugar, es necesario que los juicios o términos copulados sean todos afirmativos
o todos negativos. Si no es así, se produce una contrariedad parcial o
total entre ellos, que da a la coordinación carácter adversativo más
o menos acentuado. Por ejemplo, una oración afirmativa seguida de
una negativa: *tú eres muy listo y no me engañarás; lo busco y no
lo encuentro;* una negativa seguida de una afirmativa: *algunos no lo
creen y se equivocan; no es sabio y es bueno.* Pero hay en estos casos
lucha entre el sentido consecutivo y el adversativo prevaleciendo el

primero cuando la significación de ambas oraciones no es incompatible, p. ej.: *tú eres bueno y no me engañarás* (consecutiva); *no eres tonto y sabrás esto* (consecutiva); *hablaron mucho y no entendí nada* (adversativa); *nada sabía y acabo de enterarme* (adversativa).

Sobre la concordancia en el período copulativo, véase el cap. II.

211. Coordinadas distributivas. Cuando nos referimos alternativamente a dos o más oraciones, o a varios sujetos, verbos, atributos o complementos de una misma oración, formamos cláusulas distributivas. La atención se fija alternativamente en ellos porque no los considera iguales, sino con alguna diferencia lógica, temporal o espacial. Estas oraciones no llevan conjunción, sino que van simplemente yuxtapuestas; la coordinación entre ellas se establece empleando palabras correlativas, y a veces repitiendo una misma palabra: *aquí... allí, unos... otros, éstos... aquéllos, tan pronto... tan pronto, cuando... cuando, bien... bien, ya... ya, ora... ora.* Las tres últimas parejas de palabras, por su mucho uso en estilo literario, han pasado ya a ser conjunciones distributivas permanentes. Ejemplos: *Unos entraban, otros salían; Todo era confusión: éste buscaba a su hijo para salvarlo del peligro, aquél daba voces a sus familiares, otro huía alocadamente; Recibía con la misma serenidad, bien las alegrías, bien los infortunios.*

Debe observarse que cuando el enlace se establece por medio de la repetición de la misma palabra, la relación no suele ser ya simplemente copulativa, sino que adquiere un sentido de exclusión. Una de las oraciones excluye a las demás. Estamos ante dos o más juicios contradictorios, ya sea por su contenido lógico, ya por no ser simultáneas las acciones que expresan, ya porque se presentan a la voluntad para que elija; es decir, tenemos una plena coordinación *disyuntiva.*

La parataxis distributiva ofrece, por lo tanto, un tipo intermedio entre las coordinadas copulativas y las disyuntivas, entre la simple adición de elementos y la contradicción entre ellos.

212. Coordinadas disyuntivas. Además de la repetición de las palabras que acabamos de mencionar, la coordinación disyuntiva se establece por medio de la conjunción *o*, la cual suele aparecer al mismo tiempo que *ni* en la psicogénesis individual del lenguaje. La coordinación disyuntiva expresa, como queda dicho, que una de las oraciones excluye a las demás del período: *escúchame o vete a la calle; uno u otro tendrá que asistir a la ceremonia.* Notemos que en el último ejemplo el verbo concierta en singular con uno de los sujetos, pero podría también concertar con ambos en plural: *uno u otro tendremos que asistir a la ceremonia.* Para la concordancia de oraciones unidas por medio de la conjunción *o*, no influye que el verbo vaya delante o detrás de los sujetos, según dijimos en el § 29.

En los ejemplos anteriores la conjunción va entre los dos elementos coordinados, pero podría anteponerse también al primero: *o escúchame o vete a la calle;* « *O arráncame el corazón | o ámame, porque te adoro»* (ZORRILLA). Si la disyunción se produce entre más de dos oraciones, la conjunción puede igualmente repetirse delante de cada una de ellas, o preceder sólo a la última: *«Con diez años de plazo que tenemos | o el rey, o el asno, o yo ¿no moriremos?»* (SAMANIEGO). *El tío, los hermanos o el tutor pagarán los daños que causó el muchacho.*

El último ejemplo que acabamos de citar nos muestra un caso de debilitamiento del valor disyuntivo de la conjunción. Es indiferente que sea uno u otro el que pague. Igualmente en la oración *compraremos el traje en esta tienda o en la de enfrente,* sigue la exclusión, puesto que no se va a comprar en las dos, pero el interés del que habla no se dirige especialmente a ninguna de ellas. De aquí proviene el sentido de equivalencia con el que frecuentemente se emplea la conjunción *o* para aclarar algún concepto; p. ej.: *Nueva España o México; las lenguas romances o neolatinas.* En algunos casos llega a desaparecer toda significación disyuntiva y a convertirse en distributiva, o en mera conjunción copulativa equivalente a la conjunción *y;* p. ej.: *Aquí o en mi patria estoy siempre a sus órdenes.* Con ello observamos un nuevo punto de contacto entre el período distributivo y el disyuntivo, y entre ambos y la simple coordinación copulativa.

213. Coordinadas adversativas. Al tratar del enlace copulativo hemos visto que si dos oraciones expresan juicios de cualidad lógica diferente, uno afirmativo y otro negativo (o viceversa), la expresión copulativa se convierte a menudo en adversativa. Esta coordinación tiene, sin embargo, conjunciones propias en las cuales aparece más clara la contrariedad de los juicios, como *mas, pero, empero, sino,* etc. A veces la contraposición de las dos oraciones no se' debe a la presencia de palabras negativas, sino que resulta de la oposición de significados: *Es mi amigo, pero castigaré sus excesos; Odiaba a su jefe, pero sabía disimular.* Tenemos en estos casos un tipo de oración intermedia entre el sentido concesivo y el adversativo: *Aunque es mi amigo, castigaré sus excesos; A pesar de que odiaba a su jefe, sabía disimular.*

La oposición de las coordinadas adversativas suele significarse por la presencia de algún adverbio de negación, o de un adjetivo o pronombre negativo.

La contrariedad de las dos oraciones puede ser parcial o total. En el primer caso expresamos una corrección o restricción en el juicio de la primera oración, pero no incompatibilidad; la coordinación es entonces *restrictiva;* p. ej.: *no tenía dinero, pero supo arreglarse.* Si hay incompatibilidad entre ambas oraciones, de manera que la afirmativa excluya totalmente a la negativa, la coordinación es *exclusiva: no es esa mi opinión, sino la tuya.*

No ha pasado a nuestra lengua ninguna de las conjunciones adversativas latinas. Todas se han formado en español. He aquí algunas observaciones importantes sobre el empleo de cada una de ellas:

214. MAS. En la lengua latina tuvo un uso mucho más extenso e intenso que en nuestros días. Hoy se siente como restrictiva atenuada, y pertenece sólo a la lengua literaria, en la cual alterna con *pero.* No parece tener más fin que el de evitar la repetición de *pero* cuando se reúnen a poca distancia muchos períodos adversativos. A causa de su desuso en el habla corriente, y de su matiz atenuado, comunica a lo escrito cierto sabor de distinción selecta.

PERO. Es cronológicamente posterior a *mas,* a la cual ha ido desplazando progresivamente hasta convertirse en la más usual de

17

todas las adversativas. Su significado es restrictivo, aunque en los textos clásicos aparecen con cierta frecuencia ejemplos de su uso exclusivo equivalente a *sino*. Hoy va siempre al principio de su oración; en la literatura del Siglo de Oro podía colocarse en segundo lugar: *Os la pusiera en vuestras manos para que hiciérades de ella a toda vuestra voluntad y talante; guardando pero las leyes de caballería* (*Quijote*, I, 52).

Puede ir al principio de la cláusula para anunciar alguna restricción al sentido general de lo que se ha dicho antes. En este caso su función conjuntiva va más allá del período del que forma parte. En esta posición tiene a veces uso enfático destinado a manifestar sorpresa, extrañeza, asombro, o a irrumpir en la conversación con una frase ajena a la misma. *Pero ¿cómo lo has sabido?; Pero ¡qué horror!; Pero fíjate en ese que viene.* Con este valor enfático la usamos también dentro de frases exclamativas, en las cuales pierde todo valor adversativo: *¡Bien!, ¡pero que muy bien!*

EMPERO. Hoy pertenece exclusivamente al estilo literario afectado. Puede ir en primero o segundo lugar de su oración: *Siempre quisimos favorecer la buena causa; empero no siempre tuvimos ocasión para ello*, o bien *no siempre empero...*

AUNQUE. Esta conjunción, subordinante concesiva en su significado originario, ha adquirido en tiempos modernos valor adversativo, a causa de los muchos puntos de contacto que existen entre ambas significaciones, según ya hemos dicho, p. ej.: *Son muy ricos, aunque no lo parecen; Vive en Andalucía, aunque no sé en qué ciudad.*

SINO. Algunas veces tiene uso restrictivo: *Todos entraron en tropel, sino Enrique, que se quedó en la calle.* Pero en su empleo general contrapone una oración afirmativa a otra negativa, excluyendo totalmente lo afirmado en esta última: *no era tiempo de reír, sino de llorar; no busco recomendaciones, sino méritos.* A veces se refuerza el sentido exclusivo añadiendo la expresión *al contrario: nunca llegó tarde, sino al contrario, entraba siempre el primero en la oficina.*

Es frecuente que cuando los verbos de las dos oraciones son distintos, o cuando en ambas se repite el mismo verbo, la conjunción que se añada a *sino: No se conformaron con el aumento de salario ofrecido, sino que pidieron nuevas concesiones; No te traigo el libro, sino que te traigo algo mejor.* Así se forma un tipo de oraciones intermedio, ya que la presencia de *que* las asimila a las subordinadas. Obsérvese que es en estos casos posible la supresión de *que*, de *sino*, y aun de ambos, sin que se pierda el sentido adversativo: «*No corre el mar, sino vuela el velero bergantín*» (ESPRONCEDA), podría decirse igualmente *no corre sino que vuela*; o bien *no corre, que vuela*; o bien, por yuxtaposición, *no corre, vuela.*

La conjunción *sino* se ha formado añadiendo la negación *no* a la condicional *si: No se veía otra cosa si no* (se veían) *ruinas.* Al suprimirse por elipsis el verbo de la segunda oración se sintió *si no* como una sola palabra coordinante, puesto que ya no enlazaba oraciones; enlazaba sólo elementos análogos de una misma oración. Así adquirió *sino* significado independiente de sus componentes, lo cual hace que no sea lo mismo decir *no vive si no estudia,* que decir *no vive, sino estudia; no trabaja si no descansa,* frente a *no trabaja, sino descansa.*

215. Abundan las frases conjuntivas y los adjetivos y adverbios con significación adversativa. Ejemplos: a) Restrictivas: *no obstante, con todo, más bien, fuera de, excepto, salvo, menos;* b) Exclusivas: *más que, antes, antes bien, que no: No es mala su proposición; con todo, he de examinarla mejor; Todos estaban de acuerdo, fuera de (excepto, salvo, menos) unos cuantos; No encontraron más que leves indicios; Son molinos, que no gigantes: No quedó descontento, antes (o antes bien) sonreía satisfecho.* La mayoría de estas conjunciones pertenecen al lenguaje literario, con excepción de *fuera de, menos, más que,* y *que no,* las cuales también se usan en el habla popular.

CAPÍTULO XXI

SUBORDINACIÓN SUBSTANTIVA

216. Clasificación de las oraciones subordinadas. Toda oración subordinada se halla incorporada a la principal, y guarda con ella la misma relación que guardan con el verbo los elementos sintácticos de la oración simple. Analizaremos las oraciones subordinadas lo mismo que analizábamos las oraciones simples; y siempre hallaremos que la subordinada ejerce con respecto a la subordinante una de las siguientes funciones sintácticas: sujeto, complemento del sujeto; atributo, complemento del atributo; complemento del verbo: directo, indirecto, circunstancial; complemento de cualquier complemento.

En todos los elementos sintácticos que acabamos de enumerar existe siempre, en la oración simple, un substantivo, un adjetivo o un adverbio, según quedó explicado en la Primera Parte de este libro. Por consiguiente, la oración subordinada desempeñará dentro de la principal la misma función que corresponde a un substantivo, a un adjetivo o a un adverbio, y será un equivalente de alguna de estas tres clases de palabras. Por esto las oraciones subordinadas se clasifican en substantivas, adjetivas y adverbiales.

En la oración simple *El niño fugitivo recordó entonces su abandono*, podemos sustituir *fugitivo* por *que huía; entonces* por *cuando
estuvo lejos;* y *su abandono* por *que se hallaba abandonado*. En este
caso habremos formulado nuestro pensamietno por medio de un período subordinado constituido por tres oraciones dependientes del
verbo principal: *el niño que huía recordó, cuando estuvo lejos, que
se hallaba abandonado*. La primera representa a un concepto adjetivo
(fugitivo); es subordinada adjetiva. La segunda sustituye a un adverbio *(entonces);* es subordinada adverbial. La tercera expresa lo mismo
que un substantivo *(su abandono);* es subordinada substantiva. Dentro
de este marco caben todas las oraciones subordinadas [69].

217. Clasificación de las subordinadas substantivas.   Pueden
desempeñar los mismos oficios que en la oración simple corresponden
a un substantivo (v. cap. XV). Por lo tanto podrán ser:

I.   Sujeto.
II.   Complemento directo.
III.   »   indirecto.
IV.   »   circunstancial.
V.   »   con preposición, de un substantivo o adjetivo.

69 Rudolf Blümel *(Einführung in die Syntax,* Heidelberg, 1914) reserva el nombre
de *subordinadas* a las oraciones que, en conjunto, nosotros llamamos adverbiales (y algunas más, como las finales), y aplica el nombre de *inordinadas* (ordenadas *en* o *dentro*)
a todas las demás. Se funda en que las primeras no se hallan — a su juicio — incorporadas a la oración principal como uno de sus elementos componentes, sino que se
oponen enterizamente a ella. Así, por ejemplo, en la temporal *me darás la razón cuando
tengas más experiencia,* la subordinada no sólo enmarca en una circunstancia futura al
verbo *darás,* ni siquiera *a darás la razón,* sino a la principal entera. En cambio, en las
substantivas y adjetivas, p. ej., *deseaba que se marchase pronto, dame el libro que te
presté,* las oraciones *que se marchase pronto* y *que te presté* son complementos del
verbo *deseaba* y de *libro,* respectivamente, y están del todo dentro de la principal como
elementos constitutivos de la misma. La distinción de Blümel es perfectamente clara,
no carece de interés teórico, y ha sido adoptada por Amado Alonso y Henríquez Ureña
en su *Gramática castellana.* Una cosa es, pues, la *subordinación,* que afecta en bloque
a todo el contenido de la principal, y otra la *inordinación* o *enordenación* que completa
a uno de sus componentes. Notemos, sin embargo, que en la misma relación se hallan
con frecuencia los complementos circunstanciales en la oración simple. Si decimos, p. ej.,
espero la llegada de mi hijo el lunes próximo, es evidente que *el lunes próximo* no sólo
afecta al verbo *espero,* sino que enmarca a todo el complejo representativo de la oración;
pero esto no nos autoriza a pensar que el complemento circunstancial no esté dentro de
la oración como uno de sus elementos sintácticos. Bastaría decir sencillamente que los

218. I. Oraciones sujeto.   Se introducen por medio de la conjunción copulativa subordinante *que*. Cuando son interrogativas no llevan conjunción: *no es probable que lo sepa; es lástima que te hayan visto; cómo y cuándo se ultimó el negocio no importa a nadie.* En su calidad de substantivos pueden llevar artículo, aunque no es indispensable: *el que no saludasen pareció mal a todos; el por qué anticipó el viaje es un secreto.* Cuando la oración se refiere a algo ya conocido o enunciado, se puede atraer la atención sobre ello por medio de un neutro *(lo, esto, eso, aquello)* y juntarse la oración sujeto con la preposición *de: eso de que volverán cuando quieran me parece mal;* «*no está muy conforme con la verdad todo aquello de que el viejo rabadán no puede ya con sus huesos, ni baila ni corre*» (VALERA, *Comendador Mendoza*). Es decir, que la asimilación de la oración a un substantivo es tan completa que hasta puede ser término de una preposición. Esta substantivación total de las oraciones introducidas por *que* es en español más fácil y frecuente que en las demás lenguas romances [70].

En latín se usaban principalmente estas oraciones como sujeto de un verbo impersonal o atributivo, preferencia que el castellano ha conservado ampliándola a las oraciones de pasiva refleja y a las intransitivas: *no conviene que hablemos; está bien que te enteres; será inútil que insistáis; se declara oficialmente que es peligrosa la*

complementos directos e indirectos del verbo, y los complementos de cualquier palabra de la oración simple, son de naturaleza distinta que los circunstanciales, porque no es lo mismo la acción con todos sus actores, que la circunstancia o circunstancias que la envuelven. De igual manera, en la oración compuesta, las adverbiales que expresan circunstancias de la principal, se hallan menos ligadas a ésta que la mayor parte de las substantivas y adjetivas; pero no por ello queda invalidada la relación de dependencia o subordinación que existe entre todas las oraciones que forman período, de cualquier clase que sean. Por estos motivos creemos innecesario cambiar la expresiva denominación tradicional de *subordinadas*, que abarca por igual a todas las oraciones de que estamos tratando, sin perjuicio de admitir dentro de ellas la útil distinción de Blümel. Véase la reseña que de la primera edición de nuestro libro escribió Amado Alonso en la *Rev. de Filología Hispánica* (t. VII, 1945, págs. 164-166). Por otra parte, esta solución fue también aceptada por A. Alonso y Henríquez Ureña, cuando en su *Gramática castellana* (2.º curso, § 38) dicen con acierto: «Si se prefiere llamar a todas *subordinadas*, será siempre conveniente especificar entre las subordinadas a una oración (las subordinadas propiamente dichas) y las subordinadas a un elemento de oración o que son elementos de oración».

70 Véanse más pormenores en MEYER LÜBKE, *loc. cit.*, III, § 572.

*navegación por los mares del norte; el que no asistiera el presidente
a la reunión admiró a todos* [71]. Nuestra lengua puede además emplear-
las como sujeto de un verbo transitivo: *el que los nobles se sublevasen
a menudo arruinó la agricultura durante medio siglo; que el río se
desbordara súbitamente agrietó la presa del molino.* Esta construcción
no es desconocida en latín, pero es mucho más rara que en español.

219. II. Oraciones complementarias directas.   Ejercen el oficio de complemento directo del verbo principal. Su construcción varía
según que el período se halle en *estilo directo* o *en estilo indirecto.*
Se llama directo el estilo, cuando el que habla o escribe reproduce
textualmente las palabras con que se ha expresado el propio autor
de ellas: *El maestro ha dicho: estad quietos y atended; En este caso,
dijo D. Fernando, no podremos entendernos.* En el estilo indirecto el
que habla o escribe refiere por sí mismo lo que otro ha dicho.
Los ejemplos anteriores se expresarían de este modo en estilo indirecto: *El maestro ha dicho que estuviésemos quietos y atendiésemos;
D. Fernando dijo que en este caso no podríamos entendernos.*

En estilo directo la subordinante y la subordinada están simplemente yuxtapuestas. En el indirecto, se unen por medio de la conjunción *que,* y se producen alteraciones en los tiempos y en los modos
de la subordinada.

A veces *que* se sustituye por *como;* «*Dentro de pocas horas se
supo como estaban alojados seis millas lejos...*» (MONCADA, *Expedición,* 9). *Como* no está enteramente desposeído de su significado
modal, en estos casos; pero es patente su empleo conjuntivo subordinante. En la lengua moderna se usa muy poco con este sentido, pero
era frecuente en los clásicos.

Cuando las oraciones subordinadas son varias, puede llevar cada
una la conjunción *que,* cosa muy frecuente en el lenguaje popular y
en los clásicos: «*Decía el vizcaíno en sus mal trabadas razones que*

71   A estos casos reduce la Academia (379) el empleo de las oraciones sujeto en
español moderno. Siguiendo a Cejador, la Academia las explica como oraciones complementarias de acusativo que han pasado a ser sujeto al volverse la oración por pasiva.
No es necesaria esta explicación, puesto que este uso era normal en latín, y el romance
no ha hecho más que ampliarlo por analogía.

*si no le dejaban acabar su batalla, que él mismo había de matar a
su ama»* (*Quijote*, **I**, 8). Hoy se tiende en el lenguaje literario a emplear la conjunción sólo con la primera subordinada, a no ser que
la longitud del período pueda hacer olvidar la subordinación.

Que puede comenzar una oración aparentemente independiente,
pero en realidad mentalmente subordinada: *¿que no te has acordado?;
que no diga estas cosas a nadie.* Esto ocurre a menudo en las oraciones
exhortativas: *¡que pase! ¡que baile!* (v. 115).

En el lenguaje culto se suprime a veces la conjunción, en especial
con verbos de voluntad y de temor: *les rogaba me digan siempre la
verdad; temí se perdiese la ocasión.* Se sustituye en algunos casos *que*
por *no* dubitativo, desposeído de significación negativa: *Cuidado
(que) no se nos escapen; (que) no vayan a divulgarlo.*

220. TIEMPO DE LA ORACIÓN SUBORDINADA. Además del empleo de las conjunciones mencionadas, es signo de hipotaxis la dependencia en que se hallan los modos y tiempos del verbo. Con respecto
a los modos, hemos dicho lo bastante en el capítulo X. Trataremos
ahora de los tiempos.

La Gramática latina preceptúa que el verbo subordinado debe
guardar cierta relación temporal con el subordinante: se hallará en
un tiempo o en otro según el tiempo en que se encuentre el verbo
principal. Esta *concordantia temporum* es objeto de reglas que fijan
para cada caso los tiempos en que puede hallarse el verbo subordinado. Pero los textos latinos demuestran que en el uso efectivo del
idioma tales reglas se infringían con mucha frecuencia. Las gramáticas españolas han tratado de aplicar parte de aquellas normas [72];
pero también el uso de nuestra lengua las invalida de tal modo, que
es necesario volver a plantearse la cuestión sobre el grado y la calidad
de las relaciones temporales entre los verbos subordinante y subordinado.

La ACADEMIA ESPAÑOLA, reuniendo la doctrina de los gramáticos
anteriores, distingue dos casos: 1.º Verbo subordinado en modo indicativo; 2.º Verbo subordinado en subjuntivo.

[72] Bello (474 nota, 630, 676); Cejador, *loc. cit.* (I, 414); Hanssen (583); Academia (384, 385, 388 *f*, 393).

En el primer caso — dice —: *a*) si el verbo subordinante está en presente o futuro, el subordinado puede hallarse en cualquier tiempo; *b*) si el verbo subordinante está en pasado, el subordinado debe estar también en pasado.

Con el verbo subordinado en subjuntivo (siempre según la ACADEMIA): *c*) si el principal está en presente o futuro, el subordinado deberá estar en presente de subjuntivo; *d*) si el principal se halla en tiempo pasado, el subordinado debe estar en imperfecto de subjuntivo. A propósito de cada una de las reglas mencionadas, cita los ejemplos necesarios [73].

A poca atención que ponga el lector en estas normas, podrá convencerse de que son en gran parte equivocadas. Nada hay que objetar respecto al punto *a*). Con respecto al punto *b*) conviene fijarse en que, en efecto, son exactos los ejemplos: *decía (dijo, había dicho, diría)* QUE VENÍA, QUE HABÍA VENIDO, QUE VENDRÍA Y QUE HABRÍA VENIDO; pero no lo serían menos estos otros: *decía* QUE VIENE, QUE VENDRÁ, QUE HA VENIDO, QUE HABRÁ VENIDO, muy especialmente cuando es distinto el sujeto de uno y de otro verbo. Es decir, que con el verbo principal en pasado, el subordinado puede hallarse no sólo en cualquier pretérito, sino también en presente o futuro. Sobre el punto *c*), notemos que el verbo principal en presente o futuro de indicativo es posible que lleve el subordinado no sólo en presente de subjuntivo, sino también en otros tiempos, p. ej.: *no creen* o *no creerán* QUE HAYA HABIDO *tales caballeros en el mundo,* QUE HAYA *tales caballeros en el mundo;* y también, QUE HUBIERA *tales caballeros,* o QUE HUBIESE HABIDO *tales caballeros.* En el punto *d*) habría que objetar que un verbo de voluntad como *mandar,* al hallarse en pasado, puede llevar el subordinado en pretérito imperfecto de subjuntivo *(le mandaron que estudiase),* pero también en presente *(le mandaron que estudie).*

Estos ejemplos, que podrían multiplicarse fácilmente, demuestran hasta qué punto son inaplicables a la lengua moderna las normas de la *concordantia temporum,* tal como han sido formuladas por los

---

73 Con acierto considera como presentes las formas *he cantado* y *haya cantado,* puesto que expresan la acción perfecta en el presente. *Cantaría* va incluido entre las formas futuras y entre las pretéritas. El antepretérito no se emplea en las subordinadas substantivas.

gramáticos. HANSSEN (583) menciona además ejemplos antiguos de su incumplimiento.

Sin embargo, no debe creerse que el uso de los tiempos subordinados sea enteramente libre. La dependencia entre el verbo principal y el subordinado limita en algunos casos las posibilidades de los tiempos en que puede hallarse el segundo. Observemos que los tiempos del período subordinado son siempre *relativos*, o indirectamente medidos (véase 120); el valor temporal de cada uno de ellos se determina por el otro verbo que con él forma período. Es natural que, en estas condiciones, el significado de los verbos, u otras circunstancias, pueden impedir que determinadas representaciones temporales sean relacionables entre sí, y obliguen a ambos verbos a hallarse en los tiempos necesarios para que la relación pueda producirse.

Ocurre, por ejemplo, que los verbos de percepción sensible (*ver, oír, mirar, escuchar*, etc.) necesitan coexistir con su complemento directo: *veo que pasan; vi que pasaron*, o *pasaban; veré que pasan* o *pasarán* (121); *oigo que llueve, oí que llovía*, etc. Si los tiempos no pueden coexistir, el verbo toma acepción figurada: *veo que pasaron*, significa *conozco, entiendo, deduzco*, pero ya no cabe el significado de percepción sensible; *oigo que llovió* significa *oigo (decir) que llovió*. En cambio, en los verbos que los gramáticos llaman «de entendimiento y lengua» con el verbo subordinado en indicativo, son indiferentes la coexistencia, la anterioridad o la posterioridad de las dos acciones, puesto que la relación es siempre posible: *sé que había venido, que ha venido, que vendrá, que habrá venido; supe que habían salido, que salen, que saldrían, que saldrán*. Recuérdese, sobre el valor temporal de estas formas verbales, lo dicho en los párrafos 121-131.

Los verbos de voluntad son, por necesidad de su significado, anteriores a su complemento, ya que el acto de mandar, prohibir o rogar no puede referirse a acciones ya acabadas en el momento en que se manda, prohibe o ruega: *mandan que estudie; mandaron que estudie, que estudiara* o *estudiase*; no podríamos decir *mandaron que hubiese estudiado*. Es decir, el tiempo subordinado debe ser posterior al del verbo principal.

Con los demás verbos que rigen subjuntivo, sólo cuando el principal está en tiempo pasado necesita llevar el subordinado también en pasado (imperfecto o pluscuamperfecto) para que la relación pueda establecerse: *era posible que llegase* o *que hubiese llegado a tiempo*. No podríamos decir *era posible que llegue* o *que haya llegado*. En el párrafo 133 vimos que el presente de subjuntivo no puede expresar acciones pasadas; pero en cambio, el imperfecto sirve para pasado y para futuro (134). Por esta razón el período *es posible que llegase* puede significar lo mismo *que llegase entonces* (pasado), que *que llegase mañana* (futuro), equivalente a *que llegue*. Es decir, que el presente y el antepresente de subjuntivo no pueden depender de un verbo principal en pasado.

221.   Como resumen de cuanto llevamos expuesto en este capítulo, y teniendo presente el valor temporal de las formas verbales explicado en los capítulos XII y XIII, podemos concluir que la *concordantia temporum* tiene lugar en español del modo siguiente:

1.º *Verbo subordinado en indicativo:* Puede usarse cualquier tiempo en el verbo subordinado, lo mismo si el principal está en presente, que si está en pasado o en futuro. Los verbos de percepción sensible deben coexistir con el tiempo de su subordinado, a no ser que se altere la significación del principal.

2.º *Verbo subordinado en subjuntivo:* a) Con verbos de voluntad, el subordinado puede hallarse en cualquier tiempo posterior al del verbo principal. b) Con los demás verbos en presente o futuro, el subordinado puede hallarse en cualquier tiempo; si el subordinante está en pasado, el subordinado debe estar también en pasado (imperfecto o pluscuamperfecto).

A estas leyes habría que añadir las alteraciones que resulten de los significados secundarios de los tiempos. Pero hay que tener en cuenta que al formularlas no hemos empleado la palabra *tiempo* en el sentido de *forma verbal*, sino que en el de *relación temporal*. Precisamente la falta de distinción entre ambas acepciones ha contribuido a embrollar por mucho tiempo las reglas de la *con-*

cordantia temporum. Podría ser que en las normas que proponemos nos hayan pasado inadvertidas otras circunstancias que dificulten o imposibiliten la relación entre los tiempos subordinante y subordinado, pero creemos que toda investigación a este respecto habrá de orientarse en el sentido que aquí señalamos.

222. ORACIONES INTERROGATIVAS. En los párrafos 36-38 estudiamos las oraciones interrogativas simples. Señalábamos allí dos tipos: la pregunta general o dubitativa *(¿ha venido tu padre?)* y la parcial o determinativa *(¿quién ha venido?).* En la primera preguntamos por el contenido entero de la oración, y esperamos la respuesta *sí* o *no;* en la segunda preguntamos sólo por alguno de sus elementos, representado por un pronombre o un adverbio interrogativo, y esperamos como respuesta el nombre de este elemento que nos falta para completar el juicio. Uno y otro tipo de oración pertenecen al estilo directo.

En el estilo indirecto se hace depender la pregunta de un verbo de los llamados de *entendimiento y lengua,* como *saber, entender, decir, preguntar, avisar, informarse,* etc., p. ej.: *dime si ha venido tu padre; yo averiguaré quién ha venido.* Desaparece la entonación interrogativa y los signos de interrogación. Las oraciones así subordinadas reciben el nombre de *interrogativas indirectas,* tanto si son generales como parciales.

No suele usarse en ellas la conjunción *que.* Las generales se introducen por medio de la partícula átona *si,* la cual funciona como una conjunción interrogativa o dubitativa, semejante, pero no igual, a la condicional; *no sabrás si han llegado a un acuerdo; dígame si han quedado satisfechos.* Es muy raro que el *si* vaya acompañado de *que,* pero se oye a veces en el habla popular corriente, sobre todo cuando la pregunta se repite, p. ej.: *digo que si ha venido tu padre.* Las preguntas parciales indirectas conservan el pronombre o adverbio interrogativo, y se introducen generalmente sin conjunción: *me informaré de cuál de las soluciones es preferible; no sabía quién lo había dicho; averigua cuánto vale; yo te diré dónde está; pregunté cómo había llegado hasta aquí.* En el habla corriente no es rara la presencia redundante de la conjunción *que* delante de las palabras interrogativas, y no faltan ejemplos clásicos de ello: *pregúntale que cuánto le ha costado; le contesté que qué le importaba a ella; Digo que qué le iba a vuestra merced en volver tanto por aquella reina Magimasa* (*Quijote*, I, 25). Se trata de un tendencia asimilatoria a las demás oraciones subordinadas.

223. III. Oraciones complementarias indirectas. Su oficio es el mismo del dativo en la oración simple. Se introducen por medio de frases conjuntivas en cuya composición entran las preposiciones *a o para,* como corresponde a su significación de complemento indirecto. Expresan el fin o la intención con que se produce la acción del verbo principal, y por esta causa se las conoce generalmente con el nombre de *oraciones finales.*

Las frases conjuntivas usuales son *a que, para que, a fin de que.* En todas ellas entra, además de la preposición, el *que* subordinante: *vengo a que me paguen; te he llamado para que me expliques lo ocurrido; a fin de que nadie me molestase, cerré la puerta.* Alguna vez se emplea también *porque: Porque veas, Sancho, el bien que en sí encierra la andante caballería... quiero que aquí a mi lado te sientes* (*Quijote*, I, 11). Este uso, intermedio entre causal y final, se explica por los valores vacilantes de la preposición *por,* la cual entra en la composición de *porque* (véase 193). En la lengua clásica se hallan casos dudosos del uso de *como* entre final y modal: *Que él le daría lugar y tiempo como a sus solas pudiese hablar a Camila* (*Quijote*, I, 33).

Todas las oraciones finales llevan el verbo en subjuntivo, a causa del sentido de deseo o indeseo que encierra siempre el fin o intención con que se realiza un acto (véase 113). Pero cuando el verbo principal y el subordinado tienen el mismo sujeto, este último va en infinitivo precedido de las preposiciones indicadas: *he venido a verte; leí el capítulo entero a fin de enterarme bien; vinimos para ver las fiestas.* En estos casos se trata de una oración simple con un infinitivo complemento indirecto.

224. IV. Oraciones complementarias circunstanciales. Como expresa su nombre, denotan circunstancias de la acción verbal, y se introducen de ordinario por medio de las preposiciones que en este caso se usan en la oración simple, seguidas de la conjunción *que*; v. gr.: *conocí su falta en que se avergonzaba de presentarse ante nosotros; entró sin que nadie lo viese; se contentará con que le paguéis la mitad de la deuda; se habla de que aumentarán los impuestos.*

Forman grupo especial, por su variedad y frecuencia, las que por expresar alguna circunstancia de causa reciben el nombre de *oraciones causales.* Ejemplos: *ya que no me reciben con agrado, no volveré a su casa; es sencillo porque es sabio; me quejo de que no lo hayas dicho antes.* La Gramática latina distinguía con claridad *coordinadas causales* y *subordinadas causales:* las primeras llevaban las conjunciones *nam, enim, etenim;* las segundas se introducían por medio del *quod, quia, quoniam, quare.* A imitación suya, las gramáticas de nuestra lengua estudian separadamente coordinadas y subordinadas causales; pero las definiciones en que fundan esta distinción son extremadamente oscuras, a causa de que adaptan artificiosamente al español las diferencias latinas entre los dos grupos de conjunciones. La ACADEMIA dice, por ejemplo (397), que las coordinadas causales expresan la razón o causa lógica del efecto que se indica en la oración principal, mientras que sus homónimas subordinadas dan a conocer el motivo o la causa real. Como se ve, esta diferencia no es más que traducción de lo que las gramáticas latinas dicen a este respecto.

En las lenguas romances se borraron estas diferencias, con muy pocas excepciones. A medida que desaparecían algunas conjunciones causales latinas, las que quedaban confundieron pronto ambos empleos, y las de formación romance no mantuvieron la distinción entre la causa o razón lógica de un acto y su motivo efectivo [74]. En este estado se halla de hecho el español moderno, como lo prueba el uso indistinto de las conjunciones, aunque reflexivamente podamos separar en algunos casos estos dos matices del pensamiento. La ACADEMIA registra las siguientes conjunciones coordinantes causales: *que, pues, pues que, porque, puesto que* y *supuesto que* (346); como subordinantes, *porque, de que, ya que, como* y *como que.* Aunque lo más frecuente es que unas y otras lleven verbo en indicativo, las conside-

---

[74] Véase MEYER-LÜBKE, *Gram. l. rom.,* III, 583 y sigs.

radas como coordinantes pueden llevarlo también en subjuntivo, lo mismo que las subordinantes; v. gr.: *No contestó entonces; que no hubiera podido articular ni una palabra con la sorpresa. Puesto que mi ayuda no fuese necesaria, decidí marcharme. Es seguro que no han venido, pues los hubiésemos visto en la estación.* La posibilidad del subjuntivo acerca más todavía los dos grupos de conjunciones. Si además tenemos en cuenta que *porque* (la más usual de todas) se considera en todas las gramáticas como común a ambos, parecerá evidente que no hay motivo para seguir manteniendo separadas las coordinadas de las subordinadas causales.

Desde el punto de vista funcional, toda oración causal expresa una circunstancia del verbo dominante, y por esta razón parece lógico incluirlas todas entre las complementarias cirscunstanciales. Finalmente, uno de los caracteres más salientes de las conjunciones coordinantes consiste en que no sólo unen oraciones, sino también elementos análogos de una misma oración. Como quiera que esta última función no pueden desempeñarla las conjunciones causales, queda justificada nuestra decisión de considerar toda causal como subordinada.

225. Entre todas las conjunciones causales enumeradas, sólo *que* es primitiva; *porque* y *de que* se han formado con las preposiciones *por* y *de; pues* (latín *post*), *pues que, ya que,* son expresiones temporales primitivas; *puesto que* y *supuesto que,* fueron originariamente frases absolutas con participio, usadas con valor condicional y causal; *como* y *como que* son significados traslaticios del adverbio de modo *como.* Parece seguro, además, que *como* seguido del subjuntivo procede del uso temporal y modal que en latín tuvo la preposición *cum: como fuesen muy pocos tuvieron que rendirse.* A éstas habría que añadir algunas frases conjuntivas del tipo *como quiera que, por razón de que, en vista de que, visto que,* etc.

226. La relación de causa a efecto entre dos juicios, expresada por las oraciones causales, puede invertirse señalando a uno de ellos como consecuencia del otro. Nace así una modalidad de la relación causal, que se expresa en las *oraciones consecutivas.* La oración causal *no salí porque llovía mucho,* se convierte en consecutiva si digo *llovía mucho, por lo tanto no salí* o *no salí pues.* Las *conjunciones consecutivas* se llaman también *ilativas.* Son las siguientes: *pues, luego, conque, por consiguiente, por tanto, por lo tanto.* Ejemplos: *El que no trabaja no come; trabaja, pues. Pienso, luego existo. Hace frío; conque no salgas sin gabán.*

Las mismas razones que nos han movido a incluir todas las causales entre las subordinadas, subsisten para las consecutivas. Pero es evidente que éstas se acercan más que aquéllas a la coordinación, en primer lugar porque la pausa obligada entre las dos oraciones del período tiende a aislarlas; en segundo lugar, porque es frecuente que algunas conjunciones consecutivas vayan precedidas de la copulativa coordinante *y*, p. ej.: *y por consiguiente, y por lo tanto.* Sin embargo, las conjunciones consecutivas no unen elementos análogos de una misma oración. Sobre su uso *continuativo*, véase capítulo XXIV.

Del mismo modo que en la oración simple los complementos circunstanciales con preposición equivalen a adverbios, las oraciones complementarias circunstanciales de que estamos tratando, vacilan a veces entre el carácter substantivo y el adverbial, según veremos en el capítulo XXIII.

227. Oraciones complementarias de un substantivo o adjetivo. En el capítulo XV vimos que entre los diferentes oficios del substantivo figura el de ser complemento de otro substantivo o de un adjetivo. La relación se establece por medio de una preposición, p. ej.: *miedo de una reprimenda, satisfecho con su conducta.* El substantivo complementario puede ser una oración entera: *satisfecho de que su conducta haya mejorado; contento con que le den el segundo premio; el miedo de que nos oigan.* No pueden emplearse todas las preposiciones en este caso. La ACADEMIA dice (399) que cuando las oraciones son complemento de un substantivo o de un adjetivo, llevan la preposición *de* [75].

---

75 La Academia (399) incluye en este grupo las oraciones que son complemento de un verbo por medio de preposición. Hay en ello error evidente, puesto que los complementos del verbo son en este caso circunstanciales. En cambio, entre las oraciones substantivas que hacen oficio de complemento circunstancial (397) sólo habla de las causales.

Hay que hacer, sin embargo, una aclaración. Si la oración es complemento de un substantivo, la única preposición usada es, en efecto, *de*. Con las demás preposiciones, el *que* pasaría a ser relativo: *el miedo con que nos acogieron (con el cual)*; *el asunto en que estamos metidos*; *la razón por que* (o *porque* causal) *no te entiendo*. En cambio cuando la oración es complemento de un adjetivo que no esté substantivado, pueden emplearse otras preposiciones: *contentos de que, con que, hayáis venido*; *conformes en que no tiene razón*. Con *por*, y a veces *de*, reaparece el valor causal de las conjunciones *porque* y *de que*. Con *a* o *para* se convierten en oraciones finales: *dispuesto a que (para que) me envíen a África*.

Existen, pues, limitaciones, en cuanto a la interpretación de estas oraciones, porque a menudo se confunden con las complementarias del verbo.

CAPÍTULO XXII

SUBORDINACIÓN ADJETIVA

228. Un substantivo, cualquiera que sea su función sintáctica, puede estar calificado o determinado por una oración introducida por medio de un pronombre relativo. Los pronombres relativos tienen, por consiguiente, un doble papel: primero reproducir el substantivo, y luego servir de nexo conjuntivo entre la oración principal y la subordinada. Por ello las oraciones que vamos a estudiar reciben tradicionalmente el nombre de *oraciones de relativo*.

En la oración *La señora que te presenté ayer, ha venido a visitarnos,* el sujeto *(señora)* está determinado por la subordinada *que te presenté ayer,* con idéntica función gramatical a la que en su lugar podría ejercer un adjetivo. En la oración *He leído el libro que me prestaste,* la subordinación relativa *(que me prestaste)* es una determinación adjetiva del complemento directo *(libro).* Todas las oraciones del relativo son adjetivos aplicados a cualquier substantivo o pronombre de la principal, al cual se llama *antecedente* del relativo *(señora* y *libro* respectivamente en los ejemplos anteriores). El empleo de las subordinadas relativas permite atribuir al substantivo cualidades muy complejas para las cuales no tiene el idioma adjetivos o participios léxicos. El adjetivo *fugitivo,* por ejemplo, equivale a la oración relativa *que huye*; pero no hay adjetivo ni participio que pueda encerrar la cualidad compleja que expresaría la oración *que huyó anoche del campamento.*

229.   Como quiera que el antecedente es un substantivo, o una expresión equivalente a él, la subordinada que lo determina o califica será sintácticamente complementaria del sujeto, del atributo, del complemento directo, indirecto, etc., es decir, de todos los oficios que un substantivo puede tener, según quedó explicado en el capítulo XV. La clasificación que a este respecto podría hacerse carecería de interés, por cuanto no haríamos más que repetir conceptos sobre los cuales hemos insistido mucho en este libro. En cambio es importante distinguir, como haremos luego, las oraciones relativas con antecedente expreso, de las que callan el antecedente por diversas causas.

Por otra parte, si bien la oración de relativo es siempre complementaria de un concepto substantivo de la principal, el pronombre relativo puede ejercer diferentes funciones dentro de su propia oración. En la oración *La señora que te presenté ayer ha venido a visitarnos,* el pronombre *que,* introductor de un complemento del sujeto, es a su vez complemento directo de su verbo propio *(presenté);* pero si dijéramos *La señora que escribe versos ha venido a visitarnos,* el pronombre *que* sería sujeto de *escribe.* El pronombre relativo puede tener en su oración función distinta de la que tiene como componente de la principal, y por esta causa, en latín el relativo concierta con su antecedente en género y número; pero no en caso; y en castellano puede llevar preposiciones que no lleve el antecedente.

También importa señalar que las oraciones de relativo son capaces de substantivación, ni más ni menos que los adjetivos. Al decir, por ejemplo, *los buenos,* substantivamos con el artículo un concepto adjetivo, como substantivamos la oración entera en *los que observan buena conducta.*

Finalmente hay que distinguir entre oraciones relativas *especificativas* y *explicativas.* Los siguientes ejemplos harán ver con claridad sus diferencias expresivas.

ESPECIFICATIVAS

EXPLICATIVAS

Los alumnos que vivían lejos llegaron tarde a la escuela.

Comimos la fruta que estaba madura.

Los alumnos, que vivían lejos, llegaron tarde a la escuela.

Comimos la fruta, que estaba madura.

Las especificativas indican que llegaron tarde sólo los alumnos que vivían lejos, y que comimos únicamente la fruta que estaba madura. La explicativas van separadas de la principal por una pausa (en lo escrito con una coma). Con ellas expresamos que todos los alumnos llegaron tarde, y nos referimos a toda la fruta, explicando de ellos respectivamente la cualidad o circunstancia de que vivían lejos y de que estaba madura. Las especificativas restringen el concepto del antecedente, mientras que las explicativas se limitan a añadir una cualidad [76].

Las distinciones que acabamos de exponer habrán de servirnos en cada caso para definir las funciones y el valor expresivo de la hipotaxis adjetiva.

230. Antecedente callado. Los relativos *que* y *quien* se usan a veces sin antecedente expreso, bien por ser éste desconocido, bien por no interesar al que habla, o bien por sobrentenderse fácilmente las palabras *causa, razón, motivo, cosa, asunto, persona* u otras parecidas: *Sé a quien debo dirigirme; hablaremos con quien nos escuche; Te daré de que comas durante una semana.* Estas construcciones son particularmente frecuentes con infinitivo: *tengo que contarte; me dieron que hacer; tendrán de que hablar por muchos días; no había de quien fiarse.*

Con frecuencia, sobre todo tratándose de personas, empleamos *que,* precedido del artículo, o *quien* sin artículo, para indicar en general a cualquier persona. Algunos filólogos llaman a este empleo

---

76 Nótese el carácter más independiente de las explicativas. Podrán suprimirse sin alterar el sentido de la oración principal, lo cual sería imposible con las especificativas. Por este motivo algunos gramáticos consideran a aquéllas como simplemente coordinadas (véase por ejemplo N. ALONSO CORTÉS, *Gramática de la lengua castellana*). Fácilmente el relativo explicativo *que* se convierte en causal: *Comimos la fruta, que estaba madura,* ofrece un *que* muy próximo a la conjunción causal *que* o *porque.*

*relativo de generalización: Quien bien te quiere, te hará llorar;
El que a hierro mata, a hierro muere; La que te lo haya dicho, te
engaña: Quien canta, su mal espanta; Los que quieran pasar, que
pasen.* El grado de generalización es variable según las circunstancias, y por ello es imposible señalar límites fijos a estos matices
diversos con que nos referimos a un antecedente callado más o menos
extenso, el cual no ofrece dudas para el interlocutor.

231. Substantivación de la subordinada relativa. Los artículos y los demostrativos substantivan toda la oración de relativo a la
cual preceden, del mismo modo que a cualquier frase o palabra.
Esta substantivación puede ser masculina, femenina o neutra, según
el género del artículo empleado. Hay que recordar que las oraciones
del relativo son funcionalmente adjetivos, y por lo tanto rigen para
ellas las mismas leyes de substantivación que para los adjetivos:
No creo al que me ha dado la noticia. La oración relativa está tan
substantivada como si dijésemos *no creo al portador de la noticia.*
Discurren los gramáticos sobre el papel gramatical que desempeñan el artículo y el relativo en oraciones encabezadas por *el que,
la que, lo que, los que* y *las que,* porque estiman que si bien en
ciertos casos la función del artículo no se aparta de su empleo habitual, en otros parece recobrar más o menos su sentido originario de
pronombre demostrativo; y así habrá que considerarlo como un
demostrativo antecedente del relativo. La ACADEMIA, por ejemplo (357), cree que en *Aquí están los que beben las dulces aguas del
famoso Janto* (*Quijote,* I, 18), el *los* equivale a *aquellos* y es sujeto
de *están,* a la vez que antecedente del relativo *que.* En cambio en
*Hay cierta manera de discurrir de la que muchos sujetos no se dan
cuenta* (VALERA, *El Superhombre*), dice que el artículo *la* de la locución *de la que,* no hace más que indicar el género femenino del antecedente *manera,* y pertenece junto con *que* a la oración de relativo.
A poco que se examinen los dos ejemplos comparados, echaremos
de ver que en ambos se da la misma substantivación de la oración
entera, sin que el artículo modifique su carácter de tal. Lo que ocurre
es que en el primer ejemplo no hay antecedente expreso y en el
segundo sí, y por esto *los que beben las dulces aguas...* equivale a

aquellos que beben las dulces aguas; pero *aquellos* tampoco lleva expreso el substantivo que representa. Es decir que *los que beben las dulces aguas* está en el mismo plano de substantivación, por medio del artículo, en que se hallaría cualquier frase substantiva del tipo de *los de Aragón, los de orillas del Janto, los sin trabajo,* etc. En el ejemplo de VALERA citado por la ACADEMIA, el artículo *la* hace algo más que indicar el género femenino del antecedente *manera:* substantiva a toda la oración. La diferencia que señaló BELLO y que la ACADEMIA ha seguido, entre el artículo con su valor propio y con el de demostrativo, no es en el fondo más que un resultado del antecedente expreso o tácito.

Observemos además que en ningún caso pierde el artículo su carácter proclítico. Por todo ello, hay que concluir con LENZ (78 y 79) que en las oraciones relativas con artículo, éste substantiva la oración entera sin modificar para nada su propia función gramatical. Precisamente el español se distingue entre las lenguas modernas por la extensión que da a la substantivación con el artículo determinado, cuando otros idiomas tienen que emplear demostrativos, como el francés *celui* y el italiano *quello,* sobre todo con antecedente callado. Los profesores que tengan alguna experiencia de enseñar nuestra lengua a extranjeros, saben con cuanta frecuencia hay que corregirles la inclinación al uso de los demostrativos, mientras que en español basta con el artículo para conseguir el mismo resultado expresivo. En la oración *Los que nada saben todo lo creen saber,* habría que decir en francés *ceux qui;* pero en castellano el uso de *aquellos que* es enfático, porque no se percibe la necesidad del sentido local que nuestro demostrativo añade.

232. Cuando el relativo *que* con artículo va acompañado de preposición, es frecuente que la preposición se anteponga al artículo y no al relativo. Si hay antecedente expreso, la anteposición de la preposición es potestativa. Si no hay antecedente expreso, es obligatoria. Así, por ejemplo, *sé el blanco a que tiras* o *sé al blanco que tiras; viendo el ahinco con que la mujer suspiraba* o *viendo con el ahinco que la mujer suspiraba.* En estos casos el antecedente atrae a la preposición. Pero cuando no hay antecedente expreso, no puede existir

tal atracción; entonces se siente toda la oración substantivada, como término de la preposición, y por ello va ésta delante del artículo; p. ej.: *ignoro lo de que eres capaz* pasa a decirse *ignoro de lo que eres capaz; sé lo con que cuento* a *sé con lo que cuento; ya conoces el (asunto) a que me refiero*, se dice *ya conoces al que me refiero; sabíamos la con que bailaría* es sustituido por *sabíamos con la que bailaría.* Estos ejemplos, con artículo neutro los dos primeros, masculino y femenino los restantes, prueban que el artículo no tiene ninguna significación demostrativa, y por lo tanto no puede interpretarse como antecedente. Se trata, repetimos, de una oración substantivada por el artículo, que lleva la preposición obligadamente al principio por sentirse toda ella como término de dicha preposición. Las excepciones a la obligatoriedad de esta construcción son rarísimas en la lengua clásica y enteramente desusadas en nuestros días [77].

USO DE LOS RELATIVOS

233.   QUE. Sustituye a personas y cosas. Es invariable, cualquiera que sea el género y el número del antecedente. Puede sustituirse por *el cual* en las explicativas, pero no en las especificativas. Ejemplo: *Los estudiantes, que estaban lejos, no oían al profesor*, equivale a *Los estudiantes, los cuales estaban lejos, no oían al profesor.* En cambio no podríamos hacer esta sustitución en *Los estudiantes que estaban lejos no oían al profesor*, por tratarse de una especificativa.

Puede usarse sin preposición cuando el antecedente de la oración relativa expresa circunstancias de tiempo o lugar: *hace tiempo que no nos vemos; un día que le vi me dijo...*; *le hicieron levantar del asiento que estaba* (vulgar). Fuera de estos casos, lleva la preposición que corresponde a su papel sintáctico, y aun algunos de ellos son tachados de vulgares e incorrectos por los gramáticos, aunque en efecto se usen.

Las demás particularidades de este relativo han sido ya explicadas en los párrafos anteriores o se explicarán en el siguiente.

[77] Véanse casos de *el en que, el con que* en la Gramática de la Academia (354).

234. CUAL. Es un adjetivo correlativo de *tal,* y conserva este carácter siempre que se usa sin artículo: *cual la madre, tal la hija,* refrán en que se suprime el verbo copulativo. Acompañado del artículo, se ha convertido en pronombre relativo, y en esto tenemos una prueba más de la substantivación de las oraciones de que vamos tratando. Hay ejemplos antiguos del uso como relativo de *cual* sin artículo; pero en la actualidad la presencia de éste es indispensable.

Los relativos *el cual, la cual, lo cual, los cuales* y *las cuales,* tienen sentido explicativo, y por esto pueden sustituir a *que* explicativo, como queda dicho en el párrafo anterior. Pero esta sustitución ofrece circunstancias que la favorecen o la dificultan.

Cuando el relativo está alejado de su antecedente, el empleo de *el cual* se recomienda como más expresivo que el de *que,* a causa de que éste no expresa género ni número, y por consiguiente no se enlaza con su antecedente con tanta claridad como el primero: *Entraron dos máscaras, cuando la fiesta estaba en todo su apogeo, las cuales llamaban la atención por la vistosidad de sus disfraces,* con preferencia a *que llamaban la atención.*

El relativo *que* es proclítico, y por esto no puede quedar como palabra final del grupo fónico. Cuando la construcción lo sitúa en esta posición, tiende a ser sustituido por *el cual: Todo lo que pienso decir son sentencias del padre predicador que la Cuaresma pasada predicó en este pueblo, el cual, si mal no recuerdo, dijo...* (*Quijote,* II, 5).

Las preposiciones que pueden preceder al relativo *que* son, como él, proclíticas. Por esta causa hay gran vacilación, tanto en la lengua clásica como en la moderna, en el empleo de *que* precedido de preposición y una clara tendencia a sustituirlo por *el cual,* aun en las específicativas: *Existen entendimientos para los cuales es inútil argumentar con razones; No hallamos fundamento sobre el cual podamos entablar demanda.* Es indudable que no habría dificultad lógica en decir *para los que* y *sobre el que,* pero los escritores y el uso general prefieren ordinariamente *para los cuales* y *sobre el cual,* respectivamente. Esta preferencia se debe a un motivo rítmico: al sucederse varias sílabas átonas de palabras proclíticas por naturaleza, se busca un apoyo intensivo que no puede ser *que,* sino *cual.* Por esto los gramáticos coinciden en decir que esta sustitución es particularmente frecuente con preposiciones bisílabas, o con locuciones equivalentes a una preposición, como *por encima del cual,* y no *del que; de entre las cuales,* y no *las que.* Con las preposiciones monosílabas existe gran vacilación, y abundan los ejemplos de *el que* y *el cual.* Afirman las gramáticas que suele emplearse *el cual* por *el que* detrás de las preposiciones monosílabas *por, sin, tras* y que en cambio es poco frecuente la sustitución en las especificativas con las demás preposiciones de una sola sílaba. Creemos que pueden influir en ello preferencias individuales o regionales, y sobre todo las circunstancias rítmicas de cada caso particular. Una vez abierto el camino, la analogía ensancha más cada día el uso de *el cual* especificativo, con cualquier preposición, aunque las condiciones del ritmo intensivo no parezcan justificarlo siempre.

235. QUIEN. Se emplea únicamente para personas o cosas personificadas. Desde el siglo XVI se formó un plural, *quienes,* que fue extendiendo poco a poco su uso hasta llegar a ser general. Sin embargo, aun en nuestros días se usa de vez en cuando *quien* con antecedente plural: *No os podéis quejar de mí | Vosotros a quien maté* (ZORRILLA, *Tenorio*). Equivale a *el que, la que, los que,* y *las que.*

Cuando lleva antecedente expreso, su uso no ofrece particularidades especiales, salvo el no poder ser sujeto de una oración especificativa. No podemos decir, por ejemplo, *el hombre quien vino, la señora quien ha entrado,* sino *el hombre que vino, la señora que ha entrado.* Si no lleva antecedente expreso, tiene también los empleos generales de los demás relativos, pero en él hay lucha entre el sentido del antecedente simplemente callado, y el del *relativo de generalización* aplicable a cualquier persona, del cual hemos hablado más arriba. La ACADEMIA llama a este último caso «*quien* con el antecedente implícito», y establece que no se usa más que como sujeto o como predicado de la subordinada, es decir, de su propia oración. Ejemplos: *quien canta, su mal espanta* (sujeto); *Pedro fue quien me enteró de la noticia* (predicado); *Yo no puedo ni debo sacar la espada contra quien no fuere armado caballero* (sujeto).

236. CUYO. Procede del genitivo latino *cuius*, y conserva desde su origen el doble valor relativo y posesivo. Concierta en género y número con la cosa poseída: *Ayer fue detenido un individuo cuyo nombre es Fulano de Tal*. El olvido de su carácter posesivo motiva algunas veces su empleo como un relativo cualquiera, con lo cual se comete un error justamente censurado por los gramáticos. Es efectivamente disparatado decir: *Vimos una casa al parecer antigua, cuya casa...* en vez de *la cual*. En cambio se diría correctamente: *Vimos una casa al parecer antigua, cuya puerta estaba entornada*. En la actualidad se usa casi exclusivamente entre los dos substantivos que relaciona, antecedente y cosa poseída, aunque pueden interponerse otras palabras y frases, como en el último ejemplo. En los clásicos, *cuyo* da lugar a períodos extensos y artificiosamente complicados, que hoy no se usan más que en estilo arcaizante. La *Gramática* de la ACADEMIA (369-373) cita abundantes ejemplos.

237. ADVERBIOS RELATIVOS. Los adverbios *donde, como, cuanto*, y alguna vez *cuando*, pueden sustituir a los relativos *que* y *el cual*. *Donde* se usa con un antecedente que exprese lugar, o con las preposiciones *de* y *por*, para indicar deducción o consecuencia; por ejemplo: *La casa donde pasé mi niñez; el pueblo adonde vas; de donde se deduce; una señal por donde conocimos sus intenciones*. Se citan algunos ejemplos raros de *donde* con antecedente de tiempo: *Porque se llegaba la hora donde me convenía volver a salir de la sima* (*Quijote*, II, 23). *Como* tiene el valor modal que corresponde a su origen, y se emplea con un substantivo antecedente que signifique *modo, manera, medio, arte: Estaban de acuerdo en el modo como había que plantear el problema. Cuanto* sustituye a *lo que* cuando el antecedente es el indefinido *todo*, expreso o tácito: *todo cuanto decía le parecía gracioso; comed cuanto queráis*. El empleo del adverbio *cuando* con valor relativo es poco frecuente; puede decirse, sin embargo, *el tiempo cuando yo era joven*, u otras expresiones semejantes.

Como veremos en el capítulo próximo, las oraciones formadas con adverbios relativos oscilan entre el carácter adjetivo y el adverbial.

238. Concordancia. La ley general de las oraciones subordinadas adjetivas consiste en que el relativo concierte con su antecedente. En el § 236 hemos visto que el relativo *cuyo* concierta con la cosa poseída.

Cuando la oración principal es atributiva, el verbo subordinado puede concertar con los relativos *el que* y *quien,* o con el sujeto de la principal; p. ej.: *Yo soy el que habló primero* o *yo soy el que hablé primero; tú eres el que ha dicho esto* o *tú eres el que has dicho esto; vosotros sois quienes se aprovecharán de la ocasión,* o *vosotros sois quienes os aprovecharéis de la ocasión.* La concordancia con el relativo es la más general, pero la segunda es bastante frecuente, tanto en la lengua hablada como en la escrita.

CAPÍTULO XXIII

SUBORDINACIÓN ADVERBIAL

239. Las oraciones subordinadas adverbiales ejercen con respecto a la principal el mismo papel que correspondería a un adverbio; es decir, modifican cualitativa o cuantitativamente al verbo. La función modificativa del verbo puede expresarse, bien por un adverbio morfológico o una frase adverbial, bien por un complemento circunstancial, o bien, cuando la modificación es muy compleja, por medio de una oración subordinada con verbo conjugado. Por esto se confunden a menudo los límites entre las subordinadas substantivas que ejercen función de complemento circunstancial y las que vamos a estudiar en el capítulo presente.

Por otra parte, las oraciones que constituyen el período hipotáctico adverbial son *correlativas,* es decir, se enlazan entre sí mediante la relación que con frecuencia se establece entre un elemento de la oración principal y otra que figura en la oración subordinada. Si decimos, por ejemplo, *Aquel era el lugar donde pasé mi infancia,* la relación entre *lugar* y *donde* marca el enlace de las dos oraciones, ni más ni menos que si usásemos un pronombre relativo: *Aquel era el lugar en que pasé mi infancia.* Por esto las subordinadas adverbiales introducidas por medio de adverbios relativos, son no sólo semejantes, sino a veces idénticas a las adjetivas estudiadas en el capítulo anterior (v. 238). Con frecuencia el antecedente está callado: *Lo haré [así] como Ud. me ordena*, pero siempre existe correlación mental o expresa entre dos conceptos, uno de la principal y otro de la subordinada. A este último corresponde la función gramatical conjuntiva.

240. Clasificación. Aun a sabiendas de que en esta materia es imposible una clasificación perfecta, adoptaremos, por razones expositivas, la que propone R. Seco en su *Gramática* (II, 133) en tres grandes grupos [78].

1.º Oraciones de carácter *circunstancial,* o sea las que expresan las tres relaciones fundamentales de *espacio, tiempo* y *modo,* correspondientes a los adverbios de estas clases.

2.º Oraciones subordinadas que expresan relaciones *cuantitativas,* y corresponden a los adverbios de cantidad y de comparación. Comprende este grupo las oraciones *comparativas* y las *consecutivas.*

3.º Oraciones de relación *causativa:* Van unidas a la principal por medio de conjunciones o frases conjuntivas. Se incluyen en este grupo las *condicionales* y las *concesivas.* Las subordinadas substantivas *causales* vacilan entre el carácter substantivo y el adverbial. Aunque podrían también tener cabida en este último grupo, nosotros las hemos estudiado en el capítulo XXI.

241. Oraciones adverbiales de lugar. El adverbio relativo usual es *donde.* Antiguamente se usaba también *do.* Su antecedente puede ser un adverbio de lugar, un substantivo que exprese lugar, un pronombre neutro, o el concepto general expresado por una oración entera: *Allí es donde voy; No conocía la ciudad adonde habíamos llegado; Esto me dijo, por donde conocí en seguida su intención; «En Roncesvalles está el cuerpo de Roldán, tamaño como una grande viga, de donde se infiere que hubo doce pares»* (*Quijote,* I, 49). Muchas veces el antecedente se calla por innecesario: *voy donde me llaman.* Otras veces es indeterminado: *Donde las dan, las toman; Adonde fueres haz lo que vieres.*

---

[78] Sobre la naturaleza de la subordinación adverbial, véase § 216, nota.

Cuando las relaciones locales expresan movimiento, *donde* puede llevar las preposiciones correspondientes: *Adonde* (escrito como una sola palabra) indica lugar de destino; *de donde*, el de procedencia u origen; *por donde*, el lugar de tránsito; *hacia donde*, la dirección; y *hasta donde*, el límite del movimiento. El lugar de permanencia o reposo se expresa por *en donde*, y más corrientemente por el simple *donde*. Ejemplos: *iba adonde tú sabes; la familia de donde viene es muy ilustre; no se sabe por donde ha pasado; con la nevada no veíamos hacia donde caminábamos; aquí es hasta donde llegó la inundación del año pasado; el café en donde* (o *donde*) *nos reuníamos, no existe ya.* El simple *donde* se emplea también en lugar de *adonde: la playa donde* (o *adonde*) *nos dirigimos está cerca de aquí* [79].

242. Oraciones adverbiales de tiempo.   La relación temporal en que se hallan los verbos principal y subordinado está fundamentalmente expresada por los *tiempos* respectivos. Su correlación en las oraciones adverbiales es la misma que expusimos al tratar de las subordinadas substantivas (v. 220). Pero como la misión esencial de las oraciones que nos ocupan es precisamente la de situar temporalmente la acción principal en relación con la subordinada, puede ocurrir que los tiempos del verbo sean insuficientes para expresar algunos matices de dicha relación. Los adverbios se encargan no sólo de señalar que la relación existe, sino también de indicarnos si las acciones expresadas en el mismo *tiempo* (o en tiempos que puedan ser coincidentes) se conciben como simultáneas o como sucesivas, y si la sucesión es mediata, inmediata o reiterada. Nótese la diferencia que existe entre las diferentes oraciones: *Cuando hablaba se reía la gente* (simultaneidad); *Luego que hablaba se reía la gente* (sucesión inmediata); *Después que hablaba se reía la gente* (sucesión mediata); *Siempre que hablaba se reía la gente* (reiteración). Si los tiempos son diferentes y no pueden coincidir, la función de los adverbios se limita a expresar matices de la sucesión. En la fijación de los matices temporales concurren en cada caso el *aspecto* de la acción y la naturaleza

---

79 Sobre la igualdad de *donde* y *adonde*, véase MEYER-LÜBKE, *Introducción a la lingüística románica*, trad. de A. Castro, Madrid 1926, § 216.

perfecta o imperfecta del tiempo verbal empleado. Estos factores pueden modificar el sentido general de los adverbios conjuntivos que ahora vamos a enumerar.

La simultaneidad de los dos hechos se expresa ordinariamente por medio de *cuando, mientras, mientras que, mientras tanto, en tanto que, tanto... cuanto, cuanto, entretanto que*. Ejemplos: *Cuando entraste llovía; Mientras duró la fiesta nadie se acordó de sus penas: En tanto que seas rico tendrás muchos amigos*. Si los tiempos del verbo no pueden ser simultáneos, *cuando* pasa a significar anterioridad inmediata: *Cuando hubo terminado se levantó*. Lo mismo ocurre tratándose de afecciones perfectivas que lógicamente han de sucederse: *Cuando cese el tumulto hablaré*.

Cuando puede adquirir también significado muy próximo al causal, equivalente a *siendo así que, por el motivo de que*, etc.: *No puedes quejarte cuando todos te alaban*.

La sucesión inmediata tiene gran variedad de formas de expresión: *en cuanto, apenas, apenas... cuando, aun apenas, aun no, no, no bien, ya que, luego que, así que, tan pronto como*, etc. Ejemplos: *En cuanto lo vea le daré un abrazo; Apenas salió el sol partieron; No bien acabó de llover salimos a la calle*. En la lengua clásica era frecuente el uso de *como* con sentido temporal: *como llegamos a la posada, se dispuso la cena*.

La simple sucesión de anterioridad se expresa por *primero que* y *antes (de) que*. La posterioridad por *después (de) que. Desde que*, indica el punto de partida del tiempo subordinado; *Hasta que*, el término del mismo. Ejemplos: *Antes que te cases, mira lo que haces; Después que comamos hablaremos; Desde que tiene un cargo elevado está intratable; Estuve intranquilo hasta que recibí tu carta*.

Como se ve, gran parte de las frases conjuntivas que hemos registrado están formadas por preposiciones o adverbios seguidos de *que*. Este último se halla muy próximo a su valor relativo pronominal.

En las subordinadas temporales se emplea el subjuntivo cuando se trata de tiempo futuro, como corresponde al carácter incierto de este tiempo. Por esto están consideradas como incorrectas o dialectales oraciones como *Cuando llegará el tren los saludaremos*, en vez de

Cuando llegue el tren, si bien hay de ellas algunos ejemplos clásicos y modernos (v. ACADEMIA, 406 *b*). Las oraciones con *mientras* admiten con frecuencia el indicativo, aun tratándose del tiempo futuro *(mientras os durará el dinero todo irá bien,* o *mientras os dure).* En cambio, las formadas con *antes (de) que* llevan siempre el verbo en subjuntivo : *antes de que me diese cuenta me sorprendieron,* y no podríamos decir *antes de que me di cuenta...; antes que hubiese llegado le preparé una sorpresa,* y no *antes que había llegado le preparé una sorpresa.* La causa de que se emplee el subjuntivo consiste en que la oración principal *(me sorprendieron, preparé)* es anterior a la subordinada, y por lo tanto ésta resulta relativamente futura.

243. Oraciones adverbiales de modo.   Se enlazan de ordinario por medio de *como.* Algunos romanistas las incluyen entre las comparativas, de las cuales no son, efectivamente, más que una variedad. Así como las comparativas ponen en parangón conceptos cuantitativos y cualitativos (adjetivos) contenidos en las dos oraciones que forman el período, las que ahora estudiamos comparan y relacionan modificaciones modales de la acción verbal, es decir, conceptos adverbiales. La comparación denota siempre igualdad o semejanza, a diferencia de las comparativas, las cuales pueden expresar igualdad, superioridad o inferioridad.

El antecedente de *como* puede ser alguno de los substantivos *modo, manera, arte, forma* u otros de sentido semejante : *Ignoraba la forma como había de saludarle.* En este caso equivale por entero a un pronombre relativo. Puede tener como antecedente un adverbio o frase adverbial : *Habló atinadamente, como correspondía a su buen juicio; Contestó con firmeza, como era de esperar; Hacedlo así, como se os ha mandado.*

Cuando el antecedente es un substantivo o el adverbio *así,* de significación incolora, lo más frecuente es que *como* se enuncie sin antecedente : *Igoraba como había que saludarle; Hacedlo como se os ha mandado.*

Si el verbo subordinante y el subordinado son iguales, pueden repetirse, pero lo normal es que se enuncie una sola vez : *«Si como tardó tres días tardara tres semanas, el caballero de la Triste Figura*

quedara tan desfigurado que no lo conociera la madre que lo parió»
(*Quijote*, I, 26); *Se portó como un caballero* [*se porta*]; *Has hablado
como* [*habla*] *un necio.* Si se suprime el artículo y decimos *has
hablado como necio, rugían como leones,* la partícula *como* pasa a
ser un nexo que atribuye un predicado nominal a un substantivo de
la otra oración. Las gradaciones que van entre la repetición del
verbo y el sentido que acabamos de examinar, sólo pueden ser determinadas por el contexto, y a menudo es difícil de establecer si, en el
pensamiento del que habla, ha habido una oración simple o una
subordinación adverbial.

Como se junta a la conjunción condicional *si* seguida de subjuntivo, formando oraciones intermedias modales y condicionales: *Se
alegró como si fuese verdad* [80].

El adjetivo *cual* tiene a veces el significado modal de *como:
le puso cual digan dueñas;* pero este empleo es hoy muy poco corriente.

La preposición *según* se ha convertido en adverbio conjuntivo
modal en frases como *me acostaré temprano, según me lo aconseja
el médico.* Puede, en tales casos, unirse al relativo *que* formando la
locución *según que; Se animaban y desanimaban según que las noticias fuesen favorables o adversas* [81].

La falta de grados de comparación hace enteramente asimilables
a este grupo las oraciones que la ACADEMIA llama *comparativas de
modo* (417-419). La diferencia entre éstas y las subordinadas adverbiales, consiste, según la ACADEMIA, en que en las subordinadas
adverbiales la oración subordinada se refiere a un adverbio o nombre
de la oración principal, al paso que en las comparativas se ponen
en parangón las dos oraciones. Esta distinción es, en muchos casos,
difícil de percibir, y no justifica que separemos en dos grupos oraciones que coinciden en que la subordinada representa una modificación

---

80 Véase el estudio de estas construcciones en S. FERNÁNDEZ RAMÍREZ, *Como si+
subjuntivo* (*Rev. de Filología Esp.*, XXIV, 1937, 372-380).

81 La Academia (416) trae una explicación aceptable de la transformación de la
preposición *según* en adverbio conjuntivo. Enumera asimismo los usos de este último
y el de las locuciones *según que, según como, según y como* y *según y conforme.*

modal de la principal. He aquí los tipos esquemáticos que la ACADE-
MIA estudia. Con ellos verá el lector que no hay motivo para considerarlas aparte de las subordinadas adverbiales:

Así .... ⎫
bien así .... ⎬ *como*
tal .... ⎭

tal .... ⎫
así .... ⎬ *cual*

Ejemplos: *Como los ríos van a parar al mar, así nuestras vidas
van hacia la muerte; Cual suele armado el furibundo Marte | A la
guerra marchar ... | ... tales iban | Estos dos campeones al combate*
(HERMOSILLA: trad. de *La Ilíada,* 13).

244. Oraciones comparativas. Acabamos de ver que las oraciones estudiadas en el párrafo anterior envuelven una comparación
o semejanza en cuanto al modo de las oraciones principal y subordinada. Por esta causa — como quedó dicho — se las estudia a menudo entre las comparativas, con las cuales tienen, además, paren-
tesco histórico. Hemos preferido, sin embargo, incluirlas entre las
adverbiales de modo sin dar excesiva importancia a una u otra clasificación.

Cuando comparamos entre sí dos conceptos, simples o complejos, la comparación puede referirse a la cualidad o a la cantidad.
Si decimos que *esta casa es más cómoda que hermosa,* comparamos
la intensidad con que las cualidades de comodidad y hermosura afec-
tan al substantivo *casa.* Si decimos que *esta casa es más cómoda que
la mía* comparamos una misma cualidad en substantivos distintos.
En *tengo tantos libros como tú,* la comparación es cuantitativa.

Por la relación en que se hallan entre sí los conceptos comparados, la comparación puede ser de igualdad, de superioridad y de inferioridad. He aquí los esquemas más frecuentes:

Igualdad { cualidad .... *tal* .... *cual (como)*

cantidad .... { *tanto* .... *cuanto*
todo ....
tanto (tan) .. } *como*
tal ....

Superioridad { *más* .... *que (de)*
adjetivos comparativos ... *que (de)*

Inferioridad { *menos* .... *que (de)*
adjetivos comparativos ... *que (de)*

Ejemplos: *Aquella mujer era tal cual (como) me la había figurado; Tendrás tantos libros como desees; María es más hermosa que su hermana; Los invitados eran más de ciento; Este café es peor que el que nos dieron ayer; Pedro es el menos estudioso de sus hermanos.* Obsérvese que estos ejemplos están escogidos indistintamente entre oraciones subordinadas con su verbo cada una, u oraciones gramaticales simples. Ya consideremos a estas últimas como elípticas, ya a las primeras como un desarrollo de conceptos complejos, la forma de la comparación es siempre la misma.

Con mucha frecuencia es innecesaria en las de igualdad la expresión del antecedente: *que duerma cuanto quiera; el chico es estudioso como esperábamos.* En las de superioridad e inferioridad es imprescindible la presencia de los adverbios *más, menos,* o de los adjetivos comparativos morfológicos. Sobre el uso de la preposición *de* en lugar de *que,* véase 190. Puede emplearse también *entre: era el primero entre sus iguales.*

245. Oraciones consecutivas. Con ellas expresamos alguna consecuencia que se deduce de la intensidad con que manifestamos una cualidad, circunstancia o acción: *Había tanta gente, que no pudimos entrar; era tal su alegría, que a todos nos hizo reír.*

La correlación se establece por medio de los antecedentes *tanto,
tan, tal, de modo, de manera, así, de forma, en grado,* seguidos del
relativo neutro *que.* A veces se omite el antecedente: *Habla [de tal
modo] que maravilla a todos; Siento la desgracia [tanto] que no
sé cómo expresarlo* [82].

246. Oraciones condicionales. Con ellas hacemos depender el
cumplimiento de lo enunciado en la oración principal de la realización de la acción subordinada: *Si hace buen tiempo saldremos;*
la acción de *salir* depende de que haga buen tiempo. El *período
condicional* o *hipotético* consta de dos partes u oraciones: la subordinada, llamada *hipótesis, condición,* y más comúnmente *prótasis;*
y la principal, que recibe el nombre de *apódosis.*

En el estado presente de la lengua española podemos reducir
las oraciones condicionales a los dos tipos siguientes: 1.º de condición expresada con el verbo en indicativo; 2.º de condición expresada con el verbo en subjuntivo. Algunos romanistas llaman a las
primeras *de condición real* y a las segundas, *de condición irreal.*
La realidad o irrealidad de la condición debe interpretarse aquí de
un modo muy relativo, puesto que toda condición es por naturaleza
hipotética, eventual o contingente. Entre *si mañana hace buen tiempo
saldremos* y *si mañana hiciese buen tiempo saldríamos,* no hay más
diferencia que el sentido más dubitativo o problemático de la segunda;
es una diferencia de grado, de probabilidad sentida como mayor o
menor, pero no puede decirse propiamente que en la primera la
condición sea *real* y en la segunda *irreal.* Se trata sólo del matiz
más o menos dubitativo que procede de la preferencia por uno u
otro modo en cada caso.

La ACADEMIA ESPAÑOLA (433 y sig.), siguiendo la tradición
de la Gramática latina, atiende a la naturaleza de la relación que se
establece entre las dos oraciones del período hipotético, para establecer la siguiente clasificación: 1.º *Relación necesaria* (prótasis
en indicativo); 2.º *Relación imposible* (prótasis en imperfecto o
pluscuamperfecto de subjuntivo), y 3.º *Relación contingente* (prótasis

82 Véase 205, 210, 226.

en futuro de subjuntivo). Esta clasificación habitual en las gramáticas latinas es, sin embargo, inaplicable al español moderno.

En primer lugar, la desaparición práctica de los futuros de subjuntivo ha fundido los grupos 2.º y 3.º (v. 140), y aun en la lengua clásica no siempre se observa la diferencia entre uno y otro. En segundo lugar, la llamada *relación imposible*, con el consiguiente sentido de negación implícita, no aparece clara más que en el pasado. En efecto, si decimos *Si hubieras contestado, te habrían aprobado*, la prótasis niega implícitamente la condición, y por lo tanto la relación entre ella y lo afirmado en la apódosis no ha podido producirse; equivale a decir, *como no has contestado, no te han aprobado*. En cambio, si se trata del presente o del futuro no hay negación implícita, sino que la relación es perfectamente posible: *Si en los exámenes de mañana contestases, te aprobarían*, no se diferencia de *Si contestas te aprobarán* en cuanto a la naturaleza de la relación (que es *posible* y efectiva en ambos casos), sino en el sentido más dubitativo que el subjuntivo comunica a la primera. Otra cosa sería la oración *Si contestases te aprobarían* expresando un hecho reiterado o habitual (y por consiguiente con acciones pretéritas); en este caso la negación implícita reaparece.

Por todos estos motivos, aunque nuestra clasificación parezca excesivamente formalista, hemos preferido decir sencillamente que las condicionales se diferencian entre sí según tengan la prótasis en indicativo o en subjuntivo.

247. Hemos estudiado con amplitud el uso de los tiempos del período condicional en los párrafos 121, 124, 127, 129-131, 135-137, 139 y 140. A ellos remitimos al lector a fin de no incurrir en repeticiones. Aquí haremos sólo las observaciones necesarias para fijar el esquema de las oraciones que estudiamos.

Como quiera que la condición ha de cumplirse en momento anterior a lo condicionado, o por lo menos simultáneamente, el tiempo de la apódosis se halla indirectamente medido desde la prótasis, y ha de ser futuro o presente en relación con éste. Esta es la causa principal de que existan ciertas limitaciones en el uso de los tiempos:

1.º Cuando la prótasis está en modo indicativo, no pueden figurar en ella los tiempos futuros. No podemos decir *si vendrá...*, *si habrá venido...*, *si vendría...*, *si habría venido...* Sustituye a los dos primeros el presente *(si viene...)* y el pretérito perfecto actual *(si ha venido...)*, que de esta manera adquieren significado de futuro y antefuturo respectivamente: *si viene le recibiremos; si ha venido le recibiremos.* Los futuros hipotéticos son sustituidos en la prótasis por el imperfecto y el pluscuamperfecto de subjuntivo *(si viniera, viniese, hubiera o hubiese venido, le recibiríamos)*, pero existe una clara tendencia en la lengua hablada a emplear también el imperfecto y el pluscuamperfecto de indicativo *(si venía... si había venido)*, según vimos en el lugar correspondiente.

Todos los demás tiempos del indicativo se usan en la prótasis, con excepción del antepretérito *(hubo venido)*, que en la actualidad no puede figurar más que en oraciones temporales. Por la misma razón no puede emplearse tampoco este tiempo en la apódosis.

El esquema del período hipotético será, pues, el siguiente:

Prótasis: Cualquier tiempo del indicativo menos el antepretérito y los cuatro futuros. *Apódosis:* Imperativo; cualquier tiempo del indicativo, menos el antepretérito; cualquier tiempo del subjuntivo, menos los futuros.

2.º Cuando la prótasis está en subjuntivo, no cabe emplear en ella más que el imperfecto (formas *-ra* y *-se*) para los tiempos presente y futuro, y el pluscuamperfecto para el pasado. Su fórmula es la siguiente:

a) Presente y futuro: *Prótasis: -ra* y *-se. Apódosis: -ra* y *-ría.*

b) Pretérito: *Prótasis:* Pluscuamperfecto de subjuntivo (en sus dos formas). *Apódosis:* Forma en *-ra* del pluscuamperfecto de subjuntivo y antefuturo hipotético de indicativo.

Sobre el significado de estas formas y la preferencia por unas o por otras, véanse los párrafos 129-131, 135-137 y 139.

En el párrafo 140 hemos tratado del escaso uso moderno de los futuros de subjuntivo en la prótasis. Su esquema en la lengua clásica era el siguiente:

Prótasis: Futuro o antefuturo de subjuntivo. *Apódosis:* Presente o futuro imperfecto de indicativo, una oración exhortativa o el futuro hipotético de indicativo *(-ría)* [83].

248. La única conjunción condicional es *si.* Pero también pueden usarse traslaticiamente como condicionales algunas conjunciones de otro origen, y numerosas frases conjuntivas: *como, cuando, siempre que, ya que, con tal que, con sólo que, con que.* Ejemplos: *Como me inviten, iré; Cuando Ud. lo dice, será cierto; Con que me pagasen la mitad, estaría satisfecho.*

Empleamos también como prótasis condicional algunos giros formados con las formas no personales del verbo: Infinitivo: *de no venir, me enfadaré;* Gerundio: *ayudando Dios, saldremos del paso;* Participio: *dado que ataquen, nos defenderemos* (v. 144, 149 y 152, respectivamente).

249. Oraciones concesivas. Las oraciones subordinadas concesivas expresan una objeción o dificultad para el cumplimiento de lo que se dice en la oración principal; pero este obstáculo no impide su realización. Si decimos, por ejemplo, *aunque haga mal tiempo, saldré,* enunciamos el cumplimiento de la acción del verbo principal negando eficacia a la dificultad que la subordinada representa. Es como una condición que se considera desdeñable e inoperante para la realización del hecho. Tienen, por lo tanto, semejanza de sentido con las condicionales; pero por otro lado están emparentadas lógica e históricamente con las adversativas (v. 213), y la conjunción aunque se usa actualmente con los dos valores.

Aunque (formado de *aun* y *que*) es la más empleada entre todas las conjunciones concesivas. Se usan con menos frecuencia *así, si bien, siquiera, ya que, a pesar de que, bien que, mal que* y alguna más. Ejemplos: *así me lo juren, no lo creeré; si bien la ocasión no era oportuna, quise probar suerte; hazme este favor, siquiera sea el último.* Es muy frecuente la forma *por... que* con un adverbio o adjetivo

83 Véase ACADEMIA, *Gram.,* 434 c.

intercalado: *por mucho que lo repita, no puede aprenderlo; por más que hable, no le hacen caso; por feo que sea, es simpático en extremo; por justa que fuese su petición, no habría manera de atenderla.*

El adverbio *aun* seguido de gerundio equivale a una subordinada concesiva: *aun teniendo razón se negarán a complacerte.* Sobre otras expresiones concesivas, véanse los párrafos 127, 129, 152 y 213 [84].

La subordinada concesiva puede hallarse en indicativo o en subjuntivo. En el primer caso se afirma la existencia efectiva de una dificultad para el cumplimiento de lo enunciado en la oración principal; pero esta dificultad se rechaza por ineficaz: *aunque hace mal tiempo, saldré,* el mal tiempo es un hecho real. Si el verbo subordinado está en subjuntivo, la dificultad se siente sólo como posible: *aunque haga mal tiempo, saldré,* el mal tiempo es una dificultad posible. Compárese: *por más que me lo aseguran, no lo creo* y *por más que me lo aseguren, no lo creo.*

84 J. VALLEJO, *Notas sobre la expresión concesiva,* en la *Rev. de Filología Española* (IX, 1922, págs. 40-51); y *Sobre un aspecto estilístico de don Juan Manuel,* en *Homenaje a Menéndez Pidal* (II. Madrid 1925, págs. 63 a 85).

CAPÍTULO XXIV

ENLACES EXTRAORACIONALES

250. El discurso se divide en unidades psíquicas intencionales a las que hemos llamado *oraciones*. Hasta ahora hemos tratado de exponer cómo se expresa gramaticalmente la relación interna que guardan los elementos de la oración. Fuera de la oración psíquica no existe concordancia, no hay relación preposicional ni subordinaciones, cesan las agrupaciones fonéticas de intensidad y entonación. Cada oración es, por consiguiente, una entidad lingüística autónoma y completa.

Sin embargo, las oraciones se suceden guardando entre sí una relación de coherencia representativa, lógica o afectiva, una trabazón psíquica de orden superior. Si esta relación de continuidad no se revela, decimos que el discurso es incoherente. La unidad total del discurso, a la cual sirven las oraciones que lo componen, obedece a leyes psicológicas, y según ellas percibe el oyente o el lector la coherencia o incoherencia del discurso que se le dirige. Su estudio excede de los límites de la Sintaxis, la cual sólo puede operar en presencia de medios formales de relación lingüística. Como quiera que estos medios formales de enlace quedan en su mayor parte confinados dentro de la oración, nuestro estudio habrá de ceñirse a los recursos de que el idioma pueda valerse para dar expresión gramatical a relaciones que van más allá de la oración.

251. Conjunciones. Al hablar de la yuxtaposición (196-199) distinguíamos los casos en que las oraciones yuxtapuestas constituyen un período, de aquellos otros en que cada oración es una unidad psíquica y expresiva independiente. Podemos añadir ahora que ordinariamente las oraciones psíquicas se suceden en el discurso por simple yuxtaposición; o lo que es lo mismo, que la yuxtaposición sin signo gramatical de enlace es la forma habitual de sucederse en el discurso.

Hay casos, sin embargo, en que las conjunciones no son ya signo de enlace dentro de un período, sino que expresan conexiones mentales que van más allá de la oración. Así hemos visto en los capítulos XX y XXI que ciertas conjunciones relacionan a veces la oración en que se hallan con el sentido general de lo que se viene diciendo. En este papel sobresalen las copulativas (209), las adversativas (214), y más especialmente, las consecutivas (226), que a causa de la frecuencia con que lo desempeñan, son conocidas desde antiguo con los nombres de *ilativas* y *continuativas*. Tales conjunciones son el signo más visible de enlace extraoracional. Abundan en la lengua literaria, y algunas *(sin embargo, no obstante, por consiguiente, luego)* son exclusivas del habla culta; pero otras *(pues, conque, y)* se usan comúnmente con esta función en la conversación popular.

La continuidad del discurso, y a la vez la transición a otro miembro del mismo, tienen su signo gramatical en tales conjunciones y en numerosas frases conjuntivas como *pues bien, ahora bien, por el contrario, antes al contrario, con todo, en segundo lugar, por otra parte,* etc., las cuales pueden preceder al nuevo miembro seguidas de pausa (coma o dos puntos), o intercalarse en él entre comas, a manera de incisos que establecen un nexo de continuidad, contraste o distribución en el sentido general del razonamiento. En el habla afectiva, ciertas interjecciones y frases exclamativas que se completan, apoyan o contraponen entre sí, pueden desempeñar el mismo papel, junto a las transiciones marcadas por la entonación.

252. Repetición y elipsis. En los párrafos 196-199 examinamos casos de oraciones yuxtapuestas que no pueden llamarse asindéticas más que en el sentido estricto de carecer de conjunciones; pero su enlace formal está asegurado por la repetición de determinadas palabras, por la reproducción pronominal de alguna de ellas, o por tener elementos comunes (sujeto, atributos, complementos) que se eliden por innecesarios en alguna de las oraciones yuxtapuestas.

Este es también el medio gramatical más frecuente para expresar enlaces extraoracionales. Se repiten en una oración palabras, conceptos y fórmulas estructurales anteriormente enunciados, que por reiteración o por contraste forman un paralelismo sintáctico y rítmico. Se reproducen, por medio de pronombres, conceptos que están fuera de la oración, trabándose de este modo todas las oraciones que los contienen. La repetición fue estudiada por los retóricos con el nombre de *anáfora,* como una gala o adorno de la expresión artística. Hoy miramos además la anáfora como signo gramatical de relaciones mentales que van más allá de la oración. De igual manera la mayor parte de las elipsis deben valorarse, no sólo como un medio de aligerar la expresión dejando tácitos elementos lógicamente innecesarios, sino también como un recurso expresivo de relaciones interoracionales y extraoracionales, que deben ser interpretadas según el contexto y la situación de los hablantes, y que, por consiguiente, fortalecen la trabazón sintáctica de todas las oraciones que a cada elipsis afecta. Los elementos elididos son como flechas que al ser lanzadas al contexto aseguran su unidad. La anáfora viene del contexto; la elipsis va hacia él, y ambas funcionan como hilos tensores de la elocución total.

Todo el que tenga alguna experiencia en la enseñanza gramatical, sabe que en los textos vivos del idioma no abundan las expresiones que se ajusten perfectamente a los esquemas sintácticos que enseñamos. Necesitamos a menudo ejemplos construidos *ad hoc,* o cuidadosamente entresacados de los autores o de la conversación corriente. Y no es porque nuestras doctrinas gramaticales sean falsas, sino porque el enlace de las oraciones en el discurso las encabalga y articula de tal modo, que es difícil que un texto continuado nos dé ocasión de graduar convenientemente nuestra enseñanza.

253. Ritmo. Acabamos de decir que la repetición de palabras, conceptos y fórmulas estructurales constituye, por asociación o por contraste, un factor a la vez sintáctico y rítmico. Varias veces hemos aludido en este libro a influencias recíprocas entre el ritmo y la construcción de la frase (v. 66, 72, 74, 75, 199, 234). Tratemos ahora de estudiar el ritmo como posible factor expresivo del enlace de unas oraciones con otras dentro del discurso. Nos referimos exclusivamente al ritmo fonético, no a la forma interior del ritmo que resulta de las asociaciones psíquicas de imágenes, afectos y conceptos.

Aunque los elementos rítmicos de la prosa española no han sido todavía suficientemente estudiados [85], expondremos brevemente los aspectos de esta cuestión que sean aplicables a los fines del capítulo presente.

Parece claro que los acentos de intensidad constituyen el factor rítmico más destacado en nuestra lengua. Los grupos fónicos separados por pausas, están formados por uno o más grupos rítmico-semánticos, cuyas sílabas gravitan sobre una sílaba más fuerte que las demás, la cual es como el núcleo intensivo de un grupo. La sílaba fuerte coincide con el acento etimológico de la palabra considerada como más expresiva en cada caso. Las demás sílabas del grupo presentan una alternancia relativa de intensidades, sin que ninguna alcance a ser tan fuerte como la que lleva el acento principal. En los párrafos 72, 74 y 75 hemos estudiado cómo la posición del acento intensivo dominante influye en la colocación del verbo y en la valoración sintáctica de las palabras enclíticas y proclíticas.

En los grupos fónicos que se suceden en el discurso los acentos principales son como cúspides intensivas que se oyen a distancias irregulares, amétricas, a diferencia del verso, donde ordinariamente los acentos fuertes tienen colocación fija. La intensidad relativa de cada uno de los acentos dominantes, y con ella la del conjunto de cada grupo, puede significar mayor relieve expresivo en favor de unos u otros grupos dentro de la oración, y de unas u otras oraciones dentro del discurso. Pero, con ser la intensidad un elemento capital para

---

[85] Además del *Manual de pronunciación esp.* y del *Manual de entonación española*, de Navarro Tomás, véanse los estudios mencionados en nota del párrafo 4.

el ritmo musical del lenguaje, su importancia en la estructura sintáctica es mucho menor que la que corresponde a la entonación y
a las palabras.

Repetidamente nos hemos referido al papel sintáctico de las curvas de entonación. El descenso final es signo de la distensión que
acompaña al término de una oración psíquica, en tanto que las inflexiones ascendentes, vacilantes y de pequeño intervalo en su descenso,
indican que la atención expresiva se mantiene tensa. Este mecanismo
fonético delimita las oraciones, cualesquiera que sean los elementos
gramaticales que las compongan. Al sucederse las diferentes oraciones
recorriendo en sus inflexiones finales el intervalo medio acostumbrado
en el idioma, tales descensos, reiteradamente enunciados y oídos, forman un acompasamiento regular amétrico en la prosa, como el de la
intensidad, que contribuye al efecto rítmico de la elocución. Por otra
parte, las sílabas agudas interiores del grupo fónico, suben en español
un intervalo medio de 3.ª musical por encima del tono normal de la
frase; y esta repetición de intervalos ascendentes, de altura aproximada, colabora al ritmo tonal marcado por los descensos finales de
oración. Por último, la sucesión de oraciones de igual o análoga curva
melódica, o las combinaciones de varios tipos de entonación, constituyen no sólo un factor rítmico de gran importancia, sino también
un elemento caracterizador de estilos literarios.

De igual manera, la extensión mayor o menor de los grupos
fónicos predominantes en la elocución tiene carácter idiomático y
contribuye grandemente al efecto rítmico de cada lengua o dialecto,
o a dar matiz peculiar a la prosa de determinados autores, épocas y
escuelas literarias. Navarro Tomás inició este estudio en su artículo
El grupo fónico como unidad melódica (Rev. de Filología Hispánica,
Buenos Aires, 1939, I, 3-19).

Ahora bien, lo importante para nuestro objeto es determinar si
las curvas de entonación pueden expresar también relaciones sintácticas extraoracionales. Observemos en primer término que, si bien
las inflexiones terminales de oración han de alcanzar el intervalo necesario para ser entendidas como tales (en español de 5.ª, por término
medio), esto no quiere decir que el descenso tenga que ser uniforme.

En las exclamaciones suele ser de 8.ª y aun mayor. Pero dejando
a un lado las circunstancias emotivas, claro es que las cadencias de
análogo intervalo, o las agrupaciones repetidas de un mismo tipo
de entonación entre oraciones distintas, pueden señalar una relación
de semejanza o de contraste entre ellas, aunque no lleven otro signo
gramatical que exprese dicha relación. Los oradores y los escritores
se valen de este recurso para producir efectos de repetición, clímax,
anticlímax, contraposición y antítesis, aun en los casos en que estos
medios estilísticos no dependen de la significación de las palabras
o del sentido de las oraciones. Cuando los retóricos de la decadencia
romana discutían minuciosamente el efecto que producía empezar o
terminar los párrafos sucesivos con un dáctilo o con un espondeo,
aplicaban los recursos rítmicos — no sólo tonales — a la expresión
de los diversos matices de enlace extraoracional. Buscaban también,
ciertamente, la musicalidad exterior del lenguaje que coadyuvase a
mover la sensibilidad del auditorio en la dirección propuesta.

El *tempo* continuado de la elocución a lo largo de las oraciones
sucesivas, indica la reiteración del mismo temple de ánimo por parte
del hablante, y envuelve a todos los períodos con un nexo de continuidad afectiva o lógica. Por el contrario, las variaciones del *tempo*
acelerando a retardando la dicción, expresan, sobre todo cuando son
bruscas, el tránsito a otro miembro del discurso, en el cual todas las
oraciones brotan acuñadas por el sello común que las precipita o las
frena en variadas progresiones.

Podemos afirmar también, que el mayor o menor descenso de
la cadencia se halla en relación con la duración de la pausa que le
sigue. Pausa e inflexión final forman un conjunto expresivo: a mayor
intervalo, pausa más larga, por regla general. Cuando se trata de
las divisiones interiores del período en grupos fónicos, las pausas
y su duración relativa desempeñan, junto a las inflexiones melódicas,
un papel fonológico de gran importancia, según quedó indicado en
el capítulo XIX (§§ 197 y 203).

No parecerá paradójico decir que las pausas separan y unen.
Hay pausas puramente respiratorias, pausas lógicas y pausas expresivas, de naturaleza artística. La duración relativa de las pausas sig-

nifica el grado de continuidad o discontinuidad que atribuimos a los grupos fónicos o a las oraciones que con ellas enlazamos o separamos a la vez. Las diferentes pausas ortográficas tratan de señalar aproximadamente estas gradaciones de valores sintácticos y estéticos. Por ello se ha dicho que saber puntuar es saber escribir. Con mayor motivo podría decirse que saber dar a las pausas y a los descensos terminales de voz el matiz adecuado, es la cualidad principal del arte de la lectura.

Tanto dentro de la oración como fuera de ella, la marcha de las curvas de entonación es el signo más constante de las relaciones sintácticas.

FIN

ÍNDICE ALFABÉTICO DE MATERIAS

INDICE GENERAL

Segunda Parte

USO DE LAS PARTES DE LA ORACIÓN

Tercera Parte : LA ORACIÓN COMPUESTA